U0633840

权威 · 前沿 · 原创

皮书系列为
"十二五" "十三五" 国家重点图书出版规划项目

BLUE BOOK

智 库 成 果 出 版 与 传 播 平 台

辽宁蓝皮书
BLUE BOOK OF LIAONING

辽宁经济社会发展报告（2021）

ECONOMY AND SOCIETY DEVELOPMENT REPORT OF LIAONING (2021)

主　编／梁启东

副主编／王　磊　张天维　王　丹

社会科学文献出版社

SOCIAL SCIENCES ACADEMIC PRESS (CHINA)

图书在版编目（CIP）数据

辽宁经济社会发展报告. 2021 / 梁启东主编. -- 北
京：社会科学文献出版社，2021.4
（辽宁蓝皮书）
ISBN 978 - 7 - 5201 - 8019 - 1

Ⅰ.①辽…　Ⅱ.①梁…　Ⅲ.①区域经济发展 - 研究报
告 - 辽宁 - 2021②社会发展 - 研究报告 - 辽宁 - 2021
Ⅳ.①F127.31

中国版本图书馆 CIP 数据核字（2021）第 038541 号

辽宁蓝皮书
辽宁经济社会发展报告（2021）

主　　　编／梁启东
副 主 编／王　磊　张天维　王　丹

出 版 人／王利民
组稿编辑／任文武
责任编辑／连凌云

出　　　版／社会科学文献出版社·城市和绿色发展分社（010）59367143
　　　　　　地址：北京市北三环中路甲 29 号院华龙大厦　邮编：100029
　　　　　　网址：www.ssap.com.cn
发　　　行／市场营销中心（010）59367081　59367083
印　　　装／天津千鹤文化传播有限公司

规　　　格／开　本：787mm × 1092mm　1/16
　　　　　　印　张：19.5　字　数：290 千字
版　　　次／2021 年 4 月第 1 版　2021 年 4 月第 1 次印刷
书　　　号／ISBN 978 - 7 - 5201 - 8019 - 1
定　　　价／128.00 元

2021年辽宁蓝皮书编委会

主要编撰者简介

梁启东 人文地理学博士。现任辽宁社会科学院副院长，经济学研究员。全国"四个一批"人才，国家"万人计划"哲学社会科学领军人才，曾获全国文化名家、全国优秀科普专家、国务院政府特殊津贴专家称号，省五一劳动奖章、省劳动模范、沈阳市"十大杰出青年"等荣誉。主要研究成果有《中国城区发展战略研究》《辽宁民营经济发展报告》《加入WTO与辽宁经济》《沈抚同城化战略研究》《沈阳经济区综合配套改革研究》《沈阳经济区城市发展研究》《对话金融危机》等专著。

王 磊 博士，中国社会科学院社会学研究所博士后，硕士生导师。现任辽宁社会科学院社会学研究所所长，研究员。辽宁省经济社会形势分析与预测中心主任。辽宁省直"五一劳动奖章"获得者。辽宁省"百千万人才工程""百"层次人选，辽宁省宣传文化系统"四个一批人才"。中国社会学会常务理事。辽宁省社会学会副会长兼秘书长。

主要研究领域为社会福利与社会救助。近年来主持国家社会科学基金项目3项。2013年和2014年分别获得国家博士后科学基金面上项目一等资助和特别资助。主持完成辽宁省社会科学规划基金项目2项。作为核心成员参与"九五"国家社会科学基金重点项目及国家社会科学基金一般项目等多项国家级科研课题研究。出版学术专著3部，合著7部。在《财经问题研究》《理论与改革》《统计与决策》《地方财政研究》等核心期刊发表学术论文20余篇。科研成果获得省部级以上奖项10余项，其中获得辽宁省政府奖一等奖2项。

张天维 辽宁社会科学院产业经济研究所所长，研究员，主要从事产业经济、区域经济、宏观经济、理论经济研究。国务院政府特殊津贴专家，辽宁省委省政府和沈阳市委市政府决策咨询委员，辽宁省五一劳动奖章获得者（直属机关），加拿大佛雷泽研究所、美国芝加哥大学等特约访问学者。先后主持完成包括国家社会科学基金项目在内的50余项科研任务；获得国家优秀成果一等奖3项；出版《资源型地区战略性新兴产业发展研究》等专著8部。

王 丹 辽宁社会科学院农村发展研究所所长，研究员，研究方向为农村经济、区域经济。近年承担和参与国家级、省级社科基金项目及省政府、地方政府等委托课题30余项。撰写相关著作10余部，在国家级、省级期刊发表论文20余篇。"通向复兴之路——振兴东北老工业基地政策研究""取消农业税后农村新情况新问题及对策研究"等成果获得辽宁省哲学社会科学成果一等奖、二等奖等奖项。

摘　要

　　《辽宁经济社会发展报告（2021）》（以下简称《2021 年辽宁蓝皮书》）是辽宁社会科学院连续推出的第 26 本有关辽宁省经济社会形势分析的年度性研究报告。全书分为总报告、经济运行篇、产业发展篇、民生改善篇、专题篇和附录六部分，由辽宁社会科学院有关专家，以及省直有关部门、大专院校的学者历经近 1 年研创而成。《2021 年辽宁蓝皮书》突出对辽宁经济社会发展中热点、难点和关键问题的分析和预测，并重视研究数据的完整性、研究的连续性。

　　2020 年，面对新冠肺炎疫情的冲击和复杂严峻的国内外环境，全省经济逐步摆脱疫情影响，经济运行渐回常态，呈现"逐季回升，稳中有进"的发展态势，主要体现在三次产业恢复较快，新兴行业加快成长；"三驾马车"持续改善，支撑经济基本面较快修复；实施创新驱动战略，创新能力不断增强；改革力度不断加大，营商环境持续优化；生态环境持续改善，生态宜居辽宁建设稳步推进等方面。与此同时，全省社会形势稳定，社会运行和发展态势良好，居民收入稳步增长，脱贫攻坚任务顺利完成，就业形势稳中有进，养老服务和社会治理等社会领域发展与建设水平持续提升。

　　本书发现，2020 年辽宁经济基本面虽然逐渐修复，且表现出回升向好态势，但与全国相比，辽宁经济恢复常态的速度较慢，程度较差，除疫情的影响外，更为重要的是，辽宁经济发展正在"爬坡过坎"，经济下行压力较大，省内新产业、新业态、新模式等新动能弱小，经济恢复和发展还主要依赖传统产业，需求侧消费和出口需求疲软，民间投资意愿和能力减弱，经济

增长缺少加速动力。社会建设领域，全省在收入分配、就业、公共卫生体系建设等方面仍存在一些短板。

本书提出，2021年受新冠肺炎疫情等诸多不利因素影响，辽宁经济社会发展的内外部环境更趋于复杂，面临的宏观经济环境依然比较严峻，但经济长期向好的基本面并没有变，仍处于重要战略机遇期。综合预计，2021年辽宁经济增长速度将达到6%左右。为做好经济社会工作，辽宁需全面落实十九届五中全会重要战略部署，以优化营商环境为基础，全面深化改革，坚持创新驱动发展，积极构建"一圈一带两区"发展格局，融入"双循环"新发展格局，着力发展数字经济，推进新型城镇化和新型基础设施建设等。在社会建设领域，要保障和加强民生投入，继续做好稳就业工作，着力加强公共卫生体系建设与防疫科普宣传，同时还要持续提升养老服务能力及基层社会治理水平。

关键词： 经济发展　社会形势　新冠肺炎疫情　辽宁

Abstract

Economic and Society Development Report of Liaoning (*2021*) [referred to as *Blue Book of Liaoning* (*2021*)] is the 26th annual research report on Liaoning's economic and social situation analysis was continuously launched by the Liaoning Academy of Social Sciences. The book is divided into six parts: general reports, economic operation articles, industrial development articles, livelihood improvement articles, special articles and appendix. The authors mainly included experts from Liaoning Academy of Social Sciences as well as scholars from relevant provincial departments and universities. This book has been researched and developed over the past year. *Blue Book of Liaoning* (*2021*) highlights the analysis and prediction of hotspots, difficulties and key issues in Liaoning economic and social development, and pays more attention to the integrity of research data and the continuity of research.

In face the impact of COVID – 19 epidemic and the complex environment from domestic and foreign in 2020. Liaoning economic gradually shook off the impact of the epidemic, while the economy operation gradually returned to normal, showing a development trend of "picking up quarter by quarter and making progress while stabilizing". This was mainly reflected in the rapid recovery of the three industries and the accelerated growth of emerging industries. Investment, consumption and import and export demand continued to improve, supporting the rapid recovery of economic fundamentals. As continue to implement the innovation-driven strategy, innovation capacity has been continuously enhanced. Reform has been intensified to improve the business environment. The ecological environment has been continuously improved, and the construction of ecological livable Liaoning has been steadily promoted. At the same time, Liaoning

social situation was stable, social operation and development momentum was good, residents' income has been growing steadily, poverty alleviation tasks have been successfully completed, employment situation was stable and progress has been made, pension services and social governance and other social areas have continued to improve the development and construction level.

The book has observed that although Liaoning economic fundamentals were gradually repaired in 2020, and showed a good trend of recovery, but compared with the whole country, Liaoning economic recovery of normal speed was slower and the degree was poor. In addition to the impact of the epidemic, what was more important was that Liaoning economic development was "climbing the hill", the economic downward pressure was great, new industries, new forms of business, new models and other new drivers were weak in the province. Economic recovery and development were still mainly dependent on traditional industries, weak demand for demand-side consumption and export, weak willingness and ability of private investment, and lack of impetus for accelerating economic growth. In the field of social construction, the province still has some shortcomings in the areas of income distribution, employment and public health system construction.

The book points out that the internal and external environment of Liaoning economic and social development in 2021 will become more complex due to the COVID-19 epidemic and many other adverse factors. The macroeconomic environment is still grim, but the long-term economic fundamentals remain unchanged while Liaoning is still in an important period of strategic opportunities. It is estimated that the economic growth rate of Liaoning will reach about 6% in 2021. In order to do well the economic and social work in Liaoning, must fully implement the important strategic deployment of the fifth plenary session. It is should focus on comprehensively deepening reform and innovation-driven development on the basis of improving the business environment. At the same time, must actively build a development pattern of "One circle, One belt and Two regions", integrate into the new development pattern of "Double Cycles", focus on developing the digital economy, promote new urbanization and new infrastructure construction. In the field of social development, it's need to ensure and strengthen investment in livelihood, continue to ensure stable employment, strengthen the construction of the public health system and epidemic prevention science popularization. At the same time continue to improve the elderly service capacity and the level of social governance at the grassroots level.

Keywords: Economic Development; Social Situation; COVID –19 Epidemic; Liaoning

目 录 ◤▨▨▨▨

Ⅰ 总报告

Ⅱ 经济运行篇

Ⅲ 产业发展篇

Ⅳ 民生改善篇

Ⅴ 专题篇

Ⅵ　附录

皮书数据库阅读**使用指南**

CONTENTS

I General Reports

II Economic Operation Articles

Ⅲ   Industrial Development Articles

Ⅳ   Livelihood Improvement Articles

V Special Articles

VI Appendix

总 报 告

General Reports

B.1
疫后辽宁经济的复苏和挑战

——2020~2021年辽宁经济形势分析与预测

张天维 姜瑞春 姜岩*

摘 要: 2020年以来,面对突如其来的新冠肺炎疫情和复杂严峻的国内外形势,辽宁经济运行在一季度短暂"停滞"后,呈现逐月回升态势,三次产业恢复较快,"三驾马车"持续改善,创新能力不断增强,改革力度不断加大,营商环境持续优化。但相比于全国的平均增速,辽宁经济修复情况仍显不足,工业和服务业恢复相对缓慢,产业结构偏重且集中度高,重要商品零售降幅较大。2021年,辽宁面临的宏观经济环境仍然比较严峻,但经济长期向好的基本面并没有变,仍处于重要战略机遇期。综合预计,2021年辽宁经济增长速度

* 张天维,辽宁社会科学院产业经济研究所所长,研究员,主要研究方向为理论经济和产业经济;姜瑞春,辽宁社会科学院产业经济研究所副所长,副研究员,主要研究方向为技术经济和产业经济;姜岩,辽宁社会科学院产业经济研究所副研究员,主要研究方向为产业经济。

将提升至6%左右。下一步，辽宁需全面落实十九届五中全会重要战略部署，以优化营商环境为基础，全面深化改革，坚持创新驱动发展，积极构建"一圈一带两区"发展格局，融入"双循环"新发展格局，以促进经济恢复平稳健康发展。

关键词： 新冠肺炎疫情　经济形势　高质量发展　辽宁

2020年以来，受新冠肺炎疫情、经济下行、减税降费等多重因素影响，辽宁经济形势面临前所未有的困难和挑战。面对严峻形势，全省各地区各部门全面贯彻落实习近平总书记关于统筹推进疫情防控和经济社会发展重要讲话和指示批示精神，扎实做好"六稳"工作，全面落实"六保"任务。随着疫情防控进入常态化，复工复产不断推进，全省经济逐步恢复。特别是三季度以来，全省经济回稳势头加速，主要指标增速明显回升。同时也要看到，当前外部环境依然严峻复杂，辽宁经济运行仍面临困难挑战。

一 2020年以来辽宁经济运行基本态势

2020年以来，面对突如其来的新冠肺炎疫情冲击，全省上下坚决贯彻落实习近平总书记重要指示精神和党中央决策部署，统筹疫情防控和经济社会发展，全面振兴全方位振兴迈出坚实步伐。

（一）疫情冲击影响较大，回稳向好态势凸显

新年伊始，新冠肺炎疫情暴发，经济社会一度停摆，全球经济陷入二战以来最严重的衰退。这次疫情给全国及辽宁人民生命安全和身体健康带来严重威胁，也给全省经济运行造成巨大影响，抗击疫情付出了必要的也是不得不付出的代价。第一季度，全省经济下降7.7%，降幅比全国高0.9个百分

点（见表1）。随着疫情防控形势持续向好，复工复产扎实推进，进入第二季度后，全省主要经济指标增速呈逐月回升态势，全年实现地区生产总值25115亿元，增长0.6%。规模以上工业增加值、固定资产投资、一般公共预算收入等三项主要经济指标均实现正增长，分别增长1.8%、2.6%和0.1%，经济复苏趋稳态势明显。但相比于全国2.3%的平均增速，辽宁经济修复情况仍显不足。

表1 2020年辽宁与全国主要经济指标对比分析

指标	辽宁				全国			
	第一季度（%）	上半年（%）	前三季度（%）	全年（%）	第一季度（%）	上半年（%）	前三季度（%）	全年（%）
GDP	-7.7	-3.9	-1.1	0.6	-6.8	-1.6	0.7	2.3
规模以上工业增加值	-8.5	-2.3	0.3	1.8	-8.4	-1.3	1.2	2.8
固定资产投资	-16.2	-2.7	0.1	2.6	-16.1	-3.1	0.8	2.9
进出口总值	-2.4	-5.7	-7.3	-9.9	-6.4	-3.2	0.7	1.9
一般公共预算收入	-16.9	-9.4	-2.9	0.1	-12.3	-7.9	-6.4	-5.3

资料来源：Wind。

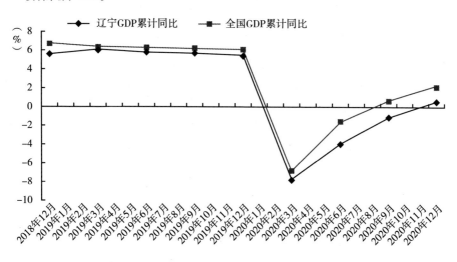

图1 2018～2020年辽宁和全国地区生产总值逐季累计增速

资料来源：根据Wind相关数据整理得到。

（二）三次产业恢复较快，新兴行业加快成长

农业经济稳中有进，种粮收益有所提升。全年农林牧渔业增加值增长3.2%，增速较上半年提高1.1个百分点。作为全国粮食主产区之一，辽宁为确保粮食安全，大力实施"藏粮于地、藏粮于技"战略，积极巩固提升粮食综合生产能力。据国家统计局发布的《2020年粮食产量数据公告》，辽宁粮食总产量达到467.8亿斤，为历史第三高水平，居全国第12位，粮食播种面积超5234万亩，居全国第14位，粮食主产区地位进一步巩固。此外，受新冠肺炎疫情、极端天气以及生猪生产形势好转等因素影响，2020年全省玉米、水稻价格都有所上涨，特别是玉米价格上涨幅度较大，预计种粮收益整体有所提升①。

工业生产持续回升，私营企业恢复较快。2020年以来，辽宁全力推进制造业产业协同复工复产，围绕产业链，不断提升企业竞争力、创新力、抗风险能力。全年规模以上工业增加值增长1.8%，增速比前三季度提高1.5个百分点，连续9个月实现正增长（见图2）。主要表现在：一是私营企业增长较快，私营企业增加值增长12.6%，国有控股企业增加值下降0.5%，外商及港澳台商投资企业增加值增长0.3%。二是重点行业恢复较好，全省四大支柱产业装备制造业、石化工业、冶金工业和农产品加工业增加值分别增长1.3%、3.9%、1.9%和2.4%。三是行业增长面有所提高，41个大类行业中，有21个行业保持增长。

服务业供需持续改善，新业态逆势兴起。疫情发生以来，餐饮住宿、市场购物、文化旅游、交通运输、教育培训、休闲娱乐等聚集性、接触式行业受到重创，传统消费和产业活动大幅收缩。1~9月，全省批发业、零售业、住宿业、餐饮业零售额分别同比下降8.4%、10.5%、38%和21.8%。在疫情防控常态化的背景下，复商复市加快进行，传统服务行业逐步复苏。2020年国庆期间，全省共接待游客5044万人次，恢复到上年同期水平的87%；

---

① 《预计种粮收益整体有所提升》，《辽宁日报》2020年12月3日。

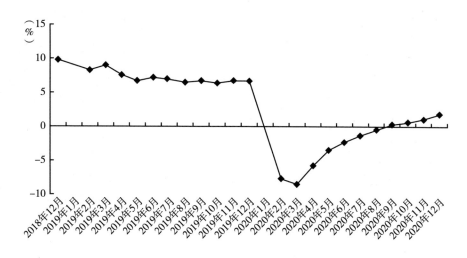

图2　2018~2020年辽宁规模以上工业企业增加值逐月累计增速

资料来源：根据Wind相关数据整理得到。

综合旅游收入305.1亿元，恢复到上年同期水平的75%[①]；与此同时，疫情也重塑了人们的消费观念与消费习惯，刺激了一些新兴行业逆势兴起。直播电商"全面上位"，在线办公、在线教育等新兴行业脱颖而出，以互联网经济为代表的新动能显现出强劲的生命力。前三季度，辽宁实物商品网上零售额同比增长23.9%，增速高于全国8.6个百分点，占社会消费品零售总额比重达14.3%。

（三）"三驾马车"持续改善，支撑经济基本面较快修复

投资活动稳步复苏，重点领域投资向好。在疫情冲击下，受施工天数减少、工程进度偏慢、投资项目所需物资和人员不足等多种因素影响，全省整体投资明显下滑，一季度，全省固定资产投资同比下降16.2%（见图3），民间投资下降13.9%。在疫情得到有效控制的基础上，辽宁出台《关于应对新型冠状病毒肺炎疫情全力做好2020年固定资产投资和项目推进工作的通知》《关于在严格防控疫情的前提下积极有序做好项目推进工作的通知》

---

① 《国庆中秋假期全省文旅市场复苏强劲》，《辽宁日报》2020年10月10日。

等文件，有序组织好各类企业复工复产，狠抓重大项目落地开工。在一系列针对性强的政策扶持之下，辽宁投资活动稳步复苏。全年全省固定资产投资增长 2.6%，增速较前三季度提高 2.5 个百分点，其中，基础设施投资和房地产开发投资分别增长 5.1% 和 2.4%。全省高技术制造业投资增长 33.4%，增速比前三季度提高 21.7 个百分点。

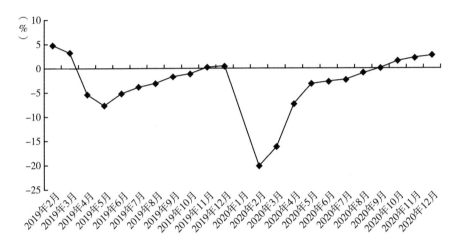

图3 2019 年 2 月至 2020 年 12 月辽宁固定资产投资（不含农户）累计增速

资料来源：根据 Wind 相关数据整理得到。

市场消费逐步回暖，部分商品较快增长。受疫情影响，全省居民线下购物、外出就餐、亲朋聚会、文体娱乐、外出旅游等消费活动大幅减少，辽宁消费出现断崖式下跌，一季度，全省社会消费品零售总额同比下降 24.8%（见图4），降幅比全国高 5.8 个百分点。2020 年 3 月中旬以来，辽宁先后出台了《关于促进夜经济发展的指导意见》《关于丰富活跃文化和旅游市场的指导意见》等文件，积极开展刺激汽车消费、扩大消费券发放范围、实施步行街改造提升、激活小店经济等系列活动，稳步推进复工复产、复商复市工作，促进消费回补和潜力释放。全年社会消费品零售总额同比下降 7.3%，降幅比一季度、上半年和前三季度分别收窄 17.5 个、9.7 个和 3.8 个百分点。日用品类零售额由上半年的同比下降 18.9% 迅速回升到同比增长 17.8%。大宗商品消费降幅收窄，汽车类零售额、石油及制品类零售额降幅比前三季度分别收窄 3.3 个和 3.4 个百分点。

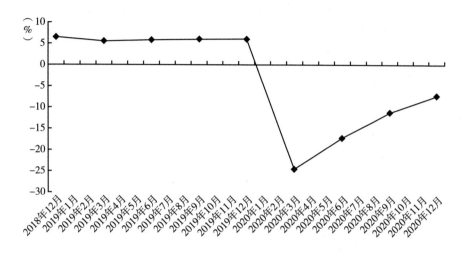

图 4　2018 年 12 月至 2020 年 12 月辽宁社会消费品零售总额累计增速

资料来源：根据 Wind 相关数据整理得到。

外资形势逐步好转，对外贸易保持稳定。在全球范围内新冠肺炎疫情尚未得到有效控制、国际贸易投资陷入低迷、"逆全球化"风潮显著抬头的背景下，辽宁坚持对外开放改革创新，各地相继出台一系列稳外贸政策措施，切实帮助企业纾困解难，全力以赴稳住外贸外资基本盘。前三季度，全省实际利用外资和到位国内资金同比分别增长 28.9% 和 7.6%，实际利用外资增幅居全国沿海省份前列①。外贸进口保持增长，全年进出口下降 9.9%（见图 5），出口下降 15.3%，进口总额下降 5.8%。其中，民营企业进出口保持增长，增幅为 2.9%；出口贸易结构不断调整，一般贸易出口占出口总额的 55.7%，比上年提高 0.5 个百分点，民营企业出口占出口总额的 45.4%，比上年提高 5.5 个百分点。

---

① 《新进展　新成效　新突破——辽宁商务书写新时代振兴发展篇章》，中国商务新闻网，2020 年 12 月 28 日，http://www.comnews.cn/article/2020swgzh/03/20201200067093.shtml。

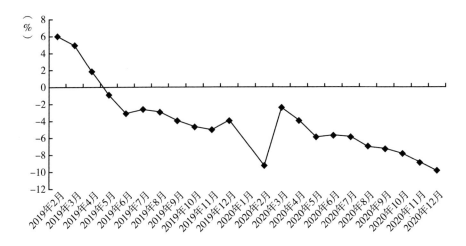

图 5　2019 年 2 月至 2020 年 12 月辽宁进出口总值累计增速

资料来源：根据 Wind 相关数据整理得到。

（四）深入实施创新驱动战略，创新能力不断增强

2020 年以来，围绕建设创新型省份目标，辽宁深入实施创新驱动发展战略，在科技管理机制、政府服务机制、科研成果转化机制等方面加大改革力度，推进重要技术创新与研发基地建设工程中心建设，启动建设辽宁实验室，推进科技创新引领产业振兴专项行动，实施科技型企业梯度培育工程。

持续强化知识产权全链条保护，赋能创新发展。2020 年以来，辽宁出台《关于强化知识产权保护的实施意见》，旨在加强知识产权战略谋划，提升知识产权创造水平。据《2019 年中国知识产权发展状况评价报告》，辽宁知识产权综合发展指数全国排名第 11 位，知识产权保护社会满意度全国排名第 2 位。截至 2020 年 10 月底，全省有效发明专利万人拥有量达到 10.79件，超额完成"十三五"设定的 7.36 件目标[①]。

高新技术企业数量快速增长，规模不断壮大。2020 年全省高新技术企业数量由 2015 年的 1539 家迅速突破到 6000 家，年均复合增长率超 31%，

---

① 《持续强化知识产权全链条保护，赋能创新发展》，《辽宁日报》2020 年 12 月 16 日。

在全国排名由第 17 位上升至第 13 位；营业收入占全省 GDP 比重由 14.5%
提高到 39.9%；拥有发明专利数量由 2015 年的 8003 件跃升至 2019 年的
18253 件；出口创汇能力年均增幅达 66.6%。

（五）改革力度不断加大，营商环境持续优化

多年来，全省以市场主体获得感为评价标准，以政府职能转变为核心，
以"一网通办"为抓手，以严格执法、公正司法为保障，全力营造办事方
便、法治良好、成本竞争力强、生态宜居的聚才高地、兴业福地，为各类市
场主体投资兴业营造稳定、公平、透明、可预期的发展生态。据《2019 中
国城市营商环境报告》，沈阳综合排名第 19，大连综合排名第 22[①]。

多举措打造法治化营商环境，促进民营经济健康发展。2020 年，《关于营
造更好发展环境支持民营企业改革发展的实施意见》颁布实施，旨在多举措
打造各种所有制主体依法平等使用资源要素、公开公平公正参与竞争、同等
受到法律保护的市场环境，不断构建和完善和谐的政商关系，促进非公有制
经济健康成长。2020 年 5 月，全省新登记企业同比增长 11.77%；新登记个体
工商户同比增长 5.08%。其中，私营企业增幅最大，同比增长 12.32%。"十
三五"期间，全省新增市场主体 295 万户，日均新增市场主体 1588 户[②]。

123 项试点任务全部完成，自贸区制度创新再结硕果。2020 年 12 月，
辽宁发布《关于借鉴推广中国（辽宁）自由贸易试验区第四批改革创新经
验的通知》，在已形成的 88 项已面向全省推广的改革创新经验基础上，再
推出 46 项制度创新经验做法面向全省或自贸试验区及协同区推广，涉及政
府职能转变、贸易便利化、金融创新、国资国企改革、扩大开放等多领域。
同时，国家赋予辽宁自贸试验区的 123 项试点任务已全部完成，共有 12 项
"辽宁经验"在全国复制推广[③]。

---

① 《营商环境报告发布，沈阳大连成绩咋样?》，《辽宁日报》2020 年 6 月 21 日。
② 《优化营商环境取得阶段性成效"一网通办"实现 4 个百分百》，《辽宁日报》2020 年 12
月 16 日。
③ 《辽宁自贸试验区制度创新再结硕果》，《辽宁日报》2020 年 12 月 18 日。

（六）深入实施可持续发展战略，打造生态宜居辽宁

坚持"绿水青山就是金山银山、冰天雪地也是金山银山"理念，深入实施可持续发展战略，构建生态文明体系，促进经济社会发展全面绿色转型，努力让辽宁天更蓝、水更清、山更绿、空气更新鲜、环境更优美。

大力实施火电、钢铁等重点行业超低排放改造。辽宁积极推进"1＋N"供给侧结构性改革，狠抓"三去一降一补"，以钢铁、煤炭、水泥、电解铝、平板玻璃、铅蓄电池、制革、造纸、印染等行业为重点，通过完善工作机制，加强顶层设计，严格执行环保、能耗、质量、安全、技术等法律法规和产业政策，积极化解煤炭与钢铁产能，淘汰落后水泥与煤电产能。2020年，全省燃煤发电机组基本完成改造任务，占全省钢铁产能90%以上的钢铁企业均制定了超低排放改造计划。

为进一步优化能源结构，辽宁先后下发《辽宁省人民政府办公厅关于印发电化辽宁、气化辽宁和煤电企业转型转产工作方案的通知》《辽宁省推进清洁取暖三年滚动计划（2018—2020年)》等文件，积极开展以电和气替代煤炭与燃油的使用。另外，先后制定《辽宁省生活垃圾焚烧发电中长期专项规划》《辽宁省风电项目建设方案》《辽宁省光伏发电项目建设方案》，积极促进清洁能源与可再生能源的开发与利用。在清洁能源和可再生能源利用方面，辽宁稳步推进红沿河二期、徐大堡一期核电建设；有序推进辽西北地区风电场建设。作为重要的清洁能源项目，中俄东线天然气管道工程辽宁段将在2020年底具备投产条件，届时，全省的清洁能源占一次能源比重有望进一步提升。

二 2020年辽宁经济运行中存在的主要问题

总的看，辽宁前三季度经济基本面逐渐修复，表现出回升向好态势，但修复速度不及预期，辽宁地区生产总值降幅分别大于全国及广东、江苏、山东、浙江1.8个、1.8个、3.6个、3.0个和3.4个百分点。

（一）宏观指标的整体表现偏弱，总量排名呈下滑态势

相比全国和东部主要省份，前三季度辽宁宏观指标运行表现整体偏弱。供给方除农业指标保持小幅增长外，第二产业降幅分别大于全国、江苏、山东和浙江1.5个、2.6个、2.4个和1.9个百分点，服务业降幅分别大于全国、广东、江苏、山东和浙江2.6个、3.9个、5.1个、4.2个和5.8个百分点；需求方的固定资产投资增幅分别低于全国、广东、山东和浙江0.7个、4.9个、2.6个和4.2个百分点，社会消费品零售总额和进出口增长也明显弱于全国及粤苏鲁浙的整体表现。此外，宏观方面的地方一般公共预算收入增长收窄至－2.9%，而广东、江苏、山东和浙江均实现了正增长（见表2），工业用电量增长收窄至－0.26%，降幅大于全国平均水平1.49个百分点。

表2　2020年前三季度全国和辽粤苏鲁浙增速对比情况

单位：%

指标		全国	辽宁	广东	江苏	山东	浙江
地区生产总值	前三季度	0.7	-1.1	0.7	2.5	1.9	2.3
	上半年	-1.6	-3.9	-2.5	0.9	-0.2	0.5
规上工业增加值	前三季度	1.2	0.3	-1.2	3.6	2.9	3.0
	上半年	-1.3	-2.3	-6.4	1.1	-0.1	0.3
社会消费品零售总额	前三季度	-7.2	-11.1	-9.3	-4.7	-4.5	-4.9
	上半年	-11.4	-17.0	-14.0	-9.4	-9.5	-6.3
固定资产投资	前三季度	0.8	0.1	5.0	-1.7	2.7	4.3
	上半年	-3.1	-2.7	0.1	-7.2	1.3	3.8
进出口总额	前三季度	0.7	-7.3	-1.6	0.8	4.2	8.6
	上半年	-3.2	-5.7	-7.1	-2.8	-3.2	4.2
地方一般公共预算收入	前三季度	-6.4	-2.9	0.1	1.0	2.1	1.7
	上半年	-7.9	-9.4	-5.8	-2.8	-5.8	-2.6

资料来源：国家统计局和辽宁、广东、江苏、山东、浙江省统计局经济数据。

基于辽宁前三季度经济修复情况不及预期，2020年辽宁经济总量被陕西、江西超越，排名滑落至全国第16位，并有进一步下滑的趋势。表3显示，2020年前三季度辽宁经济增速比陕西、江西分别低2.3个和3.6个百

分点，地区生产总值比陕西、江西分别少973.5亿元、679.8亿元；与重庆、云南的经济总量的相对优势进一步缩小。前三季度，辽宁经济增速比重庆、云南分别低3.7个、3.8个百分点，经济总量与重庆几乎持平，比云南多168.2亿元，且固定资产投资、社会消费品零售总额、进出口总额增速明显低于重庆和云南。

表3 2020年前三季度各省区市GDP排名

排名	地区	增速(%)	GDP(亿元)
1	广东	0.7	78397.1
2	江苏	2.5	73808.8
3	山东	1.9	52186.0
4	浙江	2.3	45825.9
5	河南	0.5	39876.7
6	四川	2.4	34905.0
7	福建	2.4	31331.6
8	湖南	2.6	29780.6
9	湖北	-10.4	29779.4
10	安徽	2.5	27668.1
11	上海	-0.3	27302.0
12	河北	1.5	25804.4
13	北京	0.1	25759.5
14	陕西	1.2	18681.5
15	江西	2.5	18387.8
16	辽宁	-1.1	17708.0
17	重庆	2.6	17707.1
18	云南	2.7	17539.8
19	广西	2.0	15999.1
20	贵州	3.2	12650.0
21	山西	1.3	12499.9
22	内蒙古	-1.9	12320.0
23	天津	0.0	10095.4
24	新疆	2.2	9819.9
25	吉林	1.5	8796.7
26	黑龙江	-1.9	8619.7
27	甘肃	2.8	6444.3

排名	地区	增速(%)	GDP(亿元)
28	海南	1.1	3841.3
29	宁夏	2.6	2796.0
30	青海	1.2	2170.1
31	西藏	6.3	1308.3

资料来源：Wind。

（二）工业和服务业恢复相对缓慢，拖累全省经济修复速度

从辽宁前三季度主要行业看，工业和服务业增长变化影响全省经济运行基本面修复，而其中工业对 GDP 增速的影响最大，成为影响整体经济修复的最大因素。从全国来看，辽宁工业生产修复速度明显落后于全国和东部主要省份，大大影响了整体经济的修复速度。前三季度，虽然辽宁规上工业增加值增长小幅提升至0.3%，但增幅分别低于全国、江苏、山东和浙江0.9个、3.3个、2.6个和2.7个百分点；从收窄幅度来看，与一季度相比，辽宁规上工业增加值收窄8.8个百分点，不及全国的9.6个百分点、广东的13.9个百分点、江苏的11.4个百分点和浙江的13.2个百分点。此外，辽宁服务业受疫情影响较大，恢复速度缓慢，也拖累全省经济的修复速度。前三季度，辽宁批发和零售、住宿和餐饮等行业逐步修复，但速度明显落后于全国平均水平，辽宁服务业增加值下降2.2%，降幅高于全国2.6个百分点，排名全国倒数第四位，仅高于湖北（下降9.5%）、内蒙古（下降3%）和黑龙江（下降3%）。

（三）产业结构偏重且集中度高，影响工业修复

从辽宁、江苏、浙江、山东、广东五省工业行业结构来看，辽宁的工业集中度偏高，大类行业主营业务收入占比超过10%的行业有3个，其中石油加工、炼焦及核燃料加工业占比接近两成；其余四省主要行业比较分散，占比超过10%的行业分别有1~2个，且多为电气机械及器材制造业，通信设备、计算机及其他电子设备制造业等先进制造业。辽宁比重超过10%的3个行业分别是

石油加工、炼焦及核燃料加工业，黑色金属冶炼及压延加工业以及汽车制造业。其中较为突出的是石油加工、炼焦及核燃料加工业，黑色金属冶炼及压延加工业，占比合计已经超过三成，达到34.1%（见表4），这一块工业经济受疫情和中美贸易摩擦冲击最直接也是影响最大的，由此拖累辽宁规上工业修复。

表4　辽宁与江苏、浙江、山东和广东主要行业主营业务收入占比情况

单位：%

行业	辽宁	江苏	浙江	山东	广东
煤炭开采和洗选业	0.9	0.2	0.0	1.8	0.0
石油和天然气开采业	1.2	0.0	0.0	0.9	0.4
黑色金属矿采选业	1.0	0.1	0.0	0.2	0.0
农副食品加工业	5.8	2.4	1.2	7.8	2.3
食品制造业	0.8	0.7	0.7	1.6	1.2
饮料制造业	0.5	0.9	0.7	0.9	0.7
烟草制品业	0.3	0.5	1.2	0.3	0.3
纺织业	0.3	3.9	5.9	4.5	1.5
纺织服装、鞋、帽制造业	0.5	2.1	2.8	1.6	2.1
皮革、毛皮、羽毛(绒)及其制品业	0.2	0.4	1.5	0.5	1.2
木材加工及木、竹、藤、棕、草制品业	0.3	0.7	0.6	1.8	0.4
家具制造业	0.2	0.2	1.4	0.3	1.5
造纸及纸制品业	0.4	1.1	2.2	2.1	1.8
文教体育用品制造业	0.1	1.4	1.6	1.1	2.6
石油加工、炼焦及核燃料加工业	19.4	1.7	2.4	11.4	2.6
化学原料及化学制品制造业	6.5	9.6	9.2	10.4	4.4
医药制造业	2.0	2.7	2.0	3.1	1.2
化学纤维制造业	0.1	2.1	3.9	0.2	0.1
橡胶和塑料制品业	1.4	2.1	0.0	3.1	3.6
非金属矿物制品业	4.0	3.0	3.7	3.7	3.6
黑色金属冶炼及压延加工业	14.7	6.9	2.9	5.4	1.8
有色金属冶炼及压延加工业	3.4	2.9	3.9	6.4	2.5
金属制品业	2.8	4.4	3.9	2.9	4.2
通用设备制造业	3.8	6.1	6.6	3.6	3.0
专用设备制造业	1.9	4.6	2.6	2.9	2.4
汽车制造业	11.8	5.5	0.0	5.4	6.2

行业	辽宁	江苏	浙江	山东	广东
铁路、船舶、航空航天和其他运输设备制造业	1.4	2.0	0.0	1.3	0.6
电气机械及器材制造业	2.3	10.6	10.0	3.7	10.3
通信设备、计算机及其他电子设备制造业	2.3	13.6	6.2	3.8	28.6
电力、热力的生产和供应业	7.1	4.0	7.2	4.3	4.8

资料来源：Wind。

（四）重要商品零售降幅较大，市场消费恢复偏慢

受疫情影响，前三季度，辽宁社会消费品零售总额下降11.1%，降幅分别大于全国、广东、江苏、山东、浙江3.9个、1.8个、6.4个、6.6个和6.2个百分点。前三季度占全省限额以上单位商品零售额17.8%的石油类商品零售下降30.3%，跌幅比全国高13.6个百分点，直接拉低全省消费增长5.4个百分点；占全省限额以上单位商品零售额30%的汽车类商品零售下降4.1%，跌幅比江苏高21.1个百分点，直接拉低全省消费增长1.2个百分点；占全省限额以上单位商品零售额7.9%的家用电器和音像器材类商品零售下降20.8%，跌幅比全国高12.8个百分点，直接拉低全省消费增长2.2个百分点。

三 2021年辽宁经济运行的内外部环境和走势判断

（一）全球经济总体呈修复性增长态势，但前景仍然存在不确定性

2021年世界经济总体将呈现修复性增长态势。因为疫苗的推出，经济活动的恢复，全球供应链加速修复，加上2020年的基数效应，2021年世界经济有望加速复苏。国际货币基金组织（IMF）预测2021年全球经济增速将大幅反弹，有望达到5.2%。同时，我国与亚太地区合作将进一步巩固深

化，RCEP的签署将有利于拓展我国与亚太地区经贸空间。中欧投资协定将极大改善我国对外投资格局，有利于缓解全球经济的不确定性带来的外部冲击。

同时，一些长期因素也决定和影响着各国的疫情应对措施和经济复苏进程，我国经济运行的外部环境依然复杂严峻。一是国外疫情蔓延仍将是拖累2021年出口增长的一个重要因素。2020年新冠肺炎疫情的全球持续蔓延导致贸易和全球产业链萎缩。外贸企业的全球化生产和运输均受到持续性的负向影响。同时，疫情重挫了发达经济体的消费信心，并引发生产活动的急剧收缩，对外贸易面临着来自生产和需求的双重负向冲击。此外，在疫情全球蔓延的背景下，全球化生产变得异常困难，各国将更加注重产业链和供应链的安全性和完整性，客观上进一步导致了全球产业链的萎缩和贸易保护主义的趋势性强化，跨国企业和各国外贸企业可能重新调整其供应链。在此基础上，中国将面临部分企业撤出、FDI下降和外贸需求进一步下降的风险。二是疫情下全球政经格局更趋复杂，主要国家和地区增长预期分化明显。从全球主要经济体生产活动的恢复情况来看，新冠肺炎疫情仍旧造成了超出预想的严重影响。截至2020年12月中旬，全球新冠肺炎累计确诊病例数逼近7500万。按照目前各个国家和地区应对迫在眉睫的第二波疫情的物资储备与组织能力判断，实现有序防疫、提振全球经济依然任重道远。国际货币基金组织在10月更新的全球经济增长预测中，提出美国2020年全年增速预测值为-4.3%，欧元区-8.3%，日本-5.3%，加拿大-7.1%。新兴市场和发展中经济体预测增速为-3.3%，其中，东盟五国增速为-3.4%，印度-10.3%，俄罗斯-4.1%，拉丁美洲-8.1%，中东和中亚-4.1%，撒哈拉以南非洲-3.0%。

（二）我国经济总体向好，但经济恢复仍存在一些不平衡不充分问题

我国经济将延续恢复性增长态势。2021年，主要国际机构普遍预测我国经济增速将达到8%左右，经济增长的走势是前高后低。上半年，

因为基数效应，我国一季度经济增速将在 16% 左右；二季度我国经济增速将在 5.5% 左右。在经济增长的引擎方面，内需将是拉动中国经济增长的一个重要因素。一方面，基础设施的投资和房地产的投资在边际效益上对经济的贡献将减少，另一方面，企业投资 2021 年可能会有一个非常强劲的反弹，企业投资因为基数效应，2020 年可能有一个 3% 的萎缩，到 2021 年底将有一个 12% 的反弹。消费对经济的贡献将大幅提升，成为 2021 年我国内需增长的有力支撑。预计 2021 年我国消费对 GDP 的增速将有 6 个百分点的贡献。这是因为一方面，2020 年我国社会消费品零售总额与 2019 年相比，将有一个 4.1% 的萎缩，2021 年将会有一个追涨的过程，加上基数效应，那么 2021 年将会出现一个强劲的大幅反弹，估计为 16.5% 左右。另一方面，2021 年也是"十四五"规划的第一年，随着内循环的加速推进，消费占 GDP 的比重将由目前的 36.8% 上升到 39% 左右。2020 年比较落后的服务消费行业，在 2021 年将有一个快速的增长过程。

同时，我国经济修复进程中表现出的不平衡不充分问题仍然突出。2020 年前三季度，东北地区经济修复速度明显落后于中部和西部地区，区域内潜在的风险和挑战仍然较大。疫情使传统劳动密集型行业恢复缓慢，就业压力问题突出。部分企业经营仍面临市场恢复缓慢、融资难、创新升级"卡脖子"等挑战，经济持续复苏的势头仍需进一步巩固。

（三）辽宁具备高质量发展的有利条件，但风险和挑战仍较大

"十三五"时期，辽宁在资源、产业、科教、人才、基础设施等方面形成了较强的支撑能力，具备了迈向高质量发展新台阶的许多有利条件。一是有雄厚物质基础和良好支撑条件等比较优势。辽宁是工业大省、农业大省、海洋大省、科教大省、文旅大省，工业门类齐全，装备制造、石油化工、冶金等产业优势突出，区域位置优越，人力资源、产业数字化的场景资源优势和数字产业化的数据资源优势明显。二是有服务全国构建新发展格局带来的战略机遇，经济增长的内需潜力会不断释放，供给体系对需求的适配性将不

断提高，辽宁将走上一条质量更高、效益更好、结构更优、优势充分释放的发展新路。三是有发展生态全面优化的良好预期，办事方便、法治良好、成本竞争力强、生态宜居的营商环境正在加快形成，辽宁将成为投资的"洼地"、创业的"乐土"。

同时，辽宁经济修复和复苏中面临多重风险与挑战。新冠肺炎疫情发展的不确定性依然存在，疫情对逆全球化的影响短期内仍然不会消除。辽宁经济复苏并不平衡，沈阳和大连作为辽宁经济复苏的两大引擎，在全国副省级城市中的经济总量排名继续靠后；同时省内各地区结构分化进一步加剧，一些依靠资源优势发展起来的城市在这次疫情中下滑明显，这些将影响辽宁经济修复的可持续性和质量。疫情冲击下非金融部门总债务增长再度加快，宏观总杠杆率上扬，借新还旧压力较大。2020年以来政府部门逐渐成为加杠杆的主体，地方政府显性和隐性债务压力加大，随着宏观政策逐步转向常态化，非金融企业部门、地方政府部门债务风险可能会加速释放。

（四）2021年辽宁经济运行走势判断

当前，新冠肺炎疫情在全球持续蔓延，孤立主义保护主义肆虐，国内经济受到较大冲击，辽宁经济也遇到前所未有的挑战。然而从总体上看，辽宁经济长期向好的基本面并没有变，仍处于重要战略机遇期。在国内疫情基本得到有效控制的基础上，辽宁积极推进复产复市，2020年全省经济持续恢复增长，呈现出"深V型"的回升态势。2021年，辽宁经济将延续恢复性增长态势，运行总体平稳向好。

1. 展望：2021年经济走势"前高后低"，需高度关注微观主体运行压力

新冠肺炎疫情是2020年辽宁经济运行的主要影响因素，从全年经济运行来看，基本遵循了"疫情冲击—疫后修复"的逻辑，从季度GDP环比来看，经济修复动能逐季趋弱，季调后的GDP环比增速逐季回落。2021年辽宁经济继续呈现疫后复苏态势，增速预计将提升至6%左右（见图6），呈现前高后低、坡度较陡的走势。受基数因素影响，前两个季度增速可能冲高，但经济环比修复动能趋弱，微观经济主体所面临的实际困难仍然持续存在。

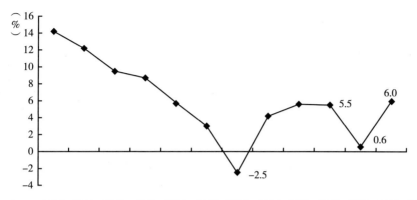

图 6　辽宁 GDP 增长预期

资料来源：根据 Wind 数据整理得出。

2. 产业结构、需求结构出现短时扭曲，未来或有望修复

从三次产业看，2020 年以来，辽宁第三产业对经济增长贡献率小幅下滑（见图 7）。从三大需求看，受疫情冲击影响，三大需求对经济增长的贡献率大幅波动，消费成为经济增长的拖累项。后续随着经济继续修复，在疫情得

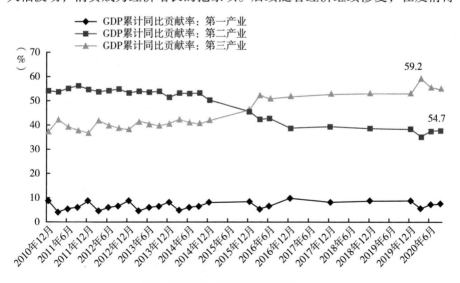

图 7　第三产业贡献率低于正常水平

资料来源：根据 Wind 数据整理得出。

到有效控制背景下，经济增长趋于正常化，经济结构扭曲的情况将有望好转。

工业生产反弹迅速，但修复力量趋于见顶。受行政性的复工复产政策支持，工业生产在疫情得到控制之后逐步反弹，2020年4月辽宁规模以上工业增加值即实现正增长（见图8），此后，受出口高增长和国内生产补进度的支撑，工业生产仍持续保持较高速的增长。未来工业生产修复力量有可能趋弱：一方面国内需求尚未完全恢复，需求不振导致生产走弱；另一方面随着海外供给改善，出口交货值对工业生产的带动弱化。

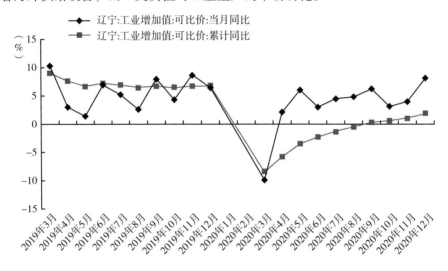

图8 辽宁工业增加值当月同比反弹迅速

资料来源：根据 Wind 数据整理得出。

服务业复苏相对较为滞后，但持续修复仍可期待。2020年12月以来，大连和沈阳等地疫情再次出现多点零星暴发态势，各地政府呼吁居民"就地过年"，元旦、春节假期对服务业的拉动作用或将弱化。未来几个月随着疫苗普及、气温升高病毒活性减弱，服务业的持续复苏仍可期待。

新动能逆势增长，构建双循环新发展格局有望继续推动新动能发展。随着我国高科技企业将产业链转向国内，资本市场改革持续推进，加上高科技产业主要为资本密集和智力密集型，全省部分高技术行业和新产品快速增长。同时线上消费、线上教育等应对疫情下生产生活方式转变的行业出现较快增长。

四 促进辽宁经济平稳健康发展的对策建议

（一）落实五中全会重要战略部署，推进重点工作任务

十九届五中全会明确了"十四五"期间我国经济社会发展的总体目标及 2035 年远景目标，并提出了 12 项重要举措。辽宁应当以落实好全会精神为重要工作任务，重点推进以下工作：一是重点完善创新体制机制。要重点完善创新的保障措施和激励机制，将创新上升为重要的发展战略，激发全省上下的创新热情，补足创新的内驱性动力。二是加快发展现代产业体系。采取更加有效的措施克服疫情影响，通过进一步减费降税、金融信贷扶持、奖励补贴政策等扶持和鼓励实体经济复苏发展。推动"新基建"项目顺利实施，实现全省经济发展的提质增效。三是全面扩大省内消费市场。继续采取发放居民消费券等方式，持续扩大省内消费市场，激发消费热情，重点推动餐饮业、旅游业、服务业等行业复苏发展。四是继续加强农业农村建设。持续巩固好脱贫攻坚战成果，在全省农村全面脱贫和贫困县全面"摘帽"的基础上，通过优化农村产业结构，大力发展特色农业和现代农业，将农业农村建设与新型城镇化建设、文化旅游业发展充分结合，打造具有鲜明地域特色的农业农村发展新模式。五是促进文商旅产业深度融合。充分利用好辽宁深厚的历史文化底蕴、丰富的旅游资源和良好的商业基础，在推动文商旅产业深度融合方面持续发力。以沈阳经济圈等为中心，打造地域化的文商旅产业融合发展中心。通过举办各类文化活动、开发新的旅游线路、举办体育赛会和国际国内大型展会等多种形式，提升文商旅融合发展的质量，形成新的业态形式，带动全省经济加快发展。六是继续走好绿色发展之路。秉承生态优先、绿色发展理念，继续做好资源枯竭型地区转型升级和省内重要河流、水源保护区、自然保护区综合治理工作，不断优化省内生态环境，继续走好绿色发展之路。

（二）以优化营商环境为基础，全面深化改革

深入推进关键领域改革，大力推动民营经济发展，加快资源要素市场化配置改革，全面加强风险防控，着力打造办事方便、法治良好、成本竞争力强、生态宜居的一流营商环境。

进一步优化营商环境。深入贯彻实施《优化营商环境条例》和《辽宁优化营商环境条例》，全力打造办事方便、法治良好、成本竞争力强、生态宜居的营商环境。继续深化"放管服"改革，以"放得下、接得住、用得好"为原则，实现整体放权、协调放权、链条放权。把"一网通办""一网统管"作为推进政府职能转变优化营商环境的突破口，逐步实现由"全市通办"到"跨市通办""跨省通办"，着力提升政务服务能力和水平，努力实现"办事不求人"。加快完善优化营商环境信用体系建设，建设法治政府、诚信政府，创新实施政府与市场主体双向约束机制。加大对基层社会组织、公民自治组织建设发展的支持力度，特别是要对农村村民自治组织建设给予重点关注，进一步缩小城乡差距。要注重发挥基层组织和公民自治组织在社会治理工作中的功能和作用，激发工作积极性，拓展参与社会治理的渠道，保障其合法权益，构建适应经济发展的新兴社会治理结构，不断提高社会文明进步水平。全面实施市场准入负面清单制度，落实更大规模的减税降费政策，多措并举全面降低企业综合性成本。

进一步深化国企改革。坚持市场化原则推进国资国企改革，将国资国企改革由单项突破向综合性改革推进。实施国企改革三年行动。持续深化中国特色现代企业制度，加快构建各司其职、协调运转、有效制衡的公司法人治理结构，深化"三项制度"改革，探索推进国有资本授权经营管理体制。抓好"一个转变""两个清单""三个归位""四个重点"。严格执行政资分开、国企分开原则，厘清职责边界，通过构建公开透明的国有资本投资运营平台，发挥国有资本投资运营功能，以期形成以管资本为主的国有资产监管体制，进一步推进国有经济布局优化和结构调整。推进解决国企改革遗留问题，制定完善以司法为保障的有力措施，加大防范国有资产损失力度。

促进民营经济持续快速发展。打好政策组合拳，着力破解民营企业融资难、要素保障难、知识产权保护难等问题，优化公平竞争的市场环境，进一步放开民营企业市场准入，放宽民间投资领域。优化金融支持民营企业政策，健全银行业金融机构服务民营企业体系，切实降低民营企业贷款周转成本。为民营企业提供精准服务，发展壮大一批主业突出、核心竞争力强的民营企业集团和龙头企业，大力推进"个转企""小升规""规升巨"等重点工作。实施辽宁企业家"培育计划"，弘扬企业家精神，完善政企沟通、涉企政策制定执行机制，构建亲清政商关系。

（三）坚持创新驱动发展，构建支撑高质量发展的现代产业体系

把自主创新作为推动高质量发展的战略基点，全面提升创新能力和创造活力，加快推动增长动力转换。加快形成主导产业加速集聚、传统产业焕发新机、新型产业蓬勃发展的现代产业体系。

坚持创新在现代化建设全局中的核心地位。贯彻落实国务院印发的《国家创新驱动发展战略纲要》，明确创新驱动是引领发展的第一动力，必须将创新摆到现代化建设全局中的核心位置，强调科技创新对辽宁振兴发展的支撑作用。辽宁要实现创新驱动，应打好关键核心技术攻坚战，立足辽宁现有产业优势，聚焦人工智能、新材料、生物医药、高端装备等新兴产业，引进新技术，实施重点项目攻关，攻克一批"卡脖子"技术，实现技术提升。提高科技成果转移转化成效，推动创新要素向企业聚拢，强化企业创新主体地位，建立产学研创新联合体，实施科技型企业梯度培育计划，培育出更多的科技型领军企业。

全力做好结构调整"三篇大文章"。大力推进"老字号""原字号""新字号"产业新动能培育项目，推进产业基础高级化、产业链现代化，带动先进制造业高水平发展，加快农业供给侧结构性改革。推动生产性服务业向专业化、高端化方向发展，生活性服务业向高品质和多元化发展。随着一大批新一代信息基础设施、发展融合基础性设施、创新基础设施、数字基础设施建设项目的投入建设，投资拉动效应将得到显著体现，这将对辽宁的经济发展"提质增效"产生直接的促进和带动作用。

（四）推进新型基础设施建设，着力发展数字经济

重点推进传统基础设施数字化升级，全面推进数字基础设施建设。新型基础设施建设（简称"新基建"）以现代科技特别是信息科技为支撑，旨在构建数字经济时代的关键基础设施，从而实现经济社会数字化转型。因此，辽宁未来应将工作重点围绕5G、数据中心、人工智能、工业互联网、物联网等数字基础设施以及公共服务、环境卫生、市政公用等新型城镇化基础设施类项目和产业新动能培育项目，全面谋划重点项目有序推进，同时加大能源、交通、水利等重大基础设施建设力度。与此同时，辽宁应推进大连普湾数据中心、沈抚新区辽宁先进计算中心等数据中心项目建设，加快推动IPV6、VR/AR和人工智能等新技术在工业企业中的应用部署。在这些重点项目的带动之下，继续夯实辽宁"新基建"基础，初步实现总体布局脉络的显现。

加速产业转型升级和新旧动能转换，重点打造数字辽宁、制造强省。辽宁要全面贯彻落实《数字辽宁规划（1.0版）》要求，建立促进数字化发展体制机制，发挥辽宁数字产业化的数据资源优势以及产业数字化的场景资源优势，以发展数字经济为战略重点，走数字经济与实体经济深度融合、协同发展之路。通过发展数字产业化，即推动5G、大数据、云计算等技术创新与产业化，实现新产业、新技术、新模式、新业态快速发展；通过重点发展工业互联网和智能制造等高技术制造业，为5G、工业互联网、区块链、人工智能等技术应用推广提供应用场景。

（五）构建"一圈一带两区"发展格局，推进区域协调发展

充分发挥辽宁各区域的比较优势，促进各类要素合理流动和高效集聚，形成以沈阳、大连"双核"为牵引的"一圈一带两区"发展新格局，并积极推动新格局框架下的区域互补、融合联动发展。

推进以沈阳为中心的现代化都市圈建设。以沈阳为中心，由鞍山、本溪、铁岭、辽阳、抚顺及沈抚示范区共同组成地理位置邻近、要素资源共

享、产业协同发展的新型工业化示范区和具有较强竞争力、影响力的现代化都市圈。明确沈阳中心城市的功能定位，提升沈阳市的引领和综合竞争力，强化沈阳市的辐射和带动能力。推动沈阳全面建设成为引领东北振兴的国家重要经济中心，具有国际竞争力的先进装备智能制造中心，具有卓越竞争力的科技创新中心，提升产业链配套功能，加强汽车、高端装备、新材料等产业协同配套合作。重点壮大沈阳 IC 装备、鞍山激光产业、抚顺新材料和新能源装备、辽阳芳烃精细化工、本溪生物医药产业。

推进以大连为龙头的辽宁沿海经济带开发开放建设。完善沿海六市工作协调机制，重塑开发区（园区）布局和体制机制，构建完善"大部门制""扁平化"等模式。强化海陆统筹，促进陆域经济与海洋经济互动联动发展。以推进大连国际海运枢纽和航空枢纽建设为重点，立足东北，辐射全国，服务东北亚，联通全球，建成具有全球航运资源配置能力，与国家战略和经济发展相适应的国际航运中心。全面优化整合辽宁港口资源，推进港口能级现代化高端化。加大改革、创新、开放，探索创建省级"一带一路"综合试验区，加强"苏辽""沪连"对口合作，共建一批不同类型的合作园区，加快辽宁自贸区大连片区、营口片区改革创新，支持辽宁沿海经济带开展新旧动能转换试验。大力发展临港产业和海洋经济，协同建设产业结构优化的先导区、经济社会发展的先行区。

推进辽西融入京津冀协同发展战略先导区建设。发挥辽西区域优势，积极对接京津冀协同发展战略，承接京津冀产业纾解转移。以"大项目带动、配套企业跟进、产业集群发展"的思路，推动精准产业链招商，实施产业承接助推转型升级，扶持一批大型骨干企业加快壮大规模，推进产业协作，提升辽西地区在装备制造、氟化工、汽车及汽车零部件、建材等工业领域发展水平。充分发挥资源优势，支持辽西地区发展优质高效特色农业，做大做强生猪、肉鸡、特色林果、花卉等地方特色农业。

推进辽东绿色经济区建设。树立"绿水青山就是金山银山"理念，落实国家建设东北东部绿色经济带部署，依托辽东地区优质的水资源和丰富的森林资源，夯实绿色发展生态基础，发展生态型经济，打造辽东绿色经济区。

（六）激发消费潜能，融入"双循环"新发展格局

立足省情实际，不断激发和扩大内需，同时抓住对外开放新机遇，在"双循环"格局构建过程中主动作为，全面提升全省经济社会发展水平。

扩大内需激发消费市场活力。全面激发市场消费活力。在疫情防控常态化下，采取政策激励、消费信贷支持、增加城乡居民收入等一系列手段，鼓励和支持零售业、旅游业、现代服务业等加速发展，尽快恢复省内市场发展活力。结合乡村振兴战略打造"互联网＋乡村产业"、夜经济、平台经济等发展模式，打造一批"网红"特色城市、特色产业、特色乡镇、特色商圈等。以政府购买服务作为拉动点，着力加快推进教育医疗、卫生防疫、文化事业、环保等领域的发展。打造特色鲜明的辽宁消费品牌。全面改善省内消费环境，强化消费者权益保护力度。支持和鼓励沈阳市、大连市打造国际消费中心城市。

发挥投资拉动效应。结合"新基建"项目建设，推进重大公共卫生、防洪排涝、电气输送、生态治理等一批重大项目开工建设。整合各市公共资源，补齐在公共交通、市政配套、公共卫生、民生服务等领域的"短板"。将政府投资、民间投资充分结合，鼓励企业进行技术创新和产业投资。

扩大高水平产品供给范围。继续深入推进供给侧结构性改革，加大品牌建设和保护力度，引导绿色生态、科技创新等新型消费模式快速发展。合理优化供给内容，提升"辽宁"品牌供给产品与国内市场需求的契合度。加大在教育、医疗、养老等民生领域的供给力度，大力扶持新业态新模式发展。尊重企业市场主体地位，继续激发企业自主发展活力，保持品牌的生命力。

（七）抢抓对外开放新机遇提升对外发展活力

以国内大循环为基础，充分整合各种资源要素，提升资源优化配置的质量和水平，统筹进口和出口、内需和外需，实现对外贸易的快速健康发展。

进一步增强对外竞争力。依托共建"一带一路"国家，不断提高技术创新能力，拓展国外新兴市场，优化对外出口贸易的产业结构，突出高端技术和服务，打造对外贸易的国际品牌。在产品进口方面注重关注先进技术和关键零部件领域。不断推动对外贸易模式创新，加快推进对外贸易新业态创新，培育跨境电商产业加速发展。鼓励和支持沈阳市、大连市、营口市等跨境电商综合贸易试验区建设。

全面提升对外贸易规模。在制造业、服务业等领域持续扩大对外开放规模，转变招商引资模式，优化市场环境，吸引一批重大外商投资项目落户本省。完善市场准入清单，合理调整市场准入标准，推动服务贸易加快发展。

（八）持续加大人才培养和引进力度，打造人才集聚高地

进一步加大工作力度，切实破除各类传统的体制机制障碍，打破传统观念的约束，将"培育人才""留住人才""吸引人才"作为事关经济社会发展大局的重要任务，树立全员育才的观念，调动各类积极因素和优势资源，将辽宁打造成为高端人才培养和引进的高地。

全方位培养、用好人才。在人才培养方面，要充分利用本省高等教育资源富集、科研单位众多等优势，深入推动高等教育供给侧结构性改革，根据经济社会发展需要合理调整高等院校专业设置。要树立本科、专科院校专业设置、人才培养模式衔接互补理念，结合不同层次高等教育的特点突出人才培养的梯度，不断丰富人才队伍的内部层次。要坚持市场导向，鼓励科研单位、社会机构等参与高端人才培养，在短时间内培养一批本省经济社会发展急需的高端应用型人才。

深化人才发展体制机制改革。在留住人才方面，要采取"岗位留人、待遇留人、感情留人"等多种模式。要为人才提供适合职业发展的良好的工作环境，让人才感受到真切的关怀。设置和开发更多适应人才自身发展需要的岗位，让更多的人才获得用武之地。要不断提高人才的薪酬待遇水平，不断缩小与国内经济发达地区的差距，从根本上降低人才流失率。要逐步优化各类单位薪酬待遇管理模式，为高校、科研单位的高端人才"松绑"，让他们能够有更多的机会施展自身的才华，通过辛勤劳动和个人智慧获得合理的收入，提高待遇水平。要完善关怀人才、关心人才的体制机制，真正实现

从感情上关心、关注、关怀人才的日常工作和生活，解决他们的后顾之忧，让他们能够获得深层次的情感认同。

深入推进柔性引才。在引进人才方面，要加快人才引进的速度，尤其是对于行业内部的优秀人才和省内急需的专业人才。要为人才提供良好的工作环境和职业发展路径，在薪资待遇、职业发展、生活保障方面向国内经济发达地区"全面看齐"，并增加一些具有本省特色的附加条件，在人才引进吸引力方面实现"人无我有、人有我优"。要破除人事管理制度等方面的障碍，鼓励高校、科研机构、企事业单位等采取多种形式引进人才，建立年薪制、项目制等多样化的薪酬待遇模式，让优秀的人才充分感受到辽宁"爱才、惜才"的浓厚氛围。

参考文献

"中国宏观经济形势分析与预测"课题组：《"双循环"新发展格局下的中国经济：挑战与机遇 中国宏观经济形势分析与预测年度报告（2020－2021）》，上海财经大学，2020 年 12 月。

杨新洪：《广东上半年经济运行特征研判》，《开放导报》2020 年第 8 期。

河南省社会科学院课题组：《2020 年河南经济运行分析及走势研究》，《区域经济评论》2020 年第 5 期。

张智：《2020 年天津宏观经济形势分析与预测》，《华北金融》2020 年第 1 期。

祝宝良：《2021 年我国经济展望和政策建议》，《开发性金融研究》2020 年第 12 期。

B.2
2020~2021年辽宁社会
形势分析与预测

王 磊 姜兆刚 杜淑薇*

摘　要： 2020年，面对新冠肺炎疫情及经济下行压力加大的严峻形势，辽宁省有效应对，社会形势保持稳定，社会建设取得了新的成绩。2020年，辽宁经济与社会领域逐步摆脱新冠肺炎疫情影响，居民收入稳步增长，脱贫攻坚任务顺利完成，稳就业工作扎实推进，养老服务和社会治理等社会领域发展与建设水平持续提升。然而，全省在收入分配、就业、公共卫生体系建设等领域仍存在问题和短板。展望2021年，面对复杂的经济社会形势，辽宁省要保障和加强民生投入，继续做好稳就业工作，着力加强公共卫生体系建设与防疫科普宣传，同时还要持续提升养老服务能力及基层社会治理水平等。

关键词： 社会形势　社会建设　民生保障

2020年是全面建成小康社会和"十三五"规划的收官之年。一年来，面对新冠肺炎疫情和经济下行压力加大的复杂局面，全省坚持稳中求进工作总基调，以推动高质量发展为主题，坚持供给侧结构性改革的战略方向，经

---

* 王磊，辽宁社会科学院社会学研究所所长，研究员，主要研究方向为社会保障、社会政策；姜兆刚，沈阳化工大学硕士研究生，主要研究方向为社会工作；杜淑薇，辽宁大学经济学院博士研究生，主要研究方向为财政学。

济社会发展逐步摆脱疫情影响，社会建设成效明显，从而为"十四五"发展开好局，进而在2035年基本实现社会主义现代化夯实了基础。

一 2020年辽宁社会发展总体形势

2020年，辽宁省委省政府在社会建设中切实保障民生投入，做好民生实事，全省社会发展形势稳定，社会运行态势良好，并在以下方面取得了突出成绩。

（一）居民收入稳步增长，生活回归稳定

2020年初突如其来的新冠肺炎疫情对社会经济生活造成了严重打击，居民收入分配也受到影响。辽宁省2020年上半年城镇居民人均可支配收入为20050元，同比下降0.2%；农村居民人均可支配收入为9908元，同比增长7.2%。数据显示，近年来城乡居民收入呈现增长的趋势。2020年受疫情影响，城镇居民收入较上年有所下降，农村居民收入依旧呈现增长趋势。

2020年上半年，全省居民消费价格同比上涨3.6%，较一季度低1.2个百分点。从种类上看，医疗保健类上涨3.5%。受疫情影响，居民对口罩的需求在疫情初期急剧上升，随着复工复产，口罩生产量提升，价格逐渐稳定，口罩以及相关药品成为居民日常必备品。食品烟酒类上涨11.0%，较一季度回落3.3个百分点，生活用品及服务类下降0.3%，疫情对居民日常用品的需求产生了影响，在供应方面得到保障后，居民生活逐渐回归稳定。在全省社会消费品零售总额方面，零售总额同比下降，但生活必需品类和药物零售额持续增长，市场销售逐渐恢复。

（二）脱贫任务顺利完成，脱贫成果稳固提升

2020年是全国决战脱贫攻坚的收官之年，辽宁省积极贯彻落实中央精准脱贫的基本方略，坚持做好"两不愁三保障"工作，脱贫攻坚工作取得了突出成绩。一方面，辽宁省顺利完成剩余贫困人口脱贫任务和已脱贫人口

巩固提升工作。截至 10 月，辽宁省 1.42 万剩余贫困人口已全部达到脱贫标准；21 万年收入 5000 元以下的已脱贫人口已全部实现年收入超过 5000 元。另一方面，辽宁省持续加强 84 万建档立卡人口的脱贫成果巩固提升工作，确保已脱贫人口不返贫，做到真脱贫。产业扶贫方面，辽宁省坚持产业扶贫到村、到户，结合地区自身发展特色，因地制宜，创新产业扶贫模式，积极引进产业扶贫项目，探索出"龙头企业＋贫困户""特色农业＋贫困户""庭院经济＋贫困户""合作社＋贫困户""党支部＋N"等"N＋1"产业扶贫模式。同时，通过"五小项目""庭院种养殖""家庭工坊"等到户项目，使建档立卡贫困人口借助产业扶贫项目实现自主脱贫。

医疗扶贫方面，辽宁省严格落实医疗扶贫政策和措施，适当加大建档立卡贫困人口医疗报销力度，建立起基本医保、大病保险、医疗救助、医疗补充保险的"四重"保障体系，并积极落实好各项医疗保障措施，充分发挥医疗保险在医疗扶贫中的作用，解决贫困人口因病致贫问题。2018 ~ 2020年，省本级安排 2.74 亿元专项资金购买商业医疗补充保险，以解决患大病建档立卡人口日常用药负担重问题，受益人口突破 50 万人次。此外，建档立卡贫困人口重特大疾病救助比例由 60% 提高到 70%，贫困人口的医疗健康得到更好的保障。截至 2020 年 9 月末，全省大病累计救治 5.17 万人，落实重病兜底保障政策 2.1 万人，救治率和保障率皆为 100%，并初步构建起覆盖全省的基本公共卫生服务制度体系。

就业扶贫方面，辽宁省大力解决贫困人口就业问题，为贫困人口创造就业机会，使贫困人口获得稳定的经济收入，实现自主脱贫。第一，开发公益岗位，2020 年辽宁省各地各部门设置扶贫公益岗位 35664 个，为贫困人口创造就业机会，增加建档立卡人口的经济收入。第二，助力解决贫困户大学毕业生的就业问题，为贫困家庭大学毕业生提供政策、资金和岗位支持。第三，鼓励有劳动能力的贫困人口外出务工，积极协调企业增设就业岗位、优先录用建档立卡贫困人口。就业扶贫措施有效提高了贫困人口的就业积极性和就业率，2020 年以来，辽宁省贫困群众外出务工人数高达 15.8 万，同比增长 18%。

定点和驻村扶贫方面，辽宁省坚持党建引领农村精准扶贫，充分发挥政府、企业的定点帮扶作用，选派优秀的党员干部任驻村第一书记，坚持驻村工作队帮扶机制和各级帮扶力量、帮扶关系不变，完善"省领导联系县、市领导联系乡、县领导联系村、党员干部联系户"的联系帮扶制度，统筹深化定点扶贫、省内对口帮扶和社会扶贫。

（三）就业形势稳中有进

2020 年以来，面对疫情防控工作和经济下行压力的双重挑战，辽宁省始终贯彻落实中央和省委工作部署，多措并举，稳定就业岗位，拓宽就业渠道，积极做好重点群体的就业服务工作。2020 年 4 月出台了《辽宁省关于深入实施就业优先政策进一步做好稳就业工作的若干意见》，从稳定就业岗位、拓展就业空间、多渠道就业创业、推进重点群体就业、做实就业创业服务和强化组织保障等 6 个方面提出 26 条具体举措推动企业复工返岗，积极做好稳就业、保就业工作。6 月出台了《辽宁省进一步促进高校毕业生就业创业的若干举措》，从市场化社会化就业、多渠道就业创业、提升就业能力、组织保障等 4 个方面推出 17 项举措，促进辽宁省高校毕业生就业创业。2020 年前三季度，辽宁省城镇新增就业 32 万人，完成全年目标 42 万人的 76.2%，高校毕业生就业率达 80%，稳定就业岗位 377.8 万个，全省城镇登记失业率控制在规划目标以内，就业形势总体平稳。

（四）改革试点稳步推进，养老服务体系规范化发展

2020 年，辽宁省紧紧围绕养老服务基础薄弱、养老服务能力欠缺、养老服务供给不足等问题，积极采取措施，加快辽宁省养老服务体系建设，养老服务能力得到有效提升。2020 年以来，辽宁省出台了一系列与提升养老服务质量、增强养老服务能力、规范养老服务体系建设等相关的文件方案。2020 年 5 月，辽宁省政府出台了《关于推进养老服务发展的实施意见》，从 7 个方面提出了 24 条具体措施，明确大力推进居家养老和社区养老服务，落实养老服务配套设施和养老服务机构建设；深化养老机构改革发展，发挥

公办养老机构的兜底保障作用，提升养老服务机构的服务能力和专业水平；补齐农村养老服务短板，保障农村特困人员的供养服务（敬老院），创新服务模式、调动社会力量，解决农村养老服务问题；优化养老服务发展环境，深化"放管服"改革，减轻养老服务机构的税费负担；激发养老服务消费活力，建立长期照护服务机制，优化老年津贴补贴制度，拓宽养老服务市场融资渠道；提高养老服务专业水平，制定实施养老服务行业标准，加强监督审查和专业人才教育培训；加强养老服务的组织保障和资金保障，组织协调社会力量积极参与养老服务体系建设。7月，辽宁省民政厅联合多部门印发《全省2020年开展养老院服务质量建设专项行动实施方案》，该方案从14个方面明确了专项行动的重点工作任务，紧紧围绕提升全省养老机构的服务质量，统筹推进新冠肺炎疫情防控常态化下的养老服务秩序恢复，排查整改养老机构安全隐患，规范养老服务水平，强化养老服务质量监管，构建安全长效的养老服务机制。9月，辽宁省民政厅制定了《辽宁省养老服务领域全面推进基层政务公开标准化规范化工作实施方案》，该方案将辽宁省养老服务领域基层政务公开标准化规范化划分为工作任务部署、落实国家标准、试点工作开展和成果推广转化四个阶段。同月，辽宁省民政厅与财政厅联合出台了《辽宁省养老服务体系建设省补助激励支持实施办法》，明确补助激励原则、措施、对象、评分指标体系和具体鼓励办法，落实养老服务责任，激发全省养老服务体系的建设活力，满足人民日益增长的养老服务需求。

（五）探索治理新途径，提升基层社会治理能力

基层社会治理在推进国家治理体系和治理能力现代化中具有重要意义，辽宁省积极推进基层社会治理，积极实施网格化基层社会治理，2020年辽宁省更是推出"党群一张网、服务叫得响"党建引领基层社会治理创新工作。该创新依托各级党群服务中心，将党建网络、政府服务热线、8890呼叫平台等各类网络服务功能整合成"一张网"，打通影响基层治理效率的壁垒集中服务。同时坚持以群众诉求处置为中心，完善办事流程，减少琐碎程序，让社区居民少跑冤枉路，不断提升社区居民对政府的满意度和信任感。

新冠肺炎疫情暴发对基层社会治理提出了严峻考验。全省各地不断创新基层社会治理模式，积极动员社会力量，有效应对疫情。沈阳市沈河区委政法委积极探索基层社会治理新途径，在疫情期间发挥重要作用。社区通过网格化建设，形成了农民工志愿者服务队伍，该队伍也是基层参与社会治理的重要组织之一。在疫情期间，农民工志愿者自发组织对社区进行义务消杀，疫情防控常态化时期采取轮驻形式开展工作，复工复产随叫随到。截至9月，农民工志愿者队伍为沈河区23个社区4000多个单元楼进行消杀，受益群众达20余万人。总体看，辽宁省各地在应对新冠肺炎疫情中积累了丰富的经验，探索出了许多基层社会治理创新方式，基层社会治理能力和水平显著提高。

二 辽宁社会发展面临的主要问题

（一）城乡居民收入差距依然较大

近年来，辽宁城乡居民收入差距呈现逐步拉大趋势。"十三五"时期，辽宁城乡居民人均可支配收入差距从2016年的19995.4元，扩大到2019年的23669元，2016～2019年4年间城乡居民绝对可支配收入差距扩大了3673.6元。统计数据显示，2020年上半年辽宁省城镇居民人均可支配收入为20050元，农村常住居民人均可支配收入为9908元，二者相差10142元。

行业间收入差距较大。各行业的发展状况影响收入状况，2015年，在众多行业中金融业平均工资最高，为100595元，农、林、牧、渔业平均工资为14286元，二者相差86309元；2018年，金融业行业平均工资仍居于首位，为111850元，农、林、牧、渔业平均工资最低，为17599元，二者相差94251元，金融、信息技术等新兴行业收入高于传统行业收入，收入差距在逐渐拉大。

地区间收入差距较大。沈阳、大连相较于其他城市经济发达，收入也居于首位。其他城市因环境、地理、资源等因素经济发展落后于前两者。2015年大连农村人均可支配收入排在第一位，为14667元，葫芦岛农村人均可支配收入最少，为 10233 元，二者相差 4434 元。2018 年大连农村人均可支配收入排在首位，为 18103 元，葫芦岛农村人均可支配收入最少，为 12483 元，二者相差已达 5620 元。

（二）就业工作面临较大压力

2020 年辽宁省就业形势虽然总体平稳，但是受新冠肺炎疫情等多种不利因素影响，全省就业仍面临较大压力，重点就业群体就业难度加大。高校毕业生就业形势严峻，2020 年辽宁省普通高校毕业生总数为 29.1 万人，毕业生总量大，受经济下行压力和新冠肺炎疫情的双重影响，企业岗位缩招，劳动力市场需求缩小，线下招聘受到影响，高校毕业生就业渠道收缩。农民工返乡就业存在堵点，一方面，疫情导致企业用工需求减少，部分农民工失业，返乡留乡农民工数量增多，本地企业吸纳农民工就业能力有限；另一方面，返乡农民工转岗难度大，因专业技能不足难以满足企业用工需求，且农民工信息获取不充分，信息不对称增加了就业压力。与 2019 年前三季度相比，2020 年前三季度城镇新增就业人口全年目标完成率下降 20.7 个百分点，仅为 76.2%。截至 5 月末，全省城镇登记失业率为 4.24%，虽然低于年度控制目标 4.5%，劳动力市场逐步回暖，但是辽宁省的就业形势依然严峻，就业压力较大。

（三）基层医疗卫生服务薄弱，公共卫生体系仍需完善

新冠肺炎疫情对辽宁省医疗系统和公共卫生体系应急处置能力与协调能力提出了巨大挑战。在疫情防控工作中，公共卫生体系发挥了重要作用，但也暴露出辽宁省公共卫生体系在应对突发公共卫生事件时存在短板和不足。目前，辽宁省完成乡镇卫生院标准化建设项目 457 个，建设城市医联体 87 个，县域医共体 83 个，专科联盟 149 个，远程协助网 69 个，覆盖全部政府办社区卫生服务中心，近 2 万家城乡基层医疗卫生机构，初步构建起覆盖全省的基本公共卫生服务制度体系。虽然辽宁省医疗资源配置不断优化提升，但是全省基层医疗卫生服务仍需加强，基层卫生服务存在基础设施不完善、

利用率低、救治能力不足、医务人员配备不足等问题。尤其是在此次新冠肺炎疫情防控工作中，凸显了基层医疗力量薄弱、一线医务工作压力大、公共卫生体系保障机制和运行机制不健全等问题。面对突发公共卫生事件，公共卫生体系的防、控、治联动不足，重治轻防的思想阻碍公共卫生体系建设，同时信息化系统和卫生信息互联互通平台建设投入力度不足，信息直报系统作用发挥不充分。

（四）应急管理体系建设有待完善

非典、地震等自然灾害和社会事件发生后，我国逐渐完善应急管理体系，但此次疫情的发生，再一次显现出应急管理体系仍有待完善。辽宁省有专门的应急管理部门，但在资源整合、整体统筹方面尚缺乏联动性，部门与部门之间存在阻碍，数据不相通，导致信息不对称，风险预估不准确，应急预案对接不顺畅。应急救援队伍缺乏联动性，消防救援队伍、社会中非专业的应急救援队伍，在灾害发生时做不到统一行动，分散行动削弱了救援力量。同时，应急管理机制和政策不健全，社会公众参与社会救援积极性有待提高。

（五）公众防疫知识和能力缺乏

辽宁省社会公众防疫知识缺乏和应对能力不足。新冠肺炎疫情初期，社会公众普遍出现恐慌心理，这是源于对新冠肺炎这种传染病的认识不足，同时缺乏应对此类传染病的措施。但同时也反映出辽宁省对防疫知识的普及不到位，没有形成定期向社会普及防疫知识的制度，在疫情发生时，社会公众缺少获取相关防疫信息的渠道。另外，社会公众自身缺乏防范意识，缺乏获取防疫知识的主动性，导致在面对突发事件时手足无措，大量囤积口罩、药品。同时在网络上盲目地获取防疫信息，不正确使用消毒用品等行为，给自己、家人的健康带来危险。

基层公共卫生机构缺乏专业人才。面对此次突发公共卫生事件，社区等基层单位发挥了不容忽视的重要作用，但也暴露出各种基层公共卫生问题。

一是基层公共卫生机构人才短缺，各社区虽配有社区卫生服务中心，但从事相关专业的人员数量明显不足，无法满足疫情出现时对专业人士的需求。在此次疫情中，大量社区工作人员积极宣传防疫知识，但也无法保障社区居民获得专业的帮助。此外，各社区卫生人员职业素质参差不齐。二是缺少专业培训。社区工作人员缺少相关的防疫培训，在突发事件前无法正确地预估，在事件发生过程中不能进行专业操作。虽然在疫情初期对社区工作人员进行应急培训，但时间紧、任务重，并不能让他们系统地学习，培训也无法形成常规性，这种情形下培训的社区工作人员与受过专业培训的人员存在一定差距。

三　促进辽宁社会发展的对策建议

（一）拓宽就业渠道，继续做好企业稳岗就业和重点人群帮扶

面对新冠肺炎疫情和经济下行压力给就业带来的不利影响，辽宁省要继续拓宽就业渠道，努力做好中小企业稳岗就业工作，同时加大对重点就业人群的帮扶和支持力度，强化职业技能培训，保障就业形势稳中向好。拓宽就业渠道方面，要充分利用各大互联网招聘平台，及时向社会发布用工信息，同时在做好疫情防控的前提下开展线下专场招聘，通过线上、线下共同发力，实现就业人群的信息对称，做好岗位招聘服务工作。此外，要对企业用工数据进行摸底，对企业空岗信息实行动态管理，及时了解企业用工动态和需求变化，并推动企业用工信息化、系统化，畅通就业信息发布渠道，做好就业信息归集和服务工作，精准匹配就业岗位。

要重视中小企业促进就业的作用，继续为中小企业复工复产纾困解难，保证企业生产和运营，做好稳岗就业工作。一方面，减轻中小企业税费负担，降低中小企业融资难度和成本，积极落实"减缓免"，发挥保险业和保险资本的作用，鼓励银行保险等金融机构为中小企业提供贷款、融资等服务，借助降低利率、减少收费、贷款延期、还本付息等多种手段，支持中小企业发展。另一方面，通过失业保险稳岗补贴、技能培训补贴、吸纳就业补

贴等政策，稳定中小企业就业岗位，支持中小企业开展职业技能培训，鼓励中小企业吸纳就业。

大力扶持农民工、高校毕业生、贫困人口等重点群体就业，强化农民工职业技能培训，落实农民工就业政策，为其返乡就业、转岗就业、自主创业等提供技能和政策支持；除了贯彻落实中央有关研究生扩招、事业单位扩招等政策，要在高校积极开展大学生就业指导，帮助应届毕业生树立正确的择业观，鼓励大学生创新创业，积极落实大学生创业资金、补贴政策；针对农村贫困人口，做好扶贫产业和项目引进，努力推动贫困人口就地就业，通过公益性岗位兜底贫困人口就业帮扶，确保贫困人口稳定就业。

（二）加强公共卫生体系建设

第一，加强医疗基础设施建设，巩固基层医疗卫生服务。基层医疗卫生机构是改善社会公众就医条件的关键力量，辽宁省基层医疗建设有待加强，仍需进一步优化医疗资源配置，保障居民群众医疗卫生需求。一方面，加大医疗基础设施建设，保障基层乡镇、社区医疗机构的医疗设备、器械和药品等得到充足供应，加大资金投入，确保基层医疗服务满足群众医疗需求。另一方面，规范基层医疗管理，提高医疗基础设施的使用效率，推动基层医疗信息协同化建设，加强医疗设备使用质量管理，创新管理手段，借助互联网构建信息化管理平台，使有限的基层医疗设备的效用最大化。

第二，推动公共卫生体系的防、控、治有效结合与高效衔接。公共卫生体系的防、控、治三个环节紧密联系，需要加强三者的协调合作，形成快速、高效的联动机制。预防是前提基础，积极做好应对突发公共卫生事件的准备工作，建立预防机制并深入日常医疗卫生服务中，完善监测预警机制，有效识别公共卫生漏洞和潜在风险；控制是核心环节，控制作为中间环节，要及时遏制公共卫生事件的蔓延势头，集中力量采取措施避免大范围传播与感染；治疗是关键手段，对疾病做出准确判断，及时做出治疗方案，同时要考虑防控工作的反馈和控制情况。要畅通防、控、治三个环节的信息沟通和反馈，统筹协调资源，实现防、控、治三级联动体系和机制建设。

第三，强化专业人才培养和基础医疗研究。公共卫生体系的完善离不开专业人才队伍力量建设和基础医学研究，需要加强医疗专业人才的教育与培训，加大全省医学教育投资力度，储备一批高素质、高技能的专业医疗队伍，同时加强现有医疗机构人才培训与技能提升。此外，要加大基础医学研究的投入力度，巩固基础医学力量，提高医疗建设水平。

（三）加强公共卫生科普宣传，提高公众安全意识

在此次疫情防控工作中，卫生防疫知识的教育与宣传显得尤为重要，社会公众对卫生防疫知识的了解程度是推动医疗卫生服务发展的重要基础，提高公民健康责任感与公共卫生素养十分必要。建议加强卫生防疫知识的教育与宣传，提高社会公众的防疫意识与能力。

一是多渠道加强对防疫政策和知识的科普宣传力度，充分利用广播、电视、报纸等传统媒介以及微信公众平台、短视频等新兴媒介，借助宣传横幅、海报、单页、喇叭等手段，加强防疫政策宣传与解读，使社会公众充分了解国家公共卫生防疫政策，增强社会公众的公共防疫知识。二是培养社会公众养成良好的卫生习惯和健康理念，学习掌握科学的公共卫生基础知识和技能，使其在应对突发公共卫生事件时具备良好的防疫意识和处置能力。三是动员社会组织力量参与公共卫生防疫知识教育与宣传，在政府的主导下，充分利用学校、社区、企业、社会组织、志愿力量等，在学习场所、生活场所、工作场所、公共场所等实现卫生防疫知识宣传的全覆盖，确保宣传到位，营造积极的防疫环境，为广大社会公众筑牢健康"屏障"。

（四）加强公众情绪疏导，维护心理健康

新冠肺炎作为一种传染性强的疾病，不仅危害社会公民的身体健康，同时对社会公民的心理健康也带来负面影响。排解不良情绪对社会公众心理造成的影响既需要公众自身的努力，同时社会组织也应发挥其积极有效的作用。对于公众个人来说，首先要消除对疫情的恐慌感。社会公众可以通过新闻媒体、权威机构获取疫情的相关信息，学会如何更有效地保护自己的健康，积极获取有

效信息，学会辨别虚假信息，避免过多接收信息造成恐慌感。对于疫情造成的心理压力，可以通过运动、阅读等有效的减压方式释放，保持良好心态。

疫情属于突发公共事件，要建立心理服务团队针对疫情进行心理干预，缓解公众由疫情带来的恐慌，开展热线服务或网上心理服务，为社会公众提供专业指导。通过地铁、公交车等大众交通工具播放视频，让社会公众了解心理疏导相关渠道。对于机场、车站、隔离点工作的人员，对其要进行专业的指导，并提供必要的组织和经费保障，不可使其长时间处于高压下，定期对其进行危机干预和心理疏导。此外确诊的病人出院后要进行跟踪评估，帮助他们重新建立信心，回归正常的工作与生活中。

（五）创新养老服务模式，强化养老服务供给

辽宁省要做好养老服务保障，强化落实居家养老和社区养老，加强养老服务基础建设，保障养老服务有效供给，不断提升全省养老服务能力和质量。

一方面，深化居家养老和社区养老试点工作，构建养老服务网格化体系。总结全省居家养老和社区养老改革试点的成功经验，逐步扩大养老服务覆盖范围，转变养老服务发展理念，努力实现养老服务市场化，积极探索新型居家养老和社区养老模式，为老年人提供基本日常照料、医疗服务、生活陪伴、精神慰藉等服务。同时，提升日间照料站的使用效率，将效率较低的改造为社区养老服务中心，通过市场化运作，为老年人提供娱乐、休闲、文化、心理等服务。支持多样化的医养结合养老服务中心建设，繁荣养老服务产业市场，通过政策支持、减免税费、财政补贴等方式全面放开居家养老和社区养老服务市场，鼓励社会力量参与基层养老服务中心建设，促进养老服务市场向社区和家庭延伸。

另一方面，加强基层养老服务设施配置，完善养老服务评估体系。补充完善基层养老服务中心的硬件设备，改造提升老旧小区的养老服务基础设施，充分利用基层闲置资源建设养老照料站，增设养老床位、供养服务设施、医疗护理设备、娱乐休闲设施等。在发动社会力量提供养老服务的同时，制定养老服务行业标准和评估体系，发动第三方机构对养老中心建筑场地、设施

设备、从业水平等进行评估，规范养老服务行业发展，保证养老服务质量。

此外，还需加强养老服务行业队伍建设，提升养老服务专业水平。建立严格的从业培训制度，加大养老服务人员培训，实施严格的分级培训制度，规范岗前培训、在职培训和定期从业能力评估，建设一支专业化、职业化的养老服务从业人员队伍，提升养老服务供给水平。

（六）完善基层社会治理制度，提升社会治理能力

坚持和完善共建共治共享的社会治理制度，是坚持和完善中国特色社会主义制度的重要内容。打造共建共治共享的社会格局，需要推动社会治理中心向基层下移。要重点做好以下工作：一是提升基层党组织能力。在基层治理中，要充分发挥党的核心引领作用。在社区治理中，充分发挥党组织带头作用，党员融入社区居民中，提高居民在社区发展过程中的强大凝聚力，增强全体党员和社区居民对共建共治共享的理解。二是推动社区治理方式创新。以网络为媒介，整合城市数据资源，通过技术手段建设创新型社区，方便社区居民不出家门知社区事。通过网络办理社区相关事务，发布相关信息，收集居民建议，利用网络减小居民办理业务阻力，充分调动社区居民参与社区建设的积极性。同时，对社区工作人员进行相关网络知识以及应对方法的培训，积极建设数字化社区。三是加大与社会组织的联系。政府通过购买、合作等多种方式使社会组织参与到社区建设中，增强了社区与社会组织的联系和互动，提高了社会组织服务的覆盖率，有利于社会组织发展和社区发展。

参考文献

辽宁省统计局网站相关资料，http：//www. ln. stats. gov. cn/。

《辽宁召开推进党建引领基层社会治理创新工作会议》，搜狐网，2020 年 9 月 26 日，https：//www. sohu. com/na/420941761_ 114731。

经济运行篇
Economic Operation Articles

B.3
2020年辽宁经济形势分析
与2021年展望

姜健力*

摘　要：　2020年，在新冠肺炎疫情严重冲击、错综复杂的国际形势下，辽
宁经济逐步摆脱疫情影响，经济运行渐回常态，呈现"逐季回
升，稳中有进"的发展态势。展望2021年，辽宁经济将在"开新
局"中稳中求进，平稳运行。

关键词：　新冠肺炎疫情　经济形势　经济工作　辽宁省

一　2020年辽宁经济形势的基本特征

2020 年伊始，突如其来的新冠肺炎疫情使全国经济陷入"停顿"，随后

---

* 姜健力，辽宁大学教授，主要研究方向为区域经济。

的疫情全球大流行，使全球经济陷入深度衰退。随着国内疫情防控进入常态化，全国经济社会发展呈现持续稳定恢复的态势，经济运行渐回正轨。辽宁经济在经历一季度的短暂停滞后呈现逐季回升、稳步恢复的发展态势。全年全省经济增长0.6%，比一季度增速回升8.3个百分点。

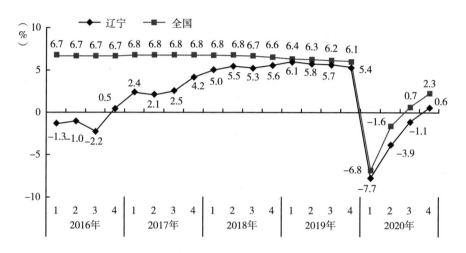

图1　辽宁2016~2020年地区生产总值季度累计增长率与全国对比

资料来源：国家统计局和辽宁省统计局。

1. 新动能助力经济恢复

在这次疫情暴发和此后进入疫情防控常态化期间，以新一代信息技术的广泛应用而推动的新产业、新业态、新模式增长强劲，非公有制经济韧性强，助力经济稳步恢复。2020年，规模以上工业私营企业增加值增长12.6%，高于规模以上工业增加值增速10.8个百分点；实物商品网上零售额增长18.1%，高于社会消费品零售总额增速25.4个百分点；前11个月，民营企业出口额同比增速高于全省出口总额增速10.1个百分点。

2. 供给侧较快回升

前三季度，第一产业稳中有升，对经济发展保持基本稳定发挥了重要的支撑作用；第二产业增速较快回升，对经济恢复发挥了重要的拉动作用；第三产业持续恢复，推动经济社会生活渐回正轨。

——农业生产形势较好。虽然 2020 年遭受多次自然灾害，但是粮食仍获得丰收；种植业增速提高，畜牧业增长向好，生猪产能快速恢复，水产品消费需求逐渐恢复。2020 年，第一产业增加值增长 3.2%。

——工业经济较快回升。2020 年，全省规模以上工业增加值连续 9 个月当月实现正增长，全年增长 1.8%，比一季度回升 12.5 个百分点。企业经济效益有所恢复。前 11 个月，规模以上工业企业营业收入利润率达到 5.19%，比一季度提高 3.79 个百分点。

——服务业持续恢复。2020 年，全省第三产业增加值下降 0.7%，降幅比一季度收窄 5.6 个百分点。前 11 个月，电信业务总量和邮政业务总量分别同比增长 23.3% 和 37.2%；前 10 个月，全省规模以上服务业实现营业收入同比下降 2.6%，比一季度增速回升 11.9 个百分点。

3. 需求侧加快恢复

投资需求稳中有升。2020 年，全省固定资产投资增速由负转正，比上年增长 2.6%。转型升级类投资增势较好，基础设施投资连续 7 个月保持正增长，全年增长 2.4%；高技术制造业投资高速增长，增长 33.4%；新开工建设项目增多。

消费需求逐步恢复。2020 年，全省社会消费品零售总额下降 7.3%，降幅较一季度收窄 17.5 个百分点。限额以上批发零售业零售额中，汽车类零售额下降 0.8%，降幅比前三季度收窄 3.3 个百分点。

外贸出口结构不断调整。2020 年，一般贸易出口占出口总额的 55.7%，比上年提高 0.5 个百分点；民营企业出口占出口总额的 45.4%，比上年提高 5.5 个百分点。

4. 居民、企业、政府收入基本稳定

财政收入持续回升。虽然受疫情和应对政策的双重影响，2020 年，全省一般公共预算收入增长 0.1%，比一季度回升了 17 个百分点。各项税收收入下降 2.6%，降幅比一季度收窄 16.3 个百分点。

居民收入保持增长。2020 年，全省居民人均可支配收入名义增长 2.9%，实际增长 0.5%。其中城镇、农村居民人均可支配收入分别同比名义增长1.5%和8.3%;农村居民人均可支配收入增速高于全国增速1.4个百分点。

企业收益状况加快恢复。前11个月,规模以上工业企业营业收入下降4.1%,降幅比一季度收窄6.7个百分点,利润增长4.6%,增速比一季度回升76.1个百分点。

与全国相比,当前辽宁经济恢复常态的速度较慢,程度较差,除疫情的影响外,更为重要的是,辽宁经济发展正在"爬坡过坎",经济下行压力较大,省内新产业、新业态、新模式等新动能弱小,经济恢复和发展还主要依赖传统产业,需求侧消费和出口需求疲软,民间投资意愿和能力减弱,经济增长缺少加速动力。因此,在疫情和经济下行压力双重作用下,一季度经济下跌程度比全国深,恢复常态就比较慢、比较难。同时,辽宁经济发展中的不平衡不充分问题还比较突出,经济运行的不稳定不确定性依然较大。中小微企业生产经营困难,企业亏损面居高不下;财政收支矛盾突出,金融风险累积增多;就业形势复杂严峻,民生保障压力加大,居民收入增速减缓,经济运行的风险和挑战有增无减。

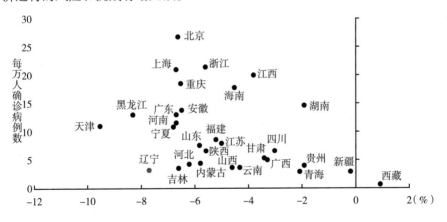

图2　全国各地2020年一季度GDP增速与每万人确诊病例数

注:①每万人确诊病例数根据各地2019年常住人口数和2020年3月31日新冠肺炎确诊病例数计算。

②图中不含湖北省。

二 2021年辽宁经济发展的走势

展望2021年，起伏肆虐、变化莫测的疫情大流行将深刻影响全球、全国、全省的经济社会发展，国内外经济环境虽将有所好转，但依然严峻，国内外经济发展的不确定性增多、不稳定性增强。

从世情看，随着新冠肺炎疗法不断改善、有效疫苗落地且覆盖范围扩大，疫情将逐步得到有效控制，全球经济将加快恢复。但是，疫情对世界经济发展的冲击依然很大，由此引发的全球公共卫生危机、经济危机、治理体系危机相互叠加，相互影响。疫情发展变化的不确定性将导致全球经济走势的不确定性。国际货币基金组织预测，2021年全球经济将增长5.2%，全球GDP水平比2019年略高出0.6%。

从国情看，决胜全面建成小康社会取得决定性成就，我国已进入高质量发展阶段，开启全面建设社会主义现代化国家新征程，经济发展将获得强大的政策支持。在疫情得到有效控制并常态化的情况下，强大的内生发展动力和政策效应，将推动经济全面恢复。国际货币基金组织预测，2021年中国经济将增长8.2%。

从省情看，随着辽宁深入贯彻落实习近平总书记在辽宁考察时和在深入推进东北振兴座谈会上的重要讲话精神，中央支持辽宁全面振兴、全方位振兴的各项政策加快落实显效，全省改革创新活力进一步激发，振兴发展信心进一步提振，营商环境进一步优化，经济加快恢复和发展，2021年辽宁经济发展将恢复常态，经济运行将回归正轨。但是，辽宁经济发展中深层次问题和矛盾还未得到根本解决，内生增长动力不足，新旧动能转换缓慢，科技创新动力不足，企业核心竞争力不强，数字经济发展滞后，实体经济发展依然面临较大困难，防风险任务艰巨。初步预计，2021年，辽宁经济增长在6%~7%，呈现前高后低的发展态势。

三 做好辽宁经济工作的对策建议

2021年是我国实施"十四五"规划，为全面建设社会主义现代化国家开好局、起好步的关键之年。全省经济工作应深入贯彻落实习近平总书记关于东北、辽宁振兴的系列重要讲话精神，贯彻落实全国、全省"十四五"时期的战略部署，坚持稳中求进工作总基调，以推动高质量发展为主题，坚持供给侧结构性改革的战略方向，扭住扩大内需的战略基点，加快构建新的发展格局，在做好常态化疫情防控工作的基础上，补短板、锻长板、强基本、固根本，增动能、促六稳，推动经济稳中向好、稳中有进，努力开好局、起好步，为实现"十四五"发展目标，进而在2035年基本实现社会主义现代化奠定坚实基础。

（一）着力发展数字经济，推进数字辽宁建设

数字经济作为未来我国经济的主要形态、促进经济发展的强大新动能和经济增长的重要引擎，是国内外抢占的经济社会科技发展的新高地。辽宁应抓住机遇，把建设"数字辽宁""智造强省"作为推进振兴发展取得新突破的着力点和突破口，依托产业数字化的场景资源优势、数字产业化的数据资源优势和产业基础，加快数字经济发展，推动数字经济和实体经济深度融合、协同发展，加速产业转型升级和新旧动能转换，使之成为推进振兴发展的主要动力源。

1. 加快数据这一新生产要素的市场化建设，提升数据价值化水平

数据是数字经济发展的关键生产要素和基础。辽宁应早谋划、早动作，抢占先机，精细科学地做好制度设计，推动政务数据开放和共享，开发利用数据资源，加快培育发展数据要素市场，提升数据资源的价值，充分释放数据要素发展红利。

2. 着力推动产业数字化，促进传统产业数字化转型升级和战略性新兴产业快速发展

以新一代信息技术为主体的新技术赋能传统产业，加快推进数字经济与实体经济的融合协同发展，为5G、工业互联网、区块链、人工智能等技术应用推广提供丰富的应用场景，重点发展工业互联网和智能制造等高技术制造业；鼓励、支持企业特别是中小微企业加速数字化转型。

3. 着力发展数字产业化，促进新产业、新技术、新模式、新业态快速发展

推动5G、大数据、工业互联网、人工智能、区块链等技术创新与产业化，重点发展软件业、集成电路制造业，培育具有较强影响力的数字产业集群。加强电子商务等应用平台建设，增加信息消费。

4. 着力推进治理数字化，为数字经济发展提供应用场景和制度保障

重点推进"智慧城市"和数字政府建设，加快建设覆盖全省各级政府、各层次政务活动的政务数据资源共享交换平台，打通数据壁垒，加强信息共享，增加数字服务供给，推动社会治理精准化、公共服务便捷化，提高政府监管能力和服务效率，不断优化营商环境，提升治理能力现代化水平。

（二）着力推进新型城镇化建设，推进区域协调发展

推进以现代化都市圈为主体的新型城镇化建设，推动经济结构和产业布局调整，扩大消费和有效投资，带动城市群、进而带动全省经济的发展，成为经济发展新的增长极。辽宁应加快新型城镇化建设，走以圈带群的新型城镇化发展之路，以新型城镇化带动产业集聚、内需扩大、要素集聚，带动辽中南城市群建设和全省经济发展。重点推进沈阳现代化都市圈建设，逐步实现核心圈同城化和覆盖圈一体化；确立大连立足东北、面向全国、辐射东北亚，建设区域性国际中心城市的奋斗目标。

1. 坚持创新驱动

创新驱动是高质量发展的核心动力，而都市圈是创新资源富集、互动并最终形成不竭动力的主要载体。注重体制机制创新，以强化制度、政策和模式创新为引领，破除制约各类资源要素自由流动和高效配置的体制机制障碍，建立健全可行、可操作的政策体系，吸引社会资本参与都市圈和区域性国际中心城市的建设、运营。

2. 高质量建设现代化经济体系

沈阳都市圈和大连应以高技术产业和现代化服务业为核心产业，逐步形成数字经济、实体经济、科技、金融、人力资源等协调发展和研发、制造和服务等高附加值的环节互相协同的现代产业体系和统一有序的市场体系，形

成分工合理、错位发展、配套发展的产业网络，搭建金融服务、技术创新、人才和政府服务平台，形成以沈阳和大连为中心的创新链、供应链、产业链、人才链、要素链，在构建新发展格局中发挥先导、主体作用。

3. 大力推进城乡融合发展

放开户籍限制，加快农业转移人口市民化，提升全省城镇化水平。增强沈阳和大连对人才特别是域外人才的吸引力。省内其他城市做好城镇化的"加法"，推进农民"就地城镇化"；应对人口规模的"减法"，依托交通一体化和高速化，深度融入都市圈和中心城市。

（三）着力推进新型基础设施建设，增添振兴发展新动力

新型基础设施建设（"新基建"）既是发展数字经济和建设新型城镇化的基础和动力来源，又是经济发展的新引擎和增长点。辽宁应以加快新型数字基础设施建设为基础，以推进传统基础设施的数字化升级为重点，以加强创新基础设施建设为支撑，充分发挥政府在新基建中的"引导者"、环境的"守护者"、建设的"推动者"的作用，根据市场需求配置资源要素，创新体制机制建设、运营，加紧谋划项目，尽快启动建设，充分发挥其扩内需、惠民生、补短板、稳增长的作用，为数字经济发展和新型城镇化建设增添新动力。

1. 做好顶层设计

科学规划、统筹布局，构建体制机制、人力、财力和监管保障的长效机制；积极引导市场主体、社会资本（特别是民间资本）投资、建设、运营新型基础设施，促进各类要素的高效配置；进一步完善创新创业、人才引进机制，形成配套、可行的政策措施，充分利用财税、投融资、产业、人才等宏观调控工具。

2. 加快新型数字基础设施建设

重点推进5G基础设施和应用场景、区块链基础平台、工业互联网、人工智能等领域的基础设施建设，加快沈阳都市圈的城际交通建设，加快建设网、云端和数据中心等数字新型基础设施。

3.加快传统基础设施的数字化升级

加强制造业投资，以智能制造为重要抓手，赋能传统产业数字化转型升级。重点推进交通、能源、水利、市政等传统基础设施的"数字＋""智能＋"升级。

4.着力补短板

推进公共服务和基础设施等公共领域补短板项目建设，特别是公共防疫设施和应急物资保障、医疗卫生等方面的项目建设。谋划、争取支撑科学研究、技术开发、产品研制的具有公益属性的创新基础设施建设。为企业特别是中小微企业提供数字化转型的公共服务平台，组织建设工业互联网、物联网等应用示范平台和实验平台。

参考文献

姜健力：《着力发展数字经济　壮大经济发展新动能》，《辽宁日报》2020年5月19日。

《发展新基建践行新理念　注入新活力澎湃新动能》，《辽宁日报》2020年7月23日。

姜健力：《大力发展数字经济　打造数字辽宁》，《辽宁日报》2020年12月15日。

《2020年全省经济运行情况综述》，辽宁统计公众号，2021年1月23日。

B.4
辽宁国资国企改革发展问题研究

宋帅官　孙涧桥*

摘　要：　2020年以来，面对错综复杂的外部环境以及新冠肺炎疫情带来的冲击，辽宁国有企业带头抓好复工复产，国有经济运行出现一定改善，但改革的深层次问题依然比较突出，部分企业经营机制不完善，发展活力不足。本文在系统梳理疫情期间辽宁国有企业发展现状的基础上，剖析制约辽宁国资国企高质量发展的问题，并提出有针对性的对策建议。

关键词：　疫情防控　复工复产　国资国企改革

一　发展现状

国有企业紧紧围绕全省经济工作的决策部署和中心工作任务，坚持一手抓疫情防控，一手抓复工复产，在抓实抓细疫情防控各项措施落实的基础上，实现了各企业经营生产的平稳有序发展。

（一）统筹抓好疫情防控与生产经营

一是防疫工作取得阶段性成果。辽宁省国资委及省属企业认真落实省疫情防控指挥部指令，压实责任、完善制度、群防群控。截至2020年6月末，

---

* 宋帅官，辽宁社会科学院经济研究所副研究员，主要研究方向为区域与产业经济；孙涧桥，抚顺市社会科学院助理研究员，主要研究方向为产业经济。

累计投入疫情防控资金超过 1 亿元，省属企业 29 万名干部、职工持续保持确诊和疑似病例为零。二是省属企业经济运行实现恢复性增长。省属企业在做好防风险、保稳定的前提下，积极深化改革，创新经营模式，抢抓市场机遇。省国资委适时出台《关于应对新型冠状病毒感染肺炎疫情支持企业生产经营若干政策措施的通知》，在开工复工、业绩考核、工资总额等方面，制定 10 条援企稳岗政策，下拨党费 590 万元支持企业复工复产、应对疫情。省属企业经济运行在常态化疫情防控中逐步向好并实现恢复性增长，1~5月，累计实现营业收入 1128.6 亿元，降幅比 1~4 月收窄 4.6 个百分点；实现利润总额 33.9 亿元，降幅比 1~4 月收窄 32 个百分点。三是履行社会责任。省属企业（含华润辽健集团）累计向社会及疫情重灾区捐款捐物或提供服务折合人民币 8200 多万元，为 3380 户中小企业、个体工商户减免房租1.05 亿元。华晨集团出色完成负压救护车生产任务，有力保障全国疫情防控需求，受到工信部、国务院应对新型冠状病毒感染肺炎疫情联防联控机制医疗物资保障组表扬。

（二）稳步推进重要领域和关键环节改革

一是完善中国特色现代企业制度。出台了《关于进一步规范省属企业董事会运作加强外部董事制度建设的意见》，又有 11 名省属企业外部董事人选完成入库，辽控集团 2 名外部董事人选已经省国资委党委会讨论通过，近期将完成委派。推进三项制度改革，以网络直播方式组织三项制度改革辽宁专场培训。二是深化混合所有制改革。集团层面混改稳妥推进，本钢集团正与潜在投资者深入沟通，沈鼓集团、瓦轴集团初步形成混改方案。试点工作取得积极进展，环保集团已在产交所挂牌，省建设科学研究院在完成混改的同时同步完成员工持股。交通规划设计院、辽能风电在完成混改试点基础上，深入推进体制机制转换。6 户"双百企业"综合改革有序推进。推动企业上市工作，积极推动能源控股集团新能源板块在香港上市。成大生物科创板上市已获得上交所核准。加大混改项目推进力度，梳理全省 69 个项目，通过微信、新媒体等信息化手段进行线上公开推介，多层次多领域搭建辽宁国企与各类资本合作对接机制。截至 6 月末，省属混合所有制企业占比达到 61%。三是加快解决历史遗留问题。协调推进驻辽央企厂办大集体改革，已处置企业 162 户，安置职工 2.3 万人。印发《进一步处置全省国有地方"僵尸企业"实施方案》，按国家发改委新标准确定"僵尸企业" 822 户，拟用三年时间完成处置，上半年完成处置 22 户。推进全省国有企业退休人员社会化管理，14 个市均出台实施文件，接收退休人员人事档案 21.5 万人次、党组织关系 7.5 万人。"三供一业"移交项目维修改造完工率达 82%，其中抚顺、阜新等市完成率达到 100%。

（三）逐步提高企业发展质量

推进瘦身健体提质增效。按照《省属企业瘦身健体专项工作方案》，推进托管企业、非主业、连续亏损、四级以下等劣势子企业处置，加快实现止亏扭亏。落实创新驱动发展战略。推动环保集团、抚矿集团开展科技成果转化政策试点。本钢集团自主研发设计的冷轧 QP980 高强钢成功通过某主机厂试模验证，成为国内少数具备第三代汽车高强钢生产能力的企业。一季度，本钢集团产品出口签约额达 4.5 亿美元，出口量在国内钢企中名列前茅，其中在 2 月成为当月国内出口合同签单量最大的钢企。瓦轴集团"双创"取得实效，复工复产后，风电轴承、汽车轴承和工业装备特大型轴承等主要板块订单呈现两位数增长。

（四）持续改进国资监管方式

一是推进构建国资监管大格局。印发《省国资委 2020 年度指导监督各市国资工作计划》（辽国资〔2020〕24 号），确定指导各市转变国资监管职能、进一步深化国有企业改革、加强党建宣传和人才工作等三方面 28 项工作，加快形成国资系统一盘棋工作局面。二是推进国资监管机构职能转变。省政府办公厅转发了省国资委《以管资本为主推进职能转变方案》，取消下放授权监管事项 29 项，调整修订《省国资委权责清单（2020 年版）》，进一步推进省国资委由管企业为主向以管资本为主转变。三是推进国有资本授

权经营体制改革。省国资委出台了《省属企业深化国有资本投资、运营公司试点工作方案》，能源控股集团、水资源集团、辽渔集团、机场集团、辽勤集团等 5 户企业作为第二批改组国有资本投资公司试点，已初步形成试点工作方案。辽宁首家省属国有资本运营公司——辽宁控股集团完成组建并运营，截至 6 月末已注入资本金 111 亿元。

二 存在的问题

从引领辽宁振兴和高质量发展的内在要求来看，辽宁国资国企仍有较大的改革空间，改革发展的瓶颈问题亟待破解。

（一）主体不突出，优势产业集中度较低

一是国有资产经营范围较为分散，资产和产业集中度不突出。辽宁绝大多数国有企业下属子公司较多，业务较为分散，母公司和子公司之间没有形成闭合产业链的上下游关系，企业存在大量与主业联系不紧密的辅业资产，因此，很难形成强有力的竞争优势。例如，省属企业不到 1 万亿元的资产，却用来发展超过 60 个门类的行业。有超过 65% 的省属企业经营 3 种以上业务。另外，国有企业没有集中体现出辽宁传统优势产业的布局优势，省属企业中只有 3 户企业主业集中在先进制造业，仅占企业数量的 10%，企业全部资产总额仅占全部企业的 17%。二是大多数国有企业仍分布在传统产业，战略性新兴产业比重较低。辽宁竞争类的国有企业多数集中在钢铁、煤炭、石化、装备制造等能源资源类产业和传统产业，国企知名品牌少，大部分产品处于产业链、价值链中低端，高新技术产业、战略性新兴产业和现代服务业占比低、发展滞后。三是多数省属企业主业板块经营效益较差，竞争力不突出。企业资金紧张导致研发投入不足，核心竞争力不强，整体盈利能力弱。企业间和企业内部业务板块雷同、同业竞争问题依然存在。缺少在全国具有领先地位的国有龙头企业和拳头产品，也缺少对全省经济起支撑作用的国有大公司、大集团。以汽车制造和钢铁行业为例，华晨集团作为辽宁老牌

国有企业，自主品牌汽车领域持续处于亏损状态，全国市场份额较小，目前已经处于破产重组边缘。本钢集团经营能力较差，2020年上半年，全国钢铁企业每吨钢利润为177元，而本钢仅有7元。

（二）人才和资金短板明显

一是人才队伍建设长期以来成为制约省属企业发展的薄弱环节。受工资总额限制、体制机制约束、总体经济效益偏低等因素影响，省属企业工资水平相对较低，普遍存在人才"引不进、留不住、用不好"现象，集团岗位人员冗余与专业人员缺乏并存。绝大多数省属企业人才激励机制不健全，国资监管部门对省属企业的二、三级子公司没有充分放权，职工仍然存在"大锅饭""铁交椅"思想，难以招聘到来企业干事创业的优秀人才以及懂管理、懂技术的高素质、高技能专业性拔尖人才，导致企业发展后劲不足。二是省属企业的资金短缺导致关键核心技术无法产业化推广、高新技术产业无法规模化投资。由于国有企业整体资产负债率较高，自有资金短缺，银行再贷款难度加大，发行债券融资门槛较高，股权基金融资面临进入壁垒，导致一些企业开发的新产品和新技术面临严重的资金瓶颈。例如，时代万恒集团新兴的主导产业新能源二次可充电电池产业、抚矿集团煤炭和油页岩综合开发利用产业、电机集团的煤矿防爆电机制造产业等都属于战略性新兴产业，发展前景十分广阔，但都受到资金短缺的制约，无法做大做强。

（三）混改进程相对缓慢

按照辽宁《关于加快推进全省国有企业混合所有制改革的实施意见》（辽委办发〔2018〕96号）中提出的混改目标，到2020年，省属企业混合所有制改革比重要达到70%以上。目前省属企业的混改比重为51%，距离目标还有一定差距，混改进程较为缓慢。主要表现为以下几个方面：一是国有资产评估不规范，定价机制不完善。多数省属企业在混改评估过程中没有引入第三方专业机构，未对不良资产、债权以及历史负担作剥离处理，导致混改资产评估价格过高，影响了投资者及员工积极性。二是混改设计方案缺

乏合理性和科学性，引进战略投资者条件设置不清晰。一些省属企业在增资扩股方案中对股权结构的设计相对保守，增资后国有持股比例依然较高，社会资本持股总量较低且对单一股东持股设置上限，影响了意向投资方的积极性。三是集团层面混改难度依然较大。目前省属企业的混改全部在二、三级子公司层面开展，集团公司层面的混改尚未真正突破，实践中面临着思想观念不解放、股权混合比例难以把握、历史包袱重、担忧国有资产流失等难题。四是国有资本投资运营公司功能定位不清晰。省属企业中现有的 5 户平台公司并没有发挥促进国有资本合理流动、推动国有经济布局优化和结构调整等核心作用，主要功能还停留于企业生产发展、短期投资等层面，短时间内难以突破原有惯性思维和发展方式。新组建的交投集团和华晨集团两家试点平台公司的功能定位、运行模式、治理结构等还需要进一步理顺。辽宁国资国企改革仍处于"管资本"的起步阶段。

（四）体制机制问题

体制机制问题是长期困扰省属企业健康可持续发展的最核心问题。目前，部分省属企业的市场主体地位尚未真正确立，政企不分、政资不分依然存在。一是国有资产监管机构职能仍处于管人、管事、管资产阶段。以"管资本"为主的国有资本授权经营体制尚未建立，"国资管理部门 + 国有资本投资公司 + 国有企业"三级架构模式仍未形成。二是企业法人治理结构仍不完善。部分竞争类国有企业股权结构较为单一，产权集中，有效制衡的公司治理机制尚未形成，董事会选聘经理层等职权未得到有效落实，部分企业董事会与经理层职权尚不清晰。三是企业内部三项制度改革还不到位，企业冗员严重、员工身份多元、行政管理色彩浓等历史问题依然存在，国有干部市场化薪酬分配制度、激励约束机制等还没有真正建立。四是企业退出机制不完善，僵尸企业清理退出过程较为困难，部分行业化解过剩产能任务依然繁重，新组建的企业国有资产确权面临诸多体制障碍。

（五）企业历史包袱沉重

截至 2018 年，省属企业历史遗留问题仍然较多，厂办大集体、三供一业、僵尸企业以及特困企业等问题仍未彻底解决，虽然辽宁对这些问题的解决已经进入实质性操作阶段，但由于涉及企业较多，改革成本巨大，中央奖补资金和地方配套资金有限，企业很难在短时间内彻底摆脱历史负担。尤其是一些国有企业二、三级僵尸企业绝大多数处于停产半停产、严重亏损状态，未来可能成为新的社会负担和历史包袱。

三 加快辽宁国资国企改革发展的对策建议

（一）推进股权多元化和混合所有制改革

制定实施混改工作行动方案。对省属国有企业中正常生产经营企业进行全面调查摸底，按照"宜控则控、宜参则参、宜退则退"的原则，制定混改行动方案，分类分层推出混改企业名单并公开征集战略投资者，原则上竞争类企业全面放开股比限制；在全面推进子企业混改的基础上，重点推进本钢集团、华晨集团、沈鼓集团等企业母公司层面混改或股权多元化改革；积极开展省属企业重组整合，将非正常生产经营企业、无效低效资产划入企业托管平台集中处置。按照"产业相近、业务相关"的原则，推动企业内部子（分）公司间通过吸收合并、并购重组开展专业化整合，将企业层级基本控制在 3 级以内；按国家统一部署，扩大员工持股覆盖范围，重点推进具备条件的企业实施员工持股；推进企业整体上市或核心业务上市。把上市作为混改的重要途径，重点支持交投集团、能源集团、沈鼓集团等企业核心业务上市。

（二）全面深化国企体制机制改革

坚持党的领导与公司治理有机统一。将企业党组织内嵌到公司治理结构中，将党的领导融入公司治理各环节，推动企业修订完善党委议事规则和"三重一大"决策制度，明确党组织在决策、执行、监督各环节的权责和工作方式，将党组织讨论研究作为董事会、经理层决策重大问题的前置程序。

加强和规范董事会建设。拓宽外部董事来源渠道，面向全国公开遴选省属国有企业外部董事人才库人选，探索建立和规范专职外部董事队伍。全面推开外部董事制度，省属国有独资、全资公司董事会实现外部董事占多数。重点大型企业董事会设立战略与投资、提名、薪酬与考核、审计等专门委员会，其中薪酬与考核委员会、审计委员会一般由外部董事组成。推进经营层市场化选聘。按照"市场化选聘、契约化管理、差异化薪酬、市场化退出"的原则，由董事会市场化选聘经营管理者，畅通省属国有企业领导人员身份转换通道，加快建立职业经理人制度，完善管理办法和配套制度，实行契约化、任期制管理，健全考核退出机制，实现"能上能下"。建立健全市场化用工机制。建立职工择优录取、职工能进能出的用工制度。多渠道安置富余人员，推广机床集团双创模式，鼓励企业通过内部转岗、促进职工自主创业、培训再就业等方式安置富余职工。对实施减员增效的企业，按照减人员不减工资总额的原则给予政策支持。深化薪酬制度改革。省属国有企业负责人按照组织任命、市场化选聘等不同方式，建立并实行与考核评价结果紧密挂钩、与风险和责任相匹配的差异化薪酬制度。

（三）全力推动国企转型创新发展

坚持创新强企。建立以创新为导向的绩效考评体系，增加科技创新指标在业绩考核中的权重，鼓励国有企业以市场为导向持续加大研发投入，发挥国家级技术中心和国家重点实验室等创新载体作用，突破和掌握一批关键核心技术，培育一批高附加值的尖端产品。坚持产业强企。深入落实制造强国战略，实施制造业智能升级三年行动计划，推进重点企业智能制造云平台建设，加快推进制造业向数字化、网络化、智能化转型，培育世界级先进制造业集群。坚持人才强企。积极引进、培育高层次人才，对企业引进的高端人才在住房、子女教育等方面实行优惠政策，对高端人才探索实行协议工资制等市场化分配方式。国有企业上市公司、未上市科技型企业按照有关规定，对做出突出贡献的科技人员、经营人员、业务骨干探索和规范实施股权或分红权激励。优化企业家成长环境，树立对企业家正向激励的鲜明导向，在选拔任用、评优评先、考核奖励等方面制定具体激励措施。坚持开放强企。积极融入"一带一路"建设，加快"走出去"步伐，推进重点企业开展国际产能和装备制造合作。积极参与辽宁自贸试验区沈阳片区、沈大国家自主创新示范区、中德产业园等重点开发开放平台建设，鼓励企业充分利用自贸区优惠政策，加快推进高端装备维修再制造业务在自贸区落地。

（四）改革国有资本授权经营体制

完善国有资本投资运营的市场化机制。逐户制定国有资本投资运营公司战略发展规划，明确功能定位，完善公司组织框架、运营模式和经营机制。科学界定国有资产出资人监管边界，国资监管机构以"一企一策"对国有企业分类授权放权，将战略规划和主业管理、选人用人和股权激励、工资总额和重大财务事项管理等权利事项授予国有资本投资运营公司董事会。加快建立完善出资人对国有资本投资运营公司的监管机制，推进国有资本投资运营公司真正成为国有资本市场化运作的专业平台。

（五）完善国资监管的体制机制

推动国资监管职能向管资本转变。坚持以管资本为主，制定实施监管权责清单，加强清单管理和事中事后监管，清单以外事项由企业自主决策，清单以内事项大幅减少审批或事前备案。依法落实企业法人财产权和自主经营权。加强企业风险防控和战略管控。对高负债风险企业实行名单制管理，建立健全风险预警机制和资产负债约束制度，实行负债规模和资产负债率双重管控。对省属企业进行主业确定，对企业非主业、非境内、非控股的投资项目实行特别监管，严控债务风险、投资风险和国际化经营风险。加快建立更有效的国有资产监督体系。有效整合监督资源，加强国有企业内部监督、出资人监督和审计、纪检监察、巡察监督以及社会监督。推行外派财务总监制度，外派财务总监进入董事会和经营层，劳动关系在企业，强化出资人对企业财务事项的监督。整合国有企业产权、投资、财务等监管信息，打造实时在线的监管信息平台。建立健全并执行国有企业违规经营投资责任追究制度。

（六）全面解决国企历史遗留问题

完成"三供一业"分离移交。全面接收驻辽央企"三供一业"项目，对坚持按照户均补助标准进行移交导致维修改造费用存在资金缺口的，由交接双方签署补充协议或备忘录，按户均补助标准开展维修改造。对列入分离移交计划的省属企业"三供一业"先接收，再多渠道化解资金缺口。对短期内难以解决的"三供一业"遗留问题，交接双方企业签署备忘录，后期配合解决。全面完成"僵尸企业"处置。开展"僵尸企业"处置"回头看"专项行动，加快推进收尾工作，全面完成"僵尸企业"职工安置和工商登记注销工作。厂办大集体改革取得突破。制定出台厂办大集体企业性质界定、职工身份认定以及职工安置等配套政策和操作办法，全面完成改革和收尾工作。实现退休人员社会化管理。深入做好实施依法破产、清算注销、改制重组的国有企业实行社会化管理退休人员的接收工作。国有企业退休人员全面移交社区实行社会化管理，由社区服务组织提供相应服务。

参考文献

史雅琴：《地方国资国企改革的进展、问题与方向研究》，《现代经济信息》2019 年第 15 期。

鲁桐：《国资国企改革的重点和难点》，《现代国企研究》2018 年第 17 期。

黄费连、王文华：《对推进国资国企改革重组的探索与思考》，《产权导刊》2016 年第 11 期。

袁惊柱：《国有企业混合所有制改革的现状、问题及对策建议》，《北京行政学院学报》2019 年第 1 期。

B.5
辽宁民营经济发展现状及对策

刘佳杰*

摘　要：　历经多年发展，民营经济已成为辽宁经济的重要组成部分。特别是在由高速发展向高质量发展换挡提质的大背景下，辽宁继续加大营商环境建设，民营企业也在积极适应转型升级需要，加快产业转型升级，参与投入研发创新，不断提升自身优势。突如其来的新冠肺炎疫情使辽宁民营经济遭受重创，企业面临需求锐减、资金流紧张、销售不畅等各种问题。对辽宁民营企业而言，要危中思变，危机亦是转机。为此，辽宁省出台相应举措助力企业复工复产的同时，企业自身也在积极主动适应转型需要，以研发创新促进民营企业转型升级。

关键词：　民营经济　民营企业　疫情　转型升级

　　毫不动摇地坚持基本经济制度、发展壮大民营经济，是辽宁省瞄准高质量发展主攻方向、构建现代化经济体系的现实需要。近年来，辽宁将壮大民营经济作为振兴发展的重要抓手，民营经济实现了重大发展，在推动辽宁经济高质量发展、促进人民生产生活不断改善、增加税收、保障就业等方面发挥了不可替代的作用，已成为助力辽宁经济转型升级不可或缺的重要因素。2020年伊始，受新冠肺炎疫情影响，辽宁民营经济发展受到前所未有的冲

---

* 刘佳杰，辽宁社会科学院经济研究所研究员，主要研究方向为公共经济。

击和挑战，步履艰难。辽宁各级政府牢牢把握扩大内需这个战略基点，进一步深化改革，保存量、扩增量，多措并举，做到经济稳步恢复发展的同时，减税降费红利及时足额惠及市场主体，齐心合力、共克时艰。

一 辽宁民营经济发展现状

目前，辽宁经济处于成长转型的重要阶段，民营经济已成为辽宁经济发展的重要支撑，是促进辽宁高质量发展的重要动力。2020年，辽宁省延续上一年稳中有进的良好运行态势，进一步引导民营经济产业结构调整升级、促进民营经济高质量发展。面对突如其来的新冠肺炎疫情，辽宁省全面贯彻落实习近平总书记关于统筹推进疫情防控及保障经济社会正常发展的讲话和指示精神，稳步推进"六稳""六保"，最大限度减少损失，助力各类市场主体及时复工复产。

（一）民营经济稳中向好

作为辽宁经济振兴发展的中坚力量，民营经济是全省经济社会发展的生力军，在推动经济发展、调整产业结构、促进社会进步等方面发挥着不可替代的积极作用。根据辽宁省市场监管局发布的《全省私营企业数据分析报告（2020）》，截至2019年底，辽宁省私营企业数量达到88.4万户，占全省企业总量的88.1%，市场主体发展迅速；第一产业占比3.26%，第二产业占比19.49%，第三产业占比77.25%，第三产业企业数量持续增多，民营经济产业结构不断优化，成为辽宁经济增长的重要动力；共吸纳从业人员372.9万人，其中，高校毕业生和失业人员再就业分别为84.7万人、28.1万人，成为辽宁省新增就业的主渠道。

2020年初新冠肺炎疫情突如其来，辽宁各级党委政府积极落实中央部署和省委要求，因地制宜、统筹推进疫情防控的同时，积极引导企业用足用好减税降费、金融支持、援企稳岗等政策，促进复工复产。广大民营企业在宏观政策引领、技术创新带动、产品上游需求回暖的作用下，尽管受到疫情冲击影响，依然逆市上扬。沈阳东管集团顶住原材料上涨、物流受阻等各项压力，生产出厚达 138 毫米的管件弯管壁，疫情期间产值同比增长 10%，待产订单达 5 亿元。沈阳新松机器人自动化有限公司、奥德能源集团、辽宁炼化设备拆除有限公司、沈阳安达节能阀门有限公司等积极投入疫情防控阻击战，分别在各自领域为辽宁疫情防控和复工复产提供有力的技术支撑。丹东实发、东港金亿纶、丹东天皓、宏大针织、大连新新、丹东华洋等上游供应商以超强市场敏感性积极组织自救及转产。同时，辽宁工信厅实施市场力量对等、跨省协调，帮助上述企业对接上海、广东等工信部门，为防护服企业配套，以原材料等突出优势覆盖抗疫物资上游环节，对统筹抓好疫情防控和复工复产具有重要指导促进意义。

通过全面落实落细稳企业、稳经济各项政策措施，伴随全省生产需求日益回暖，截至 2020 年第二季度，辽宁省日均新增市场主体 1688 户，新增民营经济市场主体 27.5 万户，占疫情以来全部新增主体的 98%；规模以上私人控股工业企业增加值同比增长 6.8%，高于全省平均水平 9.1 个百分点；规模以上工业私营企业利润总额同比增长 40%；实现进出口总额 1302.8 亿元，同比增长 15.6%；民营经济全面推动高质量复工复产跑出加速度。

（二）营商环境持续优化

为进一步对民营经济发展给予全方位支持，辽宁省在新冠肺炎疫情期间优化营商环境"不打烊"，重点围绕提升政务水平、加大简政放权、强化要素保障、提振企业士气等方面为企业精准有效纾困解难，进一步凸显了辽宁持续深化简政放权、放管结合、优化服务的改革勇气和决心，一系列创新性的政策措施助力企业最大限度减少疫情带来的损失及影响。

2020 年，辽宁省以优化营商环境改革助力民营企业发展，做好体制机制弊端上的减法，突出服务与监管上的加法，全力促进经济社会发展。为进一步营造良好的疫情防控市场环境，辽宁省出台《辽宁省应对新型冠状病毒感染的肺炎疫情支持中小企业生产经营若干政策措施的通知》《国家税务总局辽宁省税务局与辽宁省工商业联合会服务保障民营经济发展联络沟通工

作机制实施方案》等系列文件，全省 14 个市、沈抚示范区及 23 个省（中）直部门出台配套政策 94 项，坚决贯彻落实国家、省《优化营商环境条例》和《保护企业条例》精神，涉及召开联席会议、税政服务、"证照分离"、简易注销改革、返还社保、财政贴息、税费减免等各项支持民营经济发展的得力举措，为民营企业在特殊时期直击问题、化解危机、增强信心。《辽宁省企业权益保护条例》为点对点、一对一、个性化的管家式服务提供行动依循，决战疫情不放松，让朝阳佛瑞达科技有限公司、大连达利凯普、抚顺盛世五寰、铁岭中瓷等企业吃上"定心丸"，进一步提升企业在辽投资兴业劲头，切实推进营商环境的不断优化。截至 2020 年 6 月，辽宁政务服务水平不断提升，营商环境持续优化，已办理告知承诺审批 3 万余笔，优化准入服务审批 8 万余笔，惠及企业近 12 万户（次），全力保障企业复工复产。目前，辽宁省营商环境排名第 9，瓦房店、海城、庄河、大石桥入选赛迪顾问县域研究中心发布的营商环境百强县名单。

（三）创新转型有效推进

2020 年，辽宁省积极引导和推动民营企业贯彻新发展理念，引导企业练好内功，加大重大科技成果落地转化力度。在促进《科技助力民营企业创新发展若干政策措施》和《辽宁省民营科技企业梯度培育工程实施方案》充分落地基础上，推进实施"专精特新技术—专精特新企业—专精特新小巨人企业—制造业单项冠军企业"科技型企业梯度培育工程，沈阳海默数控机床的精密磨床、沈阳中屹科技有限公司的智能环保铸造壳、大连华锐重工集团股份有限公司的冶金机械、营口金辰机械股份有限公司的智能化光伏、辽阳忠旺集团的铝合金精深加工、盘锦中蓝电子的 VCM 马达等不断突破技术瓶颈，走出一条具有行业特色的专精特新发展之路。这些龙头企业在地区创新驱动、智能转型、产业带动等方面发挥引领示范作用，带动相关产业链的民营企业从拼资源的传统路径依赖，转变到拼技术的发展新路上来，专业化能力和水平不断提升，经济效益持续增强。

积极推进边界清晰、流程规范的辽宁中小企业公共服务体系建设。落实推进"大众创业、万众创新"等各项政策,搭建整合各地中小企业行业协会、高校、科研院所、专业机构等各类资源,着力打破行业、区域壁垒,坚定走创新驱动发展道路,不断发挥示范平台引领作用,建设覆盖广泛、特色鲜明的中小企业服务体系。2020年,辽宁省继续举办"创客中国"辽宁省中小企业创新创业大赛,统筹推介全省中小企业资源,鼓励中小企业不断提升专业化水平和能力,打造产融对接平台。突出精准服务,推介沈阳国际软件园等4家单位申报2020年度国家小型微型企业创业创新示范基地,促进龙头企业科技成果转化,发挥桥梁纽带作用。批准大连诚泽检测有限公司等5家企业成为"辽宁省博士后创新实践基地",部署创新链,通过新时代培育活动,开展技术研发攻关,组建专业人才队伍,完成企业与人才的匹配,支持中小企业创新转型。截至目前,辽宁省科技型中小企业已达8000多家,瞪羚独角兽企业134家,上市民营公司占全部上市公司的64.5%。

(四)金融举措助力复工复产

疫情暴发后,民营企业生存发展遇到较大困难,为解决辽宁民营企业资金短缺问题,辽宁省金融机构提高政治站位,坚决服从服务于疫情防控,引导各金融机构采取灵活措施全力保障金融服务。颁布《关于应对新型冠状病毒感染肺炎疫情 加强金融服务支持实体经济共渡难关的若干措施》(辽金监发〔2020〕3号),围绕社会民生、疫情防控、复工复产和跨境业务等出台22条具体措施,全力做好疫情防控期间金融服务工作。

减费降税为企业纾困解难。开展"百亿送贷行动提质年"行动,预计投放贷款100亿元,"不抽贷、不断贷、不压贷",集中力量解除企业复工复产痛点,助其享受国家优惠政策,为民营企业纾困解难。为加强对疫情防控重点保障企业资金支持力度,沈阳市现场为沈阳迈思医疗科技公司开辟无抵押担保一年1000万元的流动资金贷款,用于疫情防控应急需求。大连辖区26家金融机构做到简化业务审批流程,24小时内完成审批放款,为1007户中小企业提供信贷支持34.8亿元,为小微企业提供了有力的融资支持。

中国银行鞍山分行全面梳理受疫情影响严重的企业名单，全面对接客户融资需求，全力保障各类防疫物资生产、运输、供应不间断，解决成本增长难题，有效弥补企业生产经营资金缺口。营口银行 5 小时内发放 400 万元助力消毒液生产企业，使企业生产线将由原来的 2 条增加至 4 条。在政策红利的滋养下，尽管外界条件极为不利，辽宁民营经济依然实现量质齐升。同时受 2019 年减费降税政策红利影响，疫情暴发后，很多民营企业订单充足、轻装上阵，为辽宁全年目标的实现打下坚实基础。

充分发挥金融保障实体经济发展的作用。挖掘货币政策工具的引导作用，通过出台《辽宁省应对新型冠状病毒感染的肺炎疫情支持中小企业生产经营若干政策措施的通知》，明确减税降费、财政补贴、社保返还、房租减免等举措，减轻疫情期间中小微企业资金负担。例如，沈阳国际软件园为园区内中小微企业减免 2000 万元房租。大连市对面临暂时性困难且恢复有望、坚持不裁员或少裁员的参保企业给予失业保险稳岗返还，免征交通运输服务业、生活服务业（含星级酒店）和物流辅助服务业的纳税人一季度房产税、城镇土地使用税等优惠政策。营口市对因防控疫情需要而扩大产能或实施技术改造的企业给予 10% 新增设备投资补贴。截至 2020 年上半年，辽宁省共计为企业减免社会保险费 109.2 亿元，帮助企业渡过难关；为 3.9 万户企业支付失业保险稳岗返还资金 22.9 亿元，助企脱困、稳住岗位，最大限度减少疫情影响，实现企业健康平稳发展；为 3 万余户个体工商户减免房租超 1.5 亿元，做到确保"应免尽免、应减尽减、应退尽退"，以实际行动助力中小企业降低成本、复工复产。

二　辽宁民营经济发展存在的问题

疫情冲击下，辽宁民营经济发展不仅面临固有发展顽疾，在人员流动受限、物流交易受阻的情况下，经济一度出现停摆，民营企业深陷财务与经营危机，而复工复产后政策的落地与企业诉求还存在现实偏差，主要表现如下。

（一）经济下行压力与疫情叠加

不可否认的是，新冠肺炎疫情对经济、社会、交通、生产等均产生巨大影响，国内发展正在面临前所未有的困难挑战。受制于内生动力不足、体制机制樊篱等各种因素，辽宁经济依然面临下行压力加大、内生增长动力不足等问题，新冠肺炎疫情对负重前行的辽宁而言无异于雪上加霜。在新冠肺炎疫情暴发导致经济活动系统性停摆的背景下，民营企业首当其冲，面临巨大的生存压力。根据沈阳柢睿市场调查有限公司关于辽宁省内食品生产、销售、餐饮服务企业的问卷调查，超过一半的企业受到的负面影响比较大，业务规模或订单下降，存货积压较大，55.35%的企业业务运营能力完全停滞；39.46%的企业盈利减弱、坏账增多，在2020年第一季度营收下滑80%以上；25.04%的企业预计全年营收下降30%~50%，现金流很紧张，企业对2020年整体运营收入持悲观心态。由于食品行业多以中小企业为主且多处于产业终端，食品行业特点颇具代表性。来自辽宁食品行业的问卷调查结果同时也表明，新冠肺炎疫情期间，企业规模越小就越容易受到现金流、原材料、工资、租金等因素的影响，市场营收整体放缓，负债率上行，过半行业收入同比增速持平或为负。到2020年第二季度，辽宁民营经济受GDP增速低于全国平均水平的影响，增长依然乏力，民营企业债务负担依然较高。

（二）龙头企业带动提升力不足

促进民营经济发展就必须发挥产业集聚的规模带动作用。产业链的形成与壮大关键在于行业龙头企业，以龙头企业带动上下游企业提升产业配套能力，对推动辽宁经济转型升级至关重要。截至2019年，辽宁省每万人拥有私营企业49.2户，低于全国92.1户的平均水平，分别低于山东、江苏、广东等东部沿海省份28.2户、94.5户、133.5户，企业数量更是极不占优势。以辽宁省的经济总量和人口规模，尽管民营企业数量有所增长，但支撑产业规模的龙头企业数量贫乏、规模有限，带动力极为不足。虽然在农产品加工、汽车零部件、食品加工、新材料、通航等领域已拥有一批大型民营企业并形成

了相应的产业集群,但产品结构单一,专业化程度低且专业化分工协作性普遍较差,缺乏知名品牌和新兴品牌,龙头企业对本地产业集群的带动作用依然有限。瓦轴的精密机床、非标准轴承等还要依靠 SKF、JTEKT 等国际著名轴承生产企业配套,本地轴承企业配套率虽然较高但产业细分度依然不够。法库县的肉牛繁殖、育肥、屠宰、食品加工尚未形成全产业链,除养殖外本地企业难以植入,育肥、食品加工、物流、销售终端全部外包,产业优势未能得到有效发挥,上下游产业及饲养大户配套能力有限,肉牛产业的联动效应无法显现,企业本地化配套率几乎没有。

(三)融资难融资贵悬而未决

融资难与融资贵是困扰民营企业多年的老问题。商业银行从防范风险和控制成本角度考虑到民营企业的"短、少、急、频",贷款利率较高;除基本的担保费、资产评估服务及中介费外,贷款全套程序所含的其他费用及隐性成本使许多民营企业宁愿选择地下钱庄。在经济下行压力持续的情况下,由于前期去杠杆的滞后影响尚未退却,民营企业经营危机导致融资身份备受歧视,融资收紧后民营企业的信用利差愈加看涨。前期的融资压力尚未消除,广大民营企业又受到新冠肺炎疫情的冲击。在成本、物流、原材料、租金、现金流等压力下,互联网金融信贷等金融科技新业态在一定程度上虽然缓解了民营企业现金流濒临断裂的局面,但也造成众多企业的过度融资。由于天生的局限性,民营企业一旦出现任何经营风险就会引发信用危机;毕竟,无论疫情结束与否,民营企业的融资连续性始终存在,此时多头融资不仅无法解决燃眉之急,更会面临金融机构抽贷限贷的新压力。

(四)营商环境有待继续优化

营商环境是区域市场发育程度与政府管理水平的综合考量因素。虽然辽宁省不断加强营商环境建设,但"软环境不软"始终是硬伤。特别是疫情暴发以来,许多企业反映虽然国家及辽宁各级政府出台各项减税降费政策,但部分政策难以落地。减税降费是疫情期间政府组织复工复产最直接、最实惠的政策，直接推动产业复苏、提高企业干劲。但同一个政策，规上企业关注偿还贷款和支付账款政策，更倾向于同样减税降费；小微企业员工社保工资为支出的主要构成，所以他们更关注返还社保费、减免房租政策；而疫情期间政策的制定具有时效性，服务不到位难免会"一刀切"。民营企业本就高成本经营，政策虚空导致盈利空间被进一步压缩。同时，疫情发生后，尽管证照通过绿色通道或推进电子化办理，程序更简化，但部分企业感到营业执照注册登记办理前置条件设置仍不合理，除医用物资外不是所有企业均能享受特事特办，疫情时期办事效率甚至更低于平时。此外，政策的落地在部分地区仅限于小微企业，对于统一核算的加盟或连锁店面而言却无法享受税租减免等政策，等待政策援助的反而被政策排除在外。后疫情时代，市场主体止跌回稳对各级政府而言更是一场大考，个别领域营商环境亟待完善。

三 辽宁民营经济发展面临的机遇与挑战

目前，新冠肺炎疫情持续蔓延，全球经济复苏乏力，国内疫情也不排除局部再次暴发的可能。2020 年 8 月后，国内主要经济指标已显著改善，全国范围内经济会持续稳定复苏，生产动能的持续修复与外贸出口的错综复杂形势交织，挑战与机遇并存。

（一）辽宁民营经济发展面临的机遇

新冠肺炎疫情使经济发展环境发生了深刻变化。从世界范围看，尽管疫情肆虐，美国疫情防控出现暂时性边际好转，欧央行谨慎保守，世界主要新经济体及新兴经济体区域性复苏。受此影响，2020 年 9 月开始，摩根大通全球 PMI 在荣枯线以上继续保持回暖态势，制造业 PMI、服务业 PMI 及综合 PMI 均呈现持续回升状态。从国内看，从 2020 年第三季度开始，国内经济复苏势头明显，主要经济指标基本实现企稳止跌，需求日渐复苏，市场活跃度开始全面回升。从辽宁省看，为适应复杂多变的国内外发展环境，省委、省政府紧紧围绕中央政府提出的做好"六稳""六保"要求，不断加大

政策支持与财政补贴力度，进一步加强监管与服务，构建良好的营商环境，不断激发市场活力，引导民营企业不断做大做强。通过此次疫情，民营企业也意识到只有抓住时代赋予的时机，牢牢把握主动权，充分利用全国经济板块的结构性调整，紧盯新兴产业提升专业化水平，加快推动新旧动能转换，才能加速转型，扩大市场占有率。

（二）辽宁民营经济发展接受的挑战

作为2020年的"黑天鹅"，新冠肺炎疫情导致全球面临"二战"以来最严重的经济衰退，极大阻碍了经济全球化进程。疫情必然对企业供应链、企业员工返岗等造成约束，小微企业在疫情期间维持和恢复经营的现金流压力更大，民营经济外部发展环境堪忧。同时，中美贸易摩擦不断升级，全球产业链面临重组布局。作为全球化的最直接参与者，中小企业随时会面临上游产业链断裂，生产、生活再次停顿的危险。伴随全球化进程的不断加快及科技的全面发展，民营企业发展过程中所面对的外部形势也日趋复杂，将对其发展产生重要影响。为应对各种错综复杂的形势而制定的各种政策措施相对固定，对民营企业而言，政策落地实施具有滞后性，效果难免不尽如人意。同时，经济增长率的不确定性导致国内投资增长率不断下降，政府财政压力增加，后疫情时代经济恢复也是一个漫长的过程，这都会影响辽宁民营经济的发展。

四 促进辽宁民营经济发展的对策建议

（一）加大金融扶持力度维护企业生产经营

特殊时期通过加大信贷投放规模力度引导促进民营企业复工达产，真正体现"金融速度"，为疫情防控提供坚强有力的金融保障。在央行全面降准0.5个百分点、释放8000亿元基础上，设立直投基金加强融资担保及再担保体系，提升信贷支持力度。鉴于疫情的持续性与复杂性，应针对更多依赖内源融资经营、不符合信贷条件的小微企业出台更为便捷利好的"首贷率"等配套措施，保障小微企业正常生产。除探索银保监会降低调整考核指标外，继续鼓励政策性银行、地方银行依托分类加大对小微企业的贷款力度，探索"专项再贷款＋财政贴息"政策，加大银企对接，适度提升地方中小金融机构转贷款授信额度。对出口导向型企业应建立授信贷款专属通道，做到不断贷、不压贷，在外汇交易、贷款等方面重点给予贷款延期等政策倾斜，力所能及缓解外贸企业的外部冲击。加大中小企业突发意外保险支持，督促保险业机构对受疫情影响的企业新投保业务适度降低保险费率，扩充营业中断保险、雇主责任保险等险种，为中小企业提供有效的风险保障。

（二）引导龙头企业创新发展促进企业转型升级

培育壮大龙头企业构建全产业链带动辽宁经济发展。紧随时代发展步伐，以数字经济为抓手，以掌握核心科技为主攻方向，以培育壮大龙头企业打造转型发展的支柱产业。充分发挥龙头企业带动作用，延长装备制造业、石化工业、冶金业、农产品加工业四大支柱产业链条，完善利益联结机制，培育上下游协作紧密、产业链相对完整、辐射带动能力较强的产业集群，不断增加辽宁特色品牌附加值，继续提升传统产业市场占有率。充分抓住疫情带来的倒逼机制，以实施辽宁智能制造工程为引领，加快推进100个智能制造重点项目，加大产品开发、供应链整合，推动供应链上下游企业协同，构建涵盖智能制造、产品创意、生产管理、物流协作等内容的全域链产业链协作系统，实现产业链整合与协同发展。实施中小企业"专精特新"工程，培育一批"专精特新"产品和企业，积极适应国内外大环境变化，引导其专业化、精细化、特色化、新颖化发展，练好内功促进创新转型，专心发展主营业务，变危为机。

（三）打造良好营商环境提高营商法治水平

努力打造"发展环境最优省"。以统筹国家数字政务平台建设标准为着

力点，优化维护"辽事通"，构建辽宁数字政务服务平台建设系统架构和运行机制，以 STM 为终端实现"就近办"，打造"不打烊"的"数字政府"，通过数据共享同步实现省级平台与国家平台的政务服务事项同步改造和深入对接。推进工程建设项目审批制度改革，争取"辽宁要走在全国改革前列"，进一步落实 8 类建设项目审批流程图示范性文本和改革任务分解表，促进重大工程推进、促进民营企业项目推进。深化商事制度改革，全面推开全省第三批"证照分离"改革，把握好"进四扇门"的办法，建立清单管理制度，明确纳入清单管理的经营许可事项，增加改革透明度，明确改革举措，实行告知承诺。依托《辽宁省人民政府办公厅关于深入推进不动产登记便民化服务的实施意见》（辽政办〔2019〕22 号），设立不动产抵押登记便民服务网点，压缩办理时间；推进不动产登记电子证照，进一步提升政务服务效能、优化营商环境。

参考文献

《数量新增 27.5 万户 上半年辽宁民营经济持续向好》，《辽宁日报》2020 年 8 月 3 日。

朱武祥、张平、李鹏飞、王子阳：《疫情冲击下中小微企业困境与政策效率提升——基于两次全国问卷调查的分析》，《管理世界》2020 年第 4 期。

宋华、陈思洁、于亢亢：《商业生态系统助力中小企业资金柔性提升：生态规范机制的调节作用》，《南开管理评论》2018 年第 3 期。

王超恩、张瑞君、谢露：《产融结合、金融发展与企业创新——来自制造业上市公司持股金融机构的经验证据》，《研究与发展管理》2016 年第 28 期。

B.6
科技创新支撑辽宁经济高质量
发展的动态分析研究

姜瑞春　高洪才　李　宁*

摘　要：　推进以科技创新为核心的全面创新是实现高质量发展的根本
前提。近年来，辽宁创新投入力度继续加大，创新产出成效
持续提升，创新环境进一步优化，创新支撑能力持续增强，
为经济高质量发展提供了有力支撑。但与全国及先进省份相
比，辽宁科技创新在支撑经济高质量发展过程中还存在较大
的差距和不足，主要体现在科技创新要素投入相对下滑，拉
动作用有所减弱；知识产权和技术交易质量不高，产出效率
有待提高；创新创业的主体及平台数量少规模小，创新创业
的环境有待改善；高新区及高新技术产业整体实力不强，创
新支撑能力不足等方面。因此，应加大创新要素投入强度，
促进技术市场和知识产权市场稳健发展，加强创新创业主体
的培育力度，加强高新区等创新载体的建设，进而增强科技
创新对高质量发展的支撑作用。

关键词：　科技创新　高质量发展　创新要素投入　创新产出效率

---

* 姜瑞春，辽宁社会科学院产业经济研究所副所长，副研究员，主要研究方向为产业经济、技术经济；高洪才，辽宁重要技术创新与研发基地建设工程中心副研究员，主要研究方向为科技统计分析与科技指标政策性应用；李宁，辽宁重要技术创新与研发基地建设工程中心副研究员，主要研究方向为科技统计分析与科技指标政策性应用。

《中共辽宁省委关于制定辽宁省国民经济和社会发展第十四个五年规划和二〇三五年远景目标的建议》明确了"十四五"期间创新在现代化建设全局中的核心地位，并且把科技创新作为辽宁振兴发展的战略支撑。辽宁作为科教和人才大省，科技研发实力较强，在材料与制造、能源与环境等领域具有一定的产业基础和科技优势，但科技资源优势没有转化为经济发展优势，这是辽宁实现高质量发展急需解决的问题。因此，新时代辽宁应以历史眼光、全球视野深刻把握科技创新的规律和趋势，用科技的"长板"补齐经济的"短板"，增强科技创新对高质量发展的支撑作用。

一 辽宁科技创新对高质量发展的支撑逐步增强

近年来，辽宁创新投入力度继续加大，创新产出成效持续提升，创新环境进一步优化，创新支撑能力持续增强，为经济高质量发展提供了有力支撑。

（一）创新要素投入继续加大

人员投入。从人员投入包含的 R&D 人员全时当量和万人大专以上学历人员两个指标来看，近几年，总量均有所上升。2018 年辽宁 R&D 人员全时当量、万人大专以上学历人员较 2008 年均有所增长，其中万人大专以上学历人员指标增长幅度超过 50%。2008 年以来，辽宁 R&D 人员全时当量呈波动上升趋势，2014 年 R&D 人员全时当量最高，达到 99586 人年。2017 年全省 R&D 人员全时当量为 88858 人年，全国排名第 16 位。全省万人大专以上学历人员在 2012～2013 年有较快增长，2013 年达到 1983 人，2014 年之后略有下降，之后几年保持在 1700 人左右。2017 年全省万人大专以上学历人员为 1734 人，全国排名第 6 位。（见图 1）

经费投入。近几年，辽宁经济下行压力增大，从 R&D 经费支出占 GDP 比重和财政科技支出占财政支出比重两个指标来看，2018 年全省 R&D 经费支出占 GDP 比重指标较 2008 年有所增长，财政科技支出占财政支出比重指标较 2008 年有较大幅度下降。2008 年至 2014 年期间，辽宁 R&D 经费支出

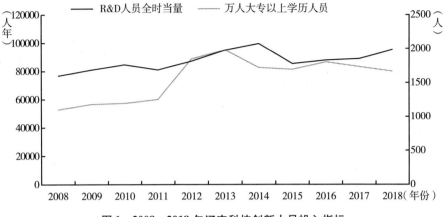

图1 2008～2018年辽宁科技创新人员投入指标

占 GDP 比重指标波动平稳，指标值在 1.41%～1.64% 区间浮动。2015 年出现较大下滑，R&D 经费支出占 GDP 比重仅为 1.24%。2016 年之后该指标迅速回升。2017 年辽宁 R&D 经费支出占 GDP 比重达到近十年最高值为 1.84%，全国排名第 12 位。2008 年至 2014 年期间，辽宁财政科技支出占财政支出比重指标变化与 R&D 经费支出占 GDP 比重指标类似，较为平稳，指标值在 2.14%～2.28% 区间浮动。2015 年至 2017 年期间，该指标出现大幅下滑，2017 年辽宁财政科技支出占财政支出比重下滑至近十年最低值为 1.18%，全国排名第 22 位。2018 年该指标略有回升。（见图 2）

图2 2008～2018年辽宁科技创新经费投入指标

设备投入。从大型科学仪器设备共享频次（共享次数）和资产性支出占 R&D 经费比重两个指标来看，辽宁大型科学仪器设备共享频次（共享次数）指标自 2014 年有统计数据以来呈高速增长趋势，2018 年该指标较 2014 年增长幅度达到 85.2%。2018 年资产性支出占 R&D 经费比重指标较 2008 年有较大幅度下降。2008 年辽宁资产性支出占 R&D 经费比重为 20.6%，2009 年该指标下降至 12.7%，之后几年该指标波动平稳，保持在 10% 左右。2017 年辽宁资产性支出占 R&D 经费比重为 10.6%，全国排名第 28 位。（见图 3）

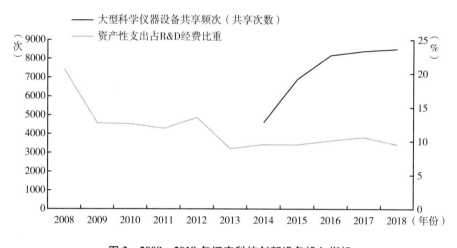

图3　2008～2018 年辽宁科技创新设备投入指标

（二）创新产出成效持续提升

技术市场。从技术合同成交项数和技术合同成交额两个指标来看，2008～2017 年，辽宁技术交易市场整体波动，近年呈上升态势。2008～2018 年，辽宁技术合同成交项数总体波动较为明显，从 2008 年的 17738 项至 2014 年的 11173 项，总体下降，此后稳步上升持续增长到 2018 年的 17715 项。2008～2018 年，辽宁技术合同成交额总体上保持增长趋势，由 2008 年的 99.7 亿元增至 2018 年的 474.5 亿元，虽在 2012～2013 年有小幅波动，但总体增长幅度达到 376%。（见图 4）

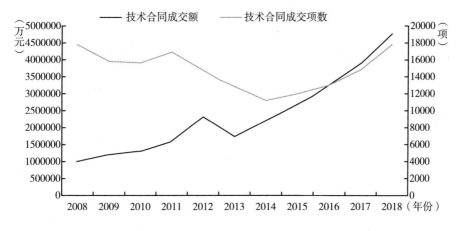

图4　2008～2018年辽宁技术市场指标

知识产权。从每万人发明专利拥有量和当年发明专利授权量两个三级指标来看，辽宁知识产权情况总体向好。2008～2018年，辽宁每万人发明专利拥有量呈逐年增长趋势，2008年每万人发明专利拥有量为1.37件，2018年每万人发明专利拥有量为8.58件，2018年较2013年增长了5.26倍。2008～2018年，辽宁当年发明专利授权量总体呈上升态势，从2008年的1516件增长到2018年的7176件，其中2017年更是创下历史高点7708件。2012～2014年趋于平缓，2015～2017年上升速度较快，但2018年有所下降。（见图5）

图5　2008～2018年辽宁知识产权指标

科技奖励。从拥有国家或行业技术标准数（高新技术企业）和人均科技论文数量两个指标来看，2008～2018年，辽宁在科技奖励方面发展较为缓慢。2008～2018年，全省拥有国家或行业技术标准数（高新技术企业）整体波动较为明显，2018年低于2008年水平，2013年为近十年最高585家，2015年最低350家。2008～2018年，辽宁人均科技论文数量增长迅速，2010年较2008年增长了1.34%，2010年至2011年小幅降低后，从2011年起至2018年呈逐年上升趋势。至2018年每万人发表科技论文数量达到6.3篇，约是2008年的2.4倍。（见图6）

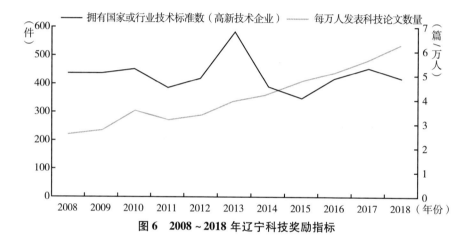

图6 2008～2018年辽宁科技奖励指标

（三）创新创业环境逐步优化

创新平台。从在孵科技企业数量和各类创新创业平台数量两个指标来看，辽宁创新平台情况总体向好，特别是2015年以来，进入高速增长期，各类创新创业平台数量指标在2016年至2018年期间增长迅速。2008～2018年，辽宁在孵科技企业数量总体呈波动上升态势，2011～2013年逐年下滑，2014年起进入快速增长期，数量上升明显。2018年达到3940个，是2008年的2.1倍。2017年辽宁在孵科技企业数量为3953个，全国排名第16位。2008～2018年，辽宁各类创新创业平台数量总体呈上升态势，2008～2013年总体平稳，2014年以来迅速增加，2018年辽宁各类创新创业平台数量达到279个，是2008年的近20倍。2017年平台数量为256个，全国排名第16位。（见图7）

图7 2008～2018年辽宁科技创新平台指标

政策环境。2008～2018年，从研发费加计扣除减免税占GDP比重指标和有研发机构的企业占工业企业比重指标来看，全省的政策环境有所改善，但波动明显，上升趋势不突出。2008～2018年，辽宁研发费加计扣除减免税占GDP比重波动明显，总体保持在2.9‰～4.8‰区间波动。2012年、2016年和2018年占比较高，均达到4‰以上，2018年最高为4.8‰。2008～2018年，辽宁有研发机构的企业占工业企业比重总体上升，2008～2015年上升趋势较为平缓，2016年以来上升迅速。2008年为2.0%，2009年该指标上升了0.7个百分点，2010年下降到2.1%，之后几年该指标稳定增长，2016年至2018年期间该指标增长迅速。2017年辽宁有研发机构的企业占工业企业比重为6.8%，全国排名第23位。（见图8）

社会环境。从万人高校毕业生数量和城市居民人均消费支出两个指标来看，辽宁社会环境总体向好。2008～2018年，辽宁万人高校毕业生数量稳定增长，2018年万人高校毕业生数量为63人，比2008年增长了35%。2017年辽宁万人高校毕业生数量为62人，全国排名第8位。2008～2018年，辽宁城市居民人均消费支出呈现直线上升趋势，2018年辽宁城市居民人均消费支出为26447.9元，是2008年的2.35倍。2017年辽宁城市居民人均消费支出为25379.4元，全国排名第8位。（见图9）

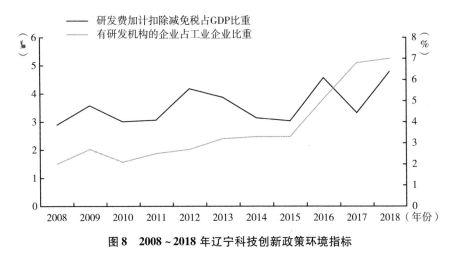

图8　2008～2018年辽宁科技创新政策环境指标

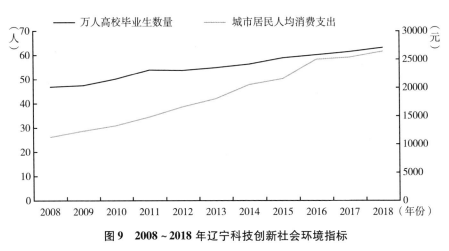

图9　2008～2018年辽宁科技创新社会环境指标

（四）创新支撑能力持续增强

创新高地。高新区创新高地已经成为支撑和拉动地区经济高质量发展的强力引擎，包括高新区GDP占地区生产总值比重和高新区营业收入两个指标。从辽宁2008～2018年数据可以看出，辽宁创新高地指标总体呈上升趋势，保持了稳中有进、稳中向好的势头，有力支撑了辽宁经济平稳健康发展，促进了新旧动能接续转换。2008～2018年，高新区GDP占地区生产总值比重呈波动上升态势，由 2008 年的 8.3% 上升至 2018 年的 11.5%。2008 ~ 2013 年，逐年上升，2014 年和 2015 年呈下降趋势，分别下降至 9.7% 和 9.0%。2015 年后恢复上升趋势。2008 ~ 2018 年，辽宁高新区营业收入波动较大，2008 ~ 2014 年，上升趋势明显。2015 年、2016 年连年分别下降至 8625.1 亿元和 7279.5 亿元后恢复上升趋势，收入由 2008 年的 4061.7 亿元上升至 2018 年的 9677.2 亿元。（见图 10）

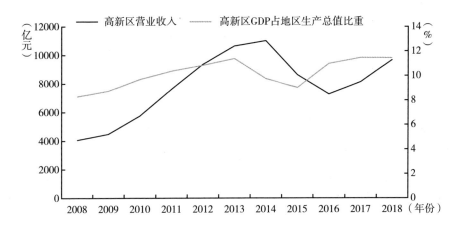

图 10　2008 ~ 2018 年辽宁创新高地指标

高新企业。从当年认定高新技术企业数量和服务业高新技术企业数量占比两个指标来看，辽宁高新企业各项指标整体呈现上升的趋势，高新技术企业已成为深入实施创新驱动发展战略，推动科技创新支撑引领现代化经济体系建设的重要支撑。2008 ~ 2018 年辽宁当年认定高新技术企业数量指标整体呈现上升的趋势，当年认定高新技术企业数量由 2008 年的 292 个上升至 2018 年的 1097 个，年均增长率达到 14.2%，但 2014 年稍有下降，降至 95 个，但总体保持稳定增长。2008 ~ 2018 年，辽宁服务业高新技术企业数量占比指标整体呈现上升的趋势，由 2008 年的 15.41% 上升至 2018 年的 26.27%，年均增长率为 5.48%。（见图 11）

高新产业。从高新技术产品增加值和装备制造业高新技术产品增加值占比两个指标来看，辽宁 2008 ~ 2018 年高新产业指标整体呈波动状态，受当

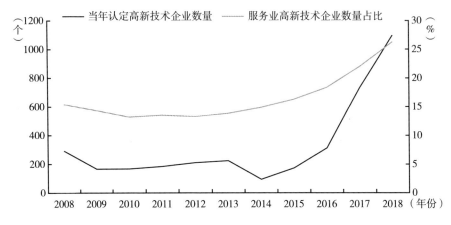

图 11　2008～2018 年辽宁高新企业指标

年政策及制造业或其他行业影响，2013 年波动较明显，幅度较大。2008～
2018 年，辽宁高新技术产品增加值从 2008 年到 2013 年呈现逐年上升的趋势，
2013 年达到顶峰，增加值实现 5970.8 亿元，2016 年为 1748 亿元，为十年最
低点，从 2017 年开始高新技术产品增加值才有所增长，2018 年达到 2760 亿
元，增幅达到 32.68%。2008～2018 年，辽宁装备制造业高新技术产品增加值
占比总体保持平稳状态，但 2013 年有所下降，只有 30.89%，2013 年以后，
整体呈现上升的趋势，2018 年达到 41.66%。（见图 12）

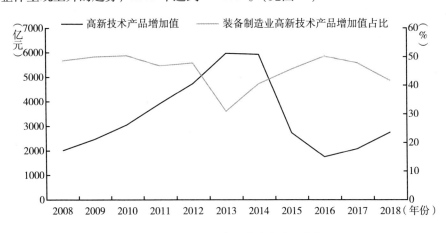

图 12　2008～2018 年辽宁高新产业指标

二 辽宁科技创新支撑经济高质量发展对比分析

虽然在创新要素投入、创新产出成效、创新创业环境和创新支撑能力等方面取得长足进步，但与先进省份相比，辽宁科技创新在支撑经济高质量发展过程中还存在较大的差距和不足。

（一）科技创新要素投入相对下滑，拉动作用有所减弱

人员投入相对不足。2017 年和 2016 年辽宁 R&D 人员全时当量均排名全国第 16 位。其中，2017 年辽宁 R&D 人员全时当量约为同期广东、江苏的 1/6，安徽、福建、湖北和湖南等经济总量比肩省份的这一指标均是辽宁的 1.5 倍以上，且辽宁比全国平均水平（130116 人年）低了 31.7%。由此可见，辽宁在一定程度上存在人员投入严重不足的问题，人才大省地位受到冲击（见表 1）。

表 1　R&D 人员全时当量

省份	2017 年 R&D 人员全时当量（人年）	全国排名	占全国比重（%）	省份	2016 年 R&D 人员全时当量（人年）	全国排名	占全国比重（%）
广东	565287	1	14.01	江苏	543438	1	14.01
江苏	560002	2	13.88	广东	515649	2	13.30
浙江	398091	3	9.87	浙江	376553	3	9.71
山东	304820	4	7.56	山东	301480	4	7.77
北京	269835	5	6.69	北京	253337	5	6.53
上海	183462	6	4.55	上海	183932	6	4.74
河南	162504	7	4.03	河南	166279	7	4.29
四川	144821	8	3.59	湖北	136608	8	3.52
安徽	140452	9	3.48	安徽	135829	9	3.50
福建	140325	10	3.48	福建	132155	10	3.41
辽宁	88858	16	2.20	辽宁	87839	16	2.27

资料来源：《中国科技统计年鉴（2017）》《中国科技统计年鉴（2018）》。

R&D 经费投入相对不足。辽宁 R&D 经费支出占 GDP 比重在全国排名处于中游水平,2017 年该比重为 1.8%,排名全国第 12 位,低于全国平均水平 0.33 个百分点,也低于安徽、湖北这些与辽宁经济体量相当的省份,该比值仅为对口合作省江苏的 68.4%,与北京、上海等地区相比更是差距巨大(见表 2)。

表 2　R&D 经费支出占 GDP 比重

省份	2017 年 R&D 经费支出占 GDP 比重(%)	全国排名	省份	2016 年 R&D 经费支出占 GDP 比重(%)	全国排名
北京	5.64	1	北京	5.96	1
上海	4.00	2	上海	3.82	2
江苏	2.63	3	天津	3.00	3
广东	2.61	4	江苏	2.66	4
天津	2.47	5	广东	2.56	5
浙江	2.45	6	浙江	2.43	6
山东	2.41	7	山东	2.34	7
陕西	2.10	8	陕西	2.19	8
安徽	2.05	9	安徽	1.97	9
湖北	1.92	10	湖北	1.86	10
辽宁	1.80	12	辽宁	1.69	13

资料来源:《中国科技统计年鉴(2017)》《中国科技统计年鉴(2018)》。

政府财政投入严重不足。十年来辽宁财政科技支出占财政支出比重下滑明显,从 2008 年的 2.28% 降低到了 2018 年的 1.41%,在全国排名也由 2016 年的第 15 位下滑到 2017 年的第 22 位。与全国其他地区相比,2017 年辽宁该比重不足北上广的 1/4,约为湖北的 1/3、江西的 1/2,也低于全国平均水平 2.95 个百分点(见表 3)。近年来,该指标不但处于较低水平,甚至比上年有所下降,而同时期全国绝大部分省份都有所提高,仅有个别省份下滑。这显示出辽宁政府财政投入相对不足,难以有效拉动社会总投入的增长。

设备等资产性投入不足。辽宁资产性支出占 R&D 经费比重十年间下降明显,从 2008 年的 20.6% 下降到了 2018 年的 9.5%,2017 年该指标低于全国水平 1.4 个百分点,排名全国第 28 位,明显落后(见表 4)。

表3 财政科技支出占财政支出比重

省份	2017年财政科技支出占财政支出比重(%)	全国排名	2017年比2016年提高百分点	省份	2016年财政科技支出占财政支出比重(%)	全国排名
广东	5.48	1	-0.05	广东	5.53	1
北京	5.30	2	0.84	上海	4.94	2
上海	5.17	3	0.23	安徽	4.70	3
安徽	4.20	4	-0.50	北京	4.46	4
江苏	4.03	5	0.21	浙江	3.86	5
浙江	4.03	6	0.17	江苏	3.82	6
天津	3.53	7	0.15	天津	3.38	7
湖北	3.44	8	0.48	湖北	2.96	8
江西	2.35	9	0.55	山东	1.91	9
福建	2.12	10	0.24	福建	1.88	10
辽宁	1.18	22	-0.17	辽宁	1.35	15

资料来源：国家科技统计数据中心。

表4 资产性支出占R&D经费比重

省份	2017年资产性支出占R&D经费比重(%)	全国排名	2017年比2016年比重增加百分点	省份	2016年资产性支出占R&D经费比重(%)	全国排名
海南	21.1	1	-10.5	海南	31.6	1
贵州	20.4	2	1.3	西藏	19.1	2
宁夏	19.0	3	3.6	贵州	19.1	3
陕西	18.3	4	3.1	青海	19.0	4
甘肃	17.3	5	0.9	重庆	18.4	5
西藏	17.3	6	-1.8	天津	17.2	6
重庆	16.3	7	-2.1	内蒙古	16.5	7
安徽	15.5	8	-0.1	甘肃	16.4	8
吉林	15.4	9	4	云南	15.9	9
内蒙古	15.4	10	-1.1	新疆	15.7	10
辽宁	10.6	28	0.5	辽宁	10.1	28

资料来源：《中国科技统计年鉴（2017）》《中国科技统计年鉴（2018）》。

（二）知识产权和技术交易质量不高，创新产出效率有待提高

技术合同成交额与经济发达地区存在较大差距。从技术市场规模来看，

2016 年辽宁为 323.2 亿元,排名全国第 9 位,2017 年为 385.8 亿元,排名全国第 10 位,名次后移一位,与发达地区差距在拉大,2017 年成交额不足北京的 1/10,湖北的 2/5,也比全国平均数(416.8 亿元)低了 7.44%(见表 5)。

知识产权产出水平与先进省份差距巨大。2017 年辽宁每万人发明专利拥有量为 7.6 件,排名全国第 10 位,比 2016 年下降两位,仅为江苏的 1/3 左右,以及浙江、广东和天津等的 2/5 左右,也比全国平均水平(10.2 件)低了 25.49%(见表 6)。

表 5 技术合同交易额

省份	2017 年技术合同交易额(万元)	全国排名	2017 年比 2016 年增长率(%)	占全国比重(%)	省份	2016 年技术合同交易额(万元)	全国排名	占全国比重(%)
北京	44868872.02	1	13.85	34.73	北京	39409752	1	36.05
湖北	10330773.09	2	14.30	8.00	湖北	9038371	2	8.27
广东	9370755.33	3	23.60	7.25	陕西	8027887	3	7.34
陕西	9209395.272	4	14.72	7.13	上海	7809858	4	7.14
上海	8106176.507	5	3.79	6.27	广东	7581650	5	6.94
江苏	7784223.324	6	22.46	6.02	江苏	6356425	6	5.82
天津	5514410.52	7	-0.22	4.27	天津	5526361	7	5.06
山东	5116448.18	8	29.22	3.96	山东	3959453	8	3.62
四川	4058306.986	9	35.59	3.14	辽宁	3232180	9	2.96
辽宁	3858316.823	10	19.37	2.99	四川	2993006	10	2.74

数据来源:《中国火炬统计年鉴 2017》《中国火炬统计年鉴 2018》。

表 6 每万人发明专利拥有量

省份	2017 年每万人发明专利拥有量(件)	全国排名	2017 年比 2016 年增加(%)	占全国比重(%)	省份	2016 年每万人发明专利拥有量(件)	全国排名	占全国比重(%)
北京	94.6	1	23.34	29.29	北京	76.7	1	29.06
上海	41.5	2	18.23	12.85	上海	35.1	2	13.30
江苏	22.4	3	21.74	6.93	江苏	18.4	3	6.97
浙江	19.4	4	19.02	6.01	浙江	16.3	4	6.18
广东	18.7	5	22.22	5.79	广东	15.3	5	5.80
天津	18.4	6	26.90	5.70	天津	14.5	6	5.49

续表

省份	2017 年每万人发明专利拥有量(件)	全国排名	2017 年比2016 年增加(%)	占全国比重(%)	省份	2016 年每万人发明专利拥有量(件)	全国排名	占全国比重(%)
陕西	8.8	7	22.22	2.72	陕西	7.2	7	2.73
福建	7.9	8	29.51	2.45	辽宁	6.4	8	2.43
安徽	7.6	9	20.63	2.35	安徽	6.3	9	2.39
辽宁	7.6	10	18.75	2.35	山东	6.2	10	2.35

资料来源:2017 年、2018 年《中国科技统计年鉴》《中国统计年鉴》。

(三)创新创业的主体及平台数量少规模小,支持创新创业的环境有待改善

在孵科技企业增长较慢,数量下滑到全国中游水平。2017 年辽宁在孵科技企业数量由 2016 年的 3290 个小幅上升到 3953 个,由于同期全国各地在孵科技企业数量增长较快,辽宁在全国排名由 2016 年的第 13 位下滑到第 16 位。同时 2017 年辽宁该指标仅约相当于江苏的 1/7、广东的 1/6、山东的 1/3,也比全国平均数量(5727 家)低了 30.99%;从年增长率来看,2017 年比上年增长了 20.15%,也低于全国大部分省份的增长率,在全国排倒数第 5 位(见表 7)。

创新创业平台不能有效惠及广大创新创业群体。2017 年,辽宁各类创新创业平台数量为 256 个,处于全国中游水平,排名全国第 16 位。该指标仅约为广东、江苏的 1/5,山东的 1/3,河北的 1/2,比全国平均数(320 个)低了 20%(见表 8),创新创业平台数量相对不足导致创新创业氛围不浓厚,不利于科技型中小企业的发展壮大。

有研发机构的企业数量排在全国下游水平。从有研发机构的企业占工业企业比重看,辽宁该指标明显偏低,企业创新活动不够活跃。2017 年和 2016 年该指标在全国分别排名第 23 位和第 26 位。2017 年该指标为 6.8%,仅约为江苏的 1/6,广东的 1/5,浙江的 1/4,安徽的 1/3,同时全国共有 12 个省份超过 10%,一些欠发达地区如江西、宁夏、云南、山西、甘肃等该指标也超过辽宁(见表 9),这反映出辽宁企业创新意识不强。

表7　在孵科技企业数量

省份	2017年在孵科技企业数（个）	全国排名	2017年比2016年增长率（%）	占全国比重（%）	省份	2016年在孵科技企业数（个）	全国排名	占全国比重（%）
江苏	30381	1	25.78	17.11	江苏	24154	1	18.12
广东	23459	2	42.00	13.21	广东	16521	2	12.40
山东	13755	3	29.29	7.75	山东	10639	3	7.98
浙江	11927	4	39.76	6.72	浙江	8534	4	6.40
湖北	9066	5	104.28	5.11	河南	6725	5	5.05
河南	8548	6	27.11	4.81	上海	6639	6	4.98
上海	7836	7	18.03	4.41	四川	5422	7	4.07
四川	6970	8	28.55	3.93	北京	5316	8	3.99
北京	6717	9	26.35	3.78	天津	5080	9	3.81
安徽	5243	10	27.44	2.95	湖北	4438	10	3.33
辽宁	3953	16	20.15	2.23	辽宁	3290	13	2.47

资料来源：《中国火炬统计年鉴2017》《中国火炬统计年鉴2018》。

表8　各类创新创业平台数量

省份	2017年各类创新创业平台数（个）	全国排名	占全国比重（%）	省份	2016年各类创新创业平台数（个）	全国排名	占全国比重（%）
广东	1448	1	14.60	广东	1087	1	14.18
江苏	1213	2	12.23	江苏	970	2	12.65
山东	792	3	7.99	山东	616	3	8.03
浙江	656	4	6.62	浙江	421	4	5.49
河北	500	5	5.04	河北	396	5	5.16
福建	413	6	4.16	福建	360	6	4.69
上海	361	7	3.64	重庆	310	7	4.04
湖北	346	8	3.49	甘肃	284	8	3.70
北京	305	9	3.08	上海	280	9	3.65
河南	304	10	3.07	天津	252	10	3.29
辽宁	256	16	2.58	辽宁	198	16	2.58

资料来源：《中国火炬统计年鉴2017》《中国火炬统计年鉴2018》。

表9 有研发机构的企业占工业企业比重

省份	2017年有研发机构企业占工业企业比重(%)	全国排名	2017年比2016年增加百分点	省份	2016年有研发机构企业占工业企业比重(%)	全国排名
江苏	43.0	1	-0.7	江苏	43.7	1
广东	37.1	2	14.4	浙江	23.4	2
浙江	25.4	3	2	广东	22.7	3
安徽	21.0	4	3.4	北京	18.2	4
北京	16.9	5	-1.3	安徽	17.6	5
重庆	15.7	6	2.1	天津	15.6	6
江西	15.6	7	5.4	重庆	13.6	7
宁夏	13.7	8	1.6	宁夏	12.1	8
云南	13.4	9	2.3	云南	11.1	9
湖南	11.2	10	0.1	湖南	11.1	10
辽宁	6.8	23	1.7	辽宁	5.1	26

资料来源:《中国科技统计年鉴2017》《中国科技统计年鉴2018》。

(四)高新区及高新技术产业整体实力不强,创新支撑能力不足

高新区及其产业整体实力不强。从高新区企业工业总产值占地区GDP比重和高新区企业营业收入两个指标看,辽宁这两项指标在全国排名处在较低的位置。2017年辽宁高新区企业工业总产值占地区GDP比重为15.39%,排在全国第20位,低于江苏12.77个百分点,比全国水平低8.59个百分点;指标同时也低于湖北、湖南和江西等省份(见表10)。同时2017年辽宁高新区企业营业收入仅约为广东的1/5、江苏的1/4(见表11)。这些都反映出辽宁高新区对区域经济的辐射带动作用存在明显不足。此外,新增高新技术企业数量不多。辽宁新增高新技术企业数量与先进省份相比尚显不足,2017年辽宁新增数量仅约为广东的1/18,山东、浙江的1/2,比全国平均数(988家)低了25.91%,难以发挥足够的创新支撑能力(见表12)。

表10 高新区企业工业总产值占地区GDP比重情况

省份	2017年高新区企业工业总产值占地区GDP比重(%)	全国排名	2017年比2016年增加百分点	省份	2016年高新区企业工业总产值占地区GDP比重(%)	全国排名
陕西	53.79	1	-1.24	陕西	55.03	1
吉林	43.28	2	-6.81	吉林	50.09	2
湖北	41.70	3	-7.21	湖北	48.91	3
北京	38.54	4	-0.17	北京	38.71	4
上海	36.72	5	0.9	上海	35.82	5
江西	32.11	6	0.79	江西	31.32	6
广西	28.54	7	-0.22	广东	28.76	7
湖南	28.19	8	-0.23	广西	28.44	8
江苏	28.16	9	-0.23	湖南	28.42	9
辽宁	15.39	20	0.67	辽宁	14.72	22

资料来源:《中国火炬统计年鉴2017》《中国火炬统计年鉴2018》。

表11 高新区企业营业收入

省份	2017年高新区企业营业收入(亿元)	全国排名	2017年比2016年增长(%)	省份	2016年高新区企业营业收入(亿元)	全国排名
北京	53025.80	1	15.15	北京	46047.62	1
广东	31399.99	2	13.95	广东	27554.85	2
江苏	28282.17	3	16.13	江苏	24354.15	3
湖北	21453.61	4	8.71	湖北	19735.27	4
上海	19769.92	5	23.78	山东	17572.20	5
山东	19344.63	6	10.09	上海	15971.26	6
陕西	15031.81	7	12.25	陕西	13390.87	7
浙江	13302.15	8	16.71	浙江	11397.47	8
湖南	11196.87	9	14.06	湖南	9816.45	9
辽宁	6147.49	17	13.17	辽宁	5432.09	18

资料来源:《中国火炬统计年鉴2017》《中国火炬统计年鉴2018》《中国统计年鉴2019》。

表12　新增高新技术企业数量

省份	2017年新增高新技术企业数量(个)	全国排名	2017年比2016年增长率(%)	占全国比重(%)	省份	2016年新增高新技术企业数量(个)	全国排名	占全国比重(%)
广东	13255	1	50.39	43.29	广东	8814	1	36.92
北京	2791	2	7.55	9.11	北京	2595	2	10.87
山东	1625	3	107.54	5.31	江苏	2359	3	9.88
浙江	1508	4	20.06	4.92	浙江	1256	4	5.26
河北	1061	5	132.68	3.47	天津	1001	5	4.19
湖北	1052	6	8.79	3.44	湖北	967	6	4.05
湖南	941	7	128.95	3.07	上海	789	7	3.31
天津	804	8	-19.68	2.63	山东	783	8	3.28
上海	736	9	-6.72	2.40	安徽	695	9	2.91
辽宁	732	10	133.87	2.39	重庆	496	10	2.08
江苏	715	11	-69.69	2.34	辽宁	313	16	1.31

资料来源：《中国火炬统计年鉴2017》《中国火炬统计年鉴2018》。

三　推进辽宁科技创新支撑经济高质量发展的对策研究

通过对科技创新支撑经济高质量发展指标进行横向对比，辽宁科技对经济高质量发展支撑还存在着明显不足。下一步，辽宁应在要素投入、技术市场完善、创业主体培育、创新载体建设等方面加大力度，用科技的"长板"补齐经济的"短板"，增强科技创新对高质量发展的支撑作用。

（一）加大创新要素投入强度，提高科技投入对经济拉动力

1. 推进人才机制创新，加大人才投入强度

从近年的R&D人员全时当量水平看，辽宁科技人力投入水平在全国明显偏低，人才大省的相对优势正逐渐弱化。为此，一是要加大创新人才投入强度。应着眼全球科技产业发展的趋势和国家对辽宁科技创新的战略需求，

充分利用全省科教、人才及产业优势，建立和完善高端人才引进和培育机制。对于能够促进辽宁转型升级和引领新兴产业发展、具有良好应用前景的应用基础研究和产业开发计划项目及其研发团队，加大支持强度，形成各级财政经费合力支持的局面，并发挥财税等杠杆作用，引导企事业单位、民间组织、社会资本和个人加大对创新人才团队的支持强度。二是要加强创新人才的制度创新。借鉴中关村、张江、深圳和东湖等地区国家高新区在人才激励和制度建设上的成功经验，不断创新科技人才的育人机制、评价机制、投入机制、激励机制、分配机制、容错机制、流动机制和使用机制等机制和综合服务体系，破除传统选人、用人、评价和职称评聘等的陈旧观念，打破常规，实行人才客观评价和人才柔性流动的动态管理制度，将全省人才队伍充分调动和盘活，让中青年科研人才更多承担创新项目任务，用事业留住人才，用新机制吸引海内外人才到辽宁兴业，逐步将辽宁打造成全国创新人才的集聚高地。三是要加大创新人才团队项目支持。

2. 增加政府财政科技支出，拉动全社会科技投入

针对 R&D 经费支出占 GDP 比重偏低等问题，辽宁应逐步增加政府财政科技支出比重，有效拉动全社会科技投入，形成全社会多元化投入的新格局。一是建立稳定增长政府科技投入机制。政府财政科技支出更多向科技前沿、重大需求和国民经济建设主战场转移，建立财政科技资金稳定的增长保障机制，保持财政对科技支出总量快于经济增长和财政支出增长速度，带动企业、社会增加科技创新投入。二是激发社会参与基础研究活力，形成多元化投入的格局。围绕产业技术创新需求，除了政府科技投入，也应调动企业和社会各界参与基础研究的热情，并且在项目和平台建设等方面一视同仁，给予同等支持。加强科技与金融结合，持续优化股权融资环境，强化对种子期、初创期企业的直接融资支持。鼓励符合条件的企业在新三板、四板、创业板、主板等上市融资，设立科技支行、科技保险、科技租赁、科技小贷和科技担保等科技金融专营机构，不断扩大良性循环发展的"创新项目风险资金池"，形成全社会共同支持创新的多元化投入局面。三是激发国企科技投入热情，激活国有企业创新活力。针对辽宁国有企业多创新动力不足的现

实，要不断完善推进国有企业混合所有制改造，加快实施国有企业及国有控股企业负责人的常态化科技创新成效考核机制，将研发投入、技术创新产出成效等纳入企业主要负责人和研发部门的重点考核指标，通过加强考核，推动国有企业确立自主创新的理念，建立推进国有企业技术创新经费投入的常态化和长效机制。鼓励国有企业职务科技成果进行持股转化，保护个人所获转化权益。

3. 加大科学仪器设施投入和共享，提高科技资源有效供给

针对设备投入连续几年排名全国下游的不利局面，辽宁应克服大型科学仪器设施投入强度偏低和科学仪器设施共享不足的困难，着力在增大科学设施投入、加大共享使用，以及破解"孤岛现象"等方面加大力度，从而提高全社会科技资源的有效供给。一是加强大型科学仪器投入，保证科研工作环境得到改善。不断加大支撑公共科技基础条件服务平台建设力度，加大支持全省大型科学仪器共享服务平台、科技文献资源共享服务平台、农作物种质基因资源库及其信息平台、技术转移信息服务平台，以及省和国家级工程技术研究中心和重点实验室所需要的大型科学仪器设施建设力度，实现科学仪器设施的有效供给。同时，加快支持各类平台向更广更深层面范围进行共建共享，盘活存量仪器设施，提高资源的使用效率，从而改善科研环境。二是充分利用社会创新资源，破解资源利用"孤岛现象"。依托行业领军企业、产业技术联盟单位、专业协会、社团组织搭建本领域科技资源开放平台，建立健全后补助奖补制度，鼓励高校院所等逐步向社会开展"实验室开放日"和"网上预约使用"活动，充分利用闲置科学设施，破解创新资源使用上的"孤岛现象"。

（二）促进技术市场和知识产权稳健发展，提高创新整体产出水平

1. 通过产学研合作激活技术交易市场，提高技术成果转移转化成效

针对辽宁技术交易不够活跃和电子信息、生物医药等领域技术成果外流严重的实际，要加强重点领域产学研合作，提高本省高校院所技术的本土化、根植化，提高其成果省内转移转化的效率。一是完善产学研合作机制，

活跃技术交易活动。逐步形成"以市场为导向，企业为主体，高校院所中介为支持，产权为纽带，政策为引导，制度为规范"的六位一体的新型产学研紧密结合模式。政府应以利益为纽带，制定相应的政策、法规等制度体系，积极引导和鼓励各个创新主体加强产学研深度合作。注重机制创新，建立利益共享、风险共担的产学研合作机制，探索实行产学研各方融资拆借、共享创新资源、知识产权作价入股等多种合作运营模式，充分活跃技术交易活动，实现技术成果市场利益最大化。二是推行技术经理人制度，促进技术有效对接。重点依托各类技术交易市场以及各类众创空间、科技企业孵化器，建立一批专业技术经理人团队，开展政策咨询、技术评估、市场策划、融资贷款、知识产权等一站式专业化服务，形成覆盖科技创新全链条的科技服务体系。在技术经理人支持下推动技术转化与产业化。鼓励东北大学、大连理工大学等院校组建专业技术转移团队，培育一批熟悉校方成果优势及区域技术需求的技术转移经纪人（经理人），实现技术专业化管理，促进技术的有效对接。三是搞活科技成果转化机制，促进技术成果本地化。全面落实国家和省有关成果转化文件精神，促进科技成果转化，围绕经济高质量发展的现实需求，采取政府引导和市场主导相结合的运行机制，打造具有活力和影响力的产业技术创新中心；赋予科研机构和科研人员更大的自主权，充分发挥科研机构成果转化的内驱作用。围绕重点区域和优势产业，布局建设一批创新创业与孵化育成相结合、产学研用深度融合的新型研发机构。充分发挥科技成果转化投资基金与创业投资引导基金作用，吸引社会资本投入科技成果转化，提高辽宁科技成果本地转化率和水平。

2. 完善知识产权保护制度，加强知识产权创造运用

针对辽宁知识产权产出水平与发达地区差距巨大（仅为北上广平均值的1/4）的实际情况，通过广泛实施知识产权战略，提高对知识产权创造、运用和保护的力度，促进辽宁知识与技术的创新。一是完善知识产权保护制度。有条件的地区鼓励组建知识产权法院或设立知识产权巡回审判庭，推进知识产权民事、行政、刑事审理，打通知识产权维权渠道。同时，成立知识产权快速维权中心、知识产权法律服务与司法保障中心，提高知识产权维权

响应速度，降低维权成本。二是加强知识产权创造应用。鼓励和引导企业积极参与国际和国家的行业标准制定，加强专利等知识产权的布局和维权；政府应加大对授权专利和行业标准制定的财政补助力度。着力培育知识产权示范企业，支持其专利成果产业化。支持中小微企业自主或联合创造和运用专利等自主知识产权。鼓励产业龙头企业牵头组建以知识产权为纽带的创新联盟。

（三）加强创新创业主体培育，营造良好创新创业环境

当前辽宁在创新创业中存在的问题集中表现在：新业态新产业没有大量涌现，全社会创新创业氛围不够浓厚，双创建设和模式严重落后于发达地区，众创空间等孵化平台建设薄弱，企业创新活动不够踊跃等。围绕这些问题和不足，应重点加大各类创新创业平台建设力度，强化企业创新主体地位，重点加强科技型中小在孵企业培育，激活企业内部创新活动，完善定制化创新政策并落到实处。

1. 加大各类创新创业平台建设，提高对双创的支撑能力

一是营造创新创业良好的社会环境。积极创造鼓励创新、宽容失败的良好社会氛围。利用各种宣传媒体和平台，加强对创新创业政策的宣传力度，使双创精神深入人心。深入传承老一辈艰苦创业、敢为人先的"闯""创""干"精神。新时代弘扬创业精神、创客文化和创新意识，树立崇尚创新、尊重创业的价值导向。弘扬"工匠"精神，加强先进制造技工学校技术工人培养，培育崇尚实业、重视工匠的文化氛围。二是加强众创空间等新型孵化器建设。通过提供融资、法律、财务及技术等配套服务，为在孵企业的发展配置各种科技创新资源，以满足企业在不同阶段、不同层次的需求。同时，加强以小微型创业企业、青年创新者和创新团队为孵化对象的"众创空间"建设。提供低成本、个性化的全创业链增值服务。三是提高在孵企业数量和孵化质量。在环境建设和孵化器等创新载体建设的基础上，政府应从众多大企业研发经费多头投入产生边际效用递减的实际中抽身，转向重点支持中小微企业和创新创业者成长，着力孵化项目培育新人，让外流的年轻

人回流，让他们有更多展现自己才华的空间和机会，孵化更多新型经济体、创新型企业和高科技项目。并通过注入创新资源要素，降低在孵企业成本提高孵化质量。

2. 强化企业创新主体地位，激发企业自主创新活力

针对辽宁企业研发投入不足和有研发机构的企业占工业企业比重偏小的实际，一是强化企业创新主体地位，激发企业内生动力。充分发挥各级政府政策的激励和引导作用，大力鼓励企业加大研发投入，开展技术创新、管理创新、商业模式和产品创新。支持领军企业牵头开展基础性、前沿性创新研究和重大产业化创新项目，着力突破一批制约行业发展的关键核心技术，提升全产业链创新能力。鼓励民营企业参与法无禁止的一切技术含量高的新兴产业投资开发，利用其机制活的优势开展全方位产学研紧密合作，拓展企业创新资源集成度，提高创新能力和创新动能。二是强化企业研发机构建设，激发企业创新活力。政府应针对不同行业和不同类型的企业特点，综合运用财政税收、科技金融、人才激励等方面的政策措施，加强对企业研发机构建设的分类指导和重点扶持。鼓励有条件的大中型企业承担或参与国家和地方布局的产业共性技术创新平台建设，引导其建立专业化的企业重点实验室、企业技术中心、工程（技术）研究中心、院士和博士后工作站等各类研发机构；鼓励中小型企业与大学、科研院所共建研发机构。围绕传统产业技术升级和战略性新兴产业发展，构建产学研用紧密结合的研发实体平台，促进企业提升自主创新能力。三是破除体制机制障碍，支持新型研发组织建设。充分利用自创区、自贸区、全面改革试验区等区域创新政策和老工业基地全面振兴国家赋予的专项政策，打破传统制度约束和束缚，实现体制机制创新，建立一批新型的研发机构，重点布局发展一批新型科研示范性机构。推动新型科研机构在"机制创新、成果转化、创新孵化、人才集聚、股权激励、资源共享"等方面实现重大突破，形成体制新机制活的人才、资金、政策集聚高地。特别是针对辽宁普遍存在"大企业病（创新惰性）"，鼓励大中型企业根据实际情况开展缩小核算单位的内创制度，鼓励形成内创柔性创新研发组织。鼓励全省围绕战略性新兴产业和人工智能等复合技术领域，

以知识产权、商标、品牌等为纽带组建体制新机制活的各类产业技术发展研究院。

3. 加大创新政策督导力度，促进创新政策落地生根

针对辽宁研发费用加计扣除等创新政策落实不到位的实际问题，应重点从两方面入手，一是制定突破性和定制化的创新政策。根据各种创新主体个性化特点和需求，以利益分配为纽带，着力解决体制机制的约束，实施创新松绑式和服务型的创新政策体系。同时，结合国家对辽宁的战略部署和辽宁"十四五"及中长期战略布局，在总结自创区、高新区等改革经验，并与兄弟省份对比问题分析基础上，找准辽宁在创新政策引领经济高质量发展中的薄弱环节，从"助力产业转型升级、锻造创新新动能、实施新体制机制、加强创新平台建设"等方面出发，提高科技有效供给，实施一批突破性、颠覆性和定制化的创新政策。二是促进创新政策因地制宜落到实处。针对基层执行上级创新政策落实不到位等实际问题，结合服务型政府建设，探索制定大部制下"打包式"的一揽子可操作的创新政策及其实施细则，不断细化政策相关条款，简化政策操作程序，建立部门联动机制，强化政策落实服务，建立监督考评制度，因地制宜地将政策落实到基层。就影响科技创新成效的科技人才评价、选拔、聘用、流动和激励政策，以及产学研、科技成果转化等政策，不断总结完善形成具有法律效力的地方性法规。

（四）加强高新区等创新载体建设，提高创新对经济支撑力度

辽宁国家级和省级高新区数量虽然不少，但是在全国排名普遍靠后，高新技术企业和高新技术产业集聚度不够，没有有力带动地区实施经济高质量发展。为此，要在高新区创新载体建设、高新技术企业发展等方面着力提升创新支撑经济高质量发展的能力和水平。

1. 以高新区建设为依托，完善科技创新基础条件

结合高新区创新发展、第三次创业、以升促建、提质增效和深化科技体制改革等工作的全面开展，着力进行高新区高质量发展科技发展规划和高新区创新载体支撑能力再提升建设。一是做好高新区高质量发展战略布局。结

合十九届五中全会和辽宁"十四五"规划要求，进一步完善引领区域高质量发展的各类开发区的建设，完善以高新区为主的各类开发区的管理体制、用人机制，打造国际化、法治化的一流营商环境，优化开发区的产业布局，提高单位土地的产出效率，从"一带一路"建设和"一圈一带两区"等区域开放合作的视角出发，加大辽宁国家级和省级高新区高起点建设，并以规划为指引，强化创新载体和高新技术产业的"双集聚"，全面提升在全国高新区中的排位。二是加强高新区各类创新载体建设。积极鼓励高新区采取"一区多园"发展模式，鼓励大学科技园在各个高新区建设分园，促进众创空间、科技企业孵化器在高新区大发展，集聚创新创业新元素。重点支持和加强高新区各类研发中心、公共技术服务平台、风险投资、技术交易等科技服务体系建设，吸引国内外高水平的科研院校、创新团队和创业投资机构入驻，构建特色鲜明的研发体系，以新型创新载体促进高新区产业转型升级。

2. 加强高企等创新群体培育，提高企业自主创新能力

针对辽宁高新技术企业数量和质量不能有力支撑全省创新引领经济高质量发展的实际，辽宁应加强高新技术企业及高增长型创新企业集群发展。一是加强高新技术企业培育和能力提升。加大对高新技术企业扶持力度，优先支持高新技术企业牵头承担各类科技计划项目，优先资助开展专利、知识产权贷款融资，优先享受和试点在自创区试行的创新政策，积极开展容错机制建设，鼓励高新区内企业创建众创空间等孵化器，鼓励规模以上工业企业开展内创业制度。二是培育壮大科技型中小微企业群体。依托高校院所的科研、人才优势，创建一批政产学研金介用合作式公共技术服务平台，面向高新区内的科技型中小微企业提供研发设计、检验检测、技术转移、知识产权、人才培训等方面服务，降低这部分企业技术创新的成本和门槛。充分利用"创新券""风险投资基金池"等创新资源，采用后补助等方式，支持区域内中小微企业加强产学研合作和技术对接，逐步培育成长为更多的"小型巨人"企业。三是加快推动高成长企业实现裂变发展。建立高成长企业挖掘和培养机制，着力培育一批核心技术能力突出、集成创新能力强，具有高成长性的"瞪羚"和"独角兽"企业。重点支持新松、东软等大企业实

现裂变跨界发展，在机器人、智能制造、新一代信息技术、高端医疗器械、生物医药等领域加大在园区内投资，从大企业裂变成更多平台型和"瞪羚""独角兽"等创新活跃度高的快速增长企业。

参考文献

《中国火炬统计年鉴2017》
《中国火炬统计年鉴2018》
《中国科技统计年鉴（2017）》
《中国科技统计年鉴（2018）》
《中国统计年鉴2019》
《辽宁统计年鉴2019》

B.7
积极财税政策提质增效，为辽宁经济循环注入力量*

郭 矜**

摘 要： 2020年初暴发的新冠肺炎疫情使全球各个国家都受到影响，导
致全球经济增速放缓、外需下滑，对我国的经济影响不容低
估，也对积极财政政策达成预期发展目标带来新挑战。短期内
来看，经济呈现出显著的下行趋势，具体表现为企业经营压力
加大，减产与裁员直接导致失业率提高，在宏观债务率偏高的
背景下，引发实体经济下滑与金融市场收缩的自循环。短期的
财政政策干预应致力于社会公平与稳定，长期应站在高质量发
展的角度不断深化财税体制改革。本文具体提出了涵养税源、
减税降费、消费潜能激发、优化结构、债务管理、应急防控保
障等一系列措施，以应对疫情带来的经济冲击。

关键词： 减税降费 支出结构 专项债 财政补贴

一 2020年辽宁财政运行特征

从需求方面看，地方政府采取限制措施并干预经济社会活动，导致人员
流动、物资流动和资金流动的萎缩而引起需求紧缩；供给方面企业停工减

---

* 本文是辽宁省社会科学规划基金项目（L20BJY040）阶段性研究成果。
** 郭矜，辽宁社会科学院经济研究所副研究员，经济学博士，主要研究方向为财政理论与实务。

产，制造业、房地产业、建筑业和金融业等短期投资基本停滞，引发生产与投资规模骤降。供给与需求双向明显下滑直接导致税基下降，加之政府对受疫情影响较大的行业企业实施减税降费政策，所以在 2020 年前三季度，全国各个省份及中央财政收入与往年同期相比均有明显下滑，财政收入的减少和相关财政支出的增加恶化了财政收支差额。据财政部数据统计，2020 年前三季度我国一般公共预算收入为 141002 亿元，同比下降 6.4%。其中税收收入 118876 亿元，同比下降 6.4%（根据最新数据，2020 年全年我国税收收入实现 136780 亿元，同比下降 2.6%）；非税收入 22126 亿元，同比下降 6.7%。在税收收入中，增值税 42690 亿元，同比下降 13.5%，降幅最大。全国一般公共预算支出 175185 亿元，同比下降 1.9%。除了债务付息支出、社保支出和卫生健康支出有所增加，其他支出均不同程度降低。

（一）受多重因素影响，财政税收增速创新低，无法实现全年预期目标

截至 2020 年底，辽宁一般公共预算收入 2655.5 亿元，同比增加 0.1%，增速比前三季度提高 3 个百分点。其中，税收收入 1878.9 亿元，下降 2.6%，降幅收紧 3.5 个百分点。一般公共预算支出 6002 亿元，同比增长 4.5%，增速提高 0.1 个百分点。总体上看，财政支出增速一直高于财政收入增速。其中，社会保障和就业支出 1654.3 亿元，增长 14.8%，增速最快；教育支出 741.3 亿元，增长 5.5%，教育支出与住房保障支出相较于上半年实现增速的由负转正。2020 年 1~12 月辽宁一般公共预算收入与支出情况如表 1 所示。

表 1　2020 年 1~12 月辽宁一般公共预算收入与支出对比

单位：亿元

	1 月	1~2 月	1~3 月	1~4 月	1~5 月	1~6 月	1~7 月	1~8 月	1~9 月	1~10 月	1~11 月	1~12 月
一般公共预算收入	319.4	460	620.9	843.3	1035.5	1303.2	1540.0	1726.0	2001.7	2238.6	2419.2	2655.5
一般公共预算支出	453.6	764.5	1214.7	1645.4	2068.3	2594.1	3117.3	3501.5	4056.0	4402.0	4828.4	6002

资料来源：辽宁省统计局网站。

2020年以来，由于减税降费政策持续释放、企业经营效益水平降低等因素影响，辽宁省一般公共预算收入从1月起就呈现下降态势。支柱性产业如装备制造、冶金、石化税收贡献度减弱，导致全省税收收入比上年同期下降12.3%。非税收入受假期等因素影响，比上年同期下降13.7%。从区域情况看，沈阳经济区、辽宁沿海经济带、辽西北地区一般公共预算收入均同比下降，沈抚新区和县域收入呈不同程度的正增长。各市财政收入差异较大，4个市一般公共预算收入同比增加，10个市一般公共预算收入同比下降。

随着疫情影响逐渐扩大，辽宁省一般公共预算收入逐月下降，加之减税降费效果初显，对交通运输、餐饮与住宿行业影响颇深。税收方面，主体税种大幅度降低，而证券交易印花税受股市行情影响也大幅下滑。与中央财政相比，地方财政收入主要靠非税收入支撑，持续性不强。在全省收入普遍下降的前提下，辽宁省各级财政部门积极筹措资金，财政支出在2020年伊始仍保持正向增长，民生等重点领域得到有效保障。2020年1月，全省一般公共预算支出中民生相关支出占比在70%以上，同比增加14.1%。

对比财政收入增速与财政支出增速，可知辽宁省财政自给率仍然较低。据国家统计局数据，2019年各省区市财政自给率低于50%的有23个，主要集中在东北地区与西部地区。仅有北京、上海、浙江、江苏、山东、天津、福建和广东财政自给率高于50%，辽宁仅为46%。2020年前三季度，辽宁省税收收入达到1411亿元，在我国31个省区市中居第13位。

（二）主要经济指标恢复，税收收入降幅收紧

2020年上半年，辽宁省各级财政部门按照国家和省委省政府有关决策部署，深入落实减税降费政策支持企业复工复产，不断强化收支管理，压缩非刚性支出，运用多种手段积极应对疫情挑战。截至6月底，辽宁省共新增减税降费456亿元，其中减税135.6亿元，收费基金降费12.4亿元，社保降费308亿元，财政部门预测辽宁省全年减税降费规模将超过780亿元。随

着减税降费和助企纾困成效持续显现，市场主体受益明显。财政支出结构不断优化，重点民生支出保障有力。从 2020 年 4 月开始，全省财政收入降幅收紧，一般公共预算收入降幅较一季度收紧 2.1 个百分点。从 4 月当月情况看，全省一般公共预算收入、税收收入、非税收入三项指标增速分别提高 20.6 个、23.6 个和 28.2 个百分点，较第一季度有大幅度提升。一般公共预算支出方面，1~4 月民生支出占财政支出比重高达 77.1%，疫情防控等重点支出增长较快，卫生健康支出增长了 14.8%，其中与疫情防控直接相关的公共卫生支出增长 84.6%，与企业复工复产相关的商业服务业等支出增长 100%。2020 年 5 月开始，省内大部分市收入形势开始向好，实现开年来的首次正增长。装备制造、石化、冶金三大支柱产业的税收降幅较前 4 个月分别收紧 3.7 个、0.1 个、5 个百分点，第二产业的税收贡献度不断提高也为辽宁省下半年收入持续向好提供了保障。图 1 显示了 2020 年 1~12 月辽宁省一般公共预算收入与支出同比增速情况。

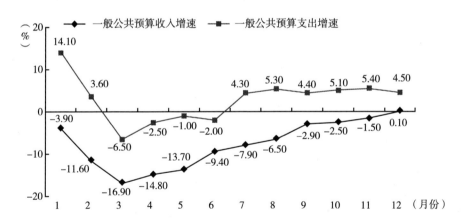

图 1　2020 年 1~12 月辽宁省一般公共预算收入与支出同比增速情况

资料来源：辽宁省统计局网站。

截至 2020 年底，辽宁省财政收入占 GDP 比重为 10.57%，税收收入占全国税收收入比重达到 1.37%，已经达到往年平均水平，经济运行呈现恢复态势（见表 2）。

表2 2015～2020年辽宁省财政收入占GDP比重情况

单位：亿元，%

年份	公共财政收入	公共财政收入占全省GDP比重	税收收入	税收收入占全国税收收入比重
2015	2125.6	7.40	1650.5	1.49
2016	2199.3	9.97	1687.4	1.45
2017	2390.2	9.98	1812.0	1.25
2018	2616.0	10.33	1976.0	1.26
2019	2652	10.64	1929.2	1.22
2020	2655.5	10.57	1878.9	1.37

资料来源：辽宁省历年统计公报。

（三）财政预算中预备费计提比例不高，管理模式不合理

根据2016～2020年辽宁省公布的省本级一般公共预算数据（见表3），2020年辽宁省省本级预备费占总预算支出的比例仅为1.06%，甚至在2018年以前，预备费计提比例远远不到1%，可见辽宁省预备费计提比例偏低。低水平的预备费在面对如新冠肺炎疫情这样的突发事件时，无法满足公共卫生突发危机对于资金的需求。此外，现有政府预备费实行的是流量式管理方式，年度预算与预备费捆绑，无法在年度之间平衡与调度，即使没有重大事件发生，预备费也要在当年使用而不能结转下一年累计使用，这种非项目式的管理方式使预备费失去了灵活调度和累积的功能，在灾害频发年份与和平年份之间无法实现结转。

表3 2016～2020年辽宁省本级预算支出和预备费提取情况

单位：万元，%

年份	2016年	2017年	2018年	2019年	2020年
省本级一般公共预算支出	6105370	6856285	7842922	7188634	7580608
省本级预备费支出	10000	15000	20000	80000	80000
省本级预备费支出占总预算支出的比例	0.16	0.22	0.26	1.11	1.06

资料来源：辽宁省财政厅2016～2020年省本级一般公共预算。

二 财政运行态势展望

（一）财政收入展望

随着积极财政政策效果的逐渐释放，财政收入降幅将会不断缩减，但在短期内仍要接受收入负增长的现实，并努力增加消费税、资源税、环保税等税收收入。可以预期2021年辽宁省财政收入将保持1%～2%的稳定增长率。这主要是由于减税降费政策已经开展了几年，特别是2018年与2019年辽宁省减税降费规模迅速扩大，政策合力进一步释放，政策滞后反应会带来更大财政收入增长的基数，加之扣除物价增长，真实的财政收入增长处于很低水平。另外，个人所得税补缴税款可能会带来税收收入一定程度的增加。对于政府性基金收入，预期不会有太大提高，这是由于房地产行业定位的变化，土地出让收入难以有大幅度增长。

值得注意的是，自我国1994年分税制改革以来，全国范围内税收收入增速超过经济增速的现象已经在2013年出现转折，即税收收入增速低于经济增速已经成为常态。随着减税降费政策的实施，2020年及以后税收收入增速仍然会低于经济增速，减税效果继续显现。在中央与地方财力格局基本保持稳定的政策导向下，可以预期辽宁地方收入分配格局不会发生太大变化，针对财政运行中可能遇到的困难，中央财政仍然会通过财政转移支付加以调整。

（二）财政支出展望

疫情防控常态化决定了辽宁省财政支出将继续保持高于财政收入的扩张力度，"三保""六保"等均离不开财政的强有力支持，这种刚性增长态势难以改变。随着社会保险基金预算收入中来自财政补贴的金额越来越大，省本级一般性支出压缩空间越来越小，预计未来辽宁省省本级一般性支出压缩的上限为15%，部分项目支出会有一定调整，但财政政策仍以扩张性为主，

提质增效的积极财政政策仍需要坚持。2021年辽宁省财政支出仍要保持8%左右的增长幅度，以充分体现财政政策逆周期调节需求。

在收支压力下，财政赤字扩大是不可避免的。国债、地方政府一般债券和专项债券都要提高规模，应突破所谓"3%警戒线"的约束，达到3.6%以上，将防范财政风险落到实处。

三　积极财税政策提质增效

未来一段时期应摒弃"平衡财政"概念、坚持"功能财政"概念。短期来看，在经济下行的约束条件下，应充分考虑市场出清的作用，继续坚持积极财政政策，开源节流，政策干预应致力于社会公平与稳定，适时推出针对相关行业的救助方案；中长期的对冲策略应从经济与金融稳定的角度做好防范，强调内涵式的财政政策，厘清政府与市场的关系，站在高质量发展的角度深化财税体制改革。

（一）完善地方税体系，扩宽地方财源可持续发展

1. 经济高质量发展与地方税体系建设密不可分

一方面，要想实现经济高质量发展，就需要更好地发挥中央与地方积极性，尤其在减税降费的背景下，重建地方税体系尤为关键，这不仅关乎民生问题，也关乎国家治理能力现代化的实现。特殊时期地方财政收入大幅下降也与地方税体系不健全有直接关系，表现为财政收入来源渠道过窄致使地方政府高度依赖中央对地方的转移支付。短期内继续将共享税作为地方收入的主要来源，长期需要培育地方主体税种，将直接税与间接税改革双管齐下，使地方税支撑多元化。另一方面，经济高质量发展是地方税收可持续的基础。为了增加地方财政收入、弥补财政收支缺口，给地方政府放权是有效途径。考虑到国有企业是辽宁省的经济命脉，所以要充分抓住东北全方位振兴和"一带一路"建设机遇，加快推进国有企业改革，通过产业结构优化升级来培养税源，达到增收的目的。此外，以数字经济为代表的很多行

业逆风而起，为了在现有基础上做大经济增量、扩大税源，应充分利用数字经济促进辽宁现有的传统行业进行升级改造。

2. 重塑中央与地方收入划分体系

在进一步合理划分中央与地方事权和支出责任的基础上，重塑中央与地方收入划分体系，形成以共享税为主、专项税为辅的收入划分体系。从宽口径税基着手，合理划分增值税、企业所得税等税种的央地分享比例。增值税方面，短期内可以维持中央与地方五五分成比例不变，依据"地方社会消费品零售总额占全国社会消费品零售总额的比例""基本公共服务支出需求"等指标划分地方政府收入，长期逐步降低地方政府分成比例以达到抑制地方投资冲动的目的；关于所得税的分享，应逐渐从税额分享向税率分享转变。

3. 适当扩大地方政府税权

在坚持中央立法的前提下，适当扩大省级政府对明确属于地方税种的如资源税、房产税的税收管理权限，包括税率的确定、税目的增设、税收优惠政策的调整等，合理扩大现有政府税收管理权限，建立地方政府激励约束机制，提高地方政府治理能力。此外，还要进一步完善转移支付制度，适当下放部分非税收入管理权限，持续推进"费改税"改革。

4. 深化资源税与消费税改革

深化资源税改革可以在一定程度上扭转资源市场中的价格扭曲。虽然在改革的过程中可能导致企业投入负担加重，但可以相对准确地反映要素稀缺程度与供求关系，还可以为企业创新转型传递信号，实现倒逼企业改革的目的。结合辽宁省实际情况①，扩大资源税征收范围，充分利用好本地自然资源禀赋，将森林、淡水等加以保护性开发利用的自然资源列入纳税范围，坚持从价计征，形成资源的市场价格；辽宁省还应努力加入水试点资源税改革的进程中，从而促进资源全面节约与利用；为了矫正过低的资源价格，对稀缺性、非再生性与非替代性资源课以重税；合理调整资源税费的比例，构建

① 目前辽宁省境内亟须进行资源税改革的当属辽东山区生态治理。

全国统一的资源品市场，利用资本市场推动市场化价格的形成；强化税收数字化管理，提高税收遵从性，减少税收流失。对于消费税改革，辽宁省应逐步落实将消费税下放地方，将生产环节消费税目转移到批发零售环节，扩大消费税征收范围，选择几类高消费行业作为试点，尝试征收消费税，设立地方特色消费税税目，相关收入划归地方所有，从而增加地方财政收入。

（二）深入推进减税降费

减税降费不仅是国务院常务会议的高频词，也是 2020 年《政府工作报告》的重点之一，李克强总理反复强调"要坚决把减税降费政策落到企业，留得青山，赢得未来"。降低税费有利于降低企业成本、涵养税源、促进经济长远发展。

1. 基于不断深化供给侧改革的减税降费政策取向

①普适性减税。在经济高速增长期，更适合采用结构性减税与精准减税。而在经济下行期，很多企业利润大幅度下滑，加之股价下跌，导致企业对成本非常敏感，承受力不足。这时若仍采取结构性减税，即使幅度较大，仍然难以弥补利润降低所带来的损失。所以在经济下行期，应该采取以降低税率和税额为主的普适性减税，避免税收优惠的隐性化，也降低了企业所花费的各项成本。②提高减税针对性。目前我国企业税负的重点在于企业所得税、增值税和社会保险缴款。针对这三项税费应采取各个击破的办法，强化减税针对性。在经济下行压力加大时，企业税负转移难度加大，所以增值税是减税重点，可以更好地减轻企业资金的流转压力。③实施税费联动改革。对于中小企业而言，融资成本是增加企业成本的主要方面，实际中税收负担远低于税外负担，实行税费联动改革，有利于降低企业综合税费负担。以社会保险缴费为例，关于社会保险缴费征管移交至税务部门这一问题就可能导致企业税降费升、加重企业综合负担，所以未来应加大税费制度联动改革。④充分考虑征管水平提高对减税的影响。随着技术手段的进步，我国税收征管水平显著提高，征管的强化可能带来管理性征收。所以应在实际征管水平的约束下制定减税计划，充分考虑财政承受能力。⑤打通减税降费落实的

"最后一公里"。突出政策落实的法定原则，确保减税降费制度的稳定性，完善问责机制，确保责任落实到位。但也要注重政策的动态调整，在落实减税降费的过程中，很多政策存在不清晰的情况，对减税的约束条件过多过细，不仅不利于税务部门的管理，也不利于提高纳税人的积极性。建议今后应提高减税降费政策的清晰性与透明度、降低减税的约束条件，让更多的纳税人共享改革的红利。

2. 落实落细增值税减税降费政策

近年来连续实施的减税减费政策，已经在很大程度上减轻了企业负担。关于增值税改革最关键的问题是简化税率，充分发挥增值税的公平优势。对于东北三省来说，增值税改革必须紧紧围绕制造业发展的中心，降低制造业基本税率，逐步将企业贷款利息支出纳入增值税进项抵扣，并放宽留抵退税条件，释放市场活力。在降低增值税税率的执行过程中，要理清全产业链上的价格传导机制，相关部门应该对产业链上的企业定价进行监管，杜绝个别企业独赚减税红利，促进全产业链对减税红利的共享。考虑到中小企业抗压能力较弱，很多小企业对减税"无感"，新一轮减税要进一步聚焦中小企业，增值税税率建议从3%下调到1%，建立中小企业纾困基金，实施税费联动改革，扎实推动减税降费举措落地，切实增强中小企业的"获得感"。

3. 降低企业所得税，增加国有企业利润上缴比例

现有企业所得税分档方式已经囊括了国家对重点行业扶持的税收优惠政策，所以再次降低企业所得税税率应该将所有产业链中企业的所有档税率同时下调，避免再次分档扭曲产业结构激励。建议所有档企业所得税税率下调20%，那么一般企业所得税税率就由25%降低至20%；税务部门依照产业实际发展情况，适当扩大适用延长亏损结转年限政策的企业范围；对疫情中参与捐赠的企业给予所得税抵扣，不受目前企业所得税税前利润限额的约束；企业的社保、医疗、养老缴费率在原有基础上可适当降低1%～2%；纳税申报可以适时延期，开放企业税费减缓的绿色通道；同时提高国有企业利润上缴比例用于改善民生，避免经济下行背景下地方政府出现"乱收费"等行为。

4. 密切关注减税降费对基层财政的影响

经济下行背景下的减税降费势必会给基层财政带来增收减支的压力，这就要求相关部门不断强化对减税降费政策的效果评估与绩效评价，协调好完成税收预算、加强征管与落实减税降费的关系。首先，基层财政支出总量要实现内涵式的扩大而非外延式的扩张。做到盘活存量、用好增量、提高财政资金的有效性。在坚持零基预算理念的前提下不断优化财政支出结构，除刚性和重点支出外，一般性支出与三公经费要严格缩减。为避免挤压其他民生和稳增长支出，不必坚持国内通行的3%赤字率底线。建立对教育、医疗、养老、社保等民生支出的安全预测，注重政策的针对性和可持续性，集中财力保障中央重大决策部署落地。其次，对于基层政府来说，提高财政支出的确定性可以有效提升财政效能。县级政府承担着主要的财政支出责任，但县级政府的财政支出高度依赖上级转移支付，自有收入不足三成，上级转移支付下达欠及时导致县级财政预算的统筹性较差，不利于基层政府实现有效的公共服务供给。为了更好发挥"规模效应"，进一步优化中央与省级财政转移支付结构，财政可以设置以"六保"为目标的特别预算，提高未指定用途的一般性转移支付资金占比，并向省内的贫困县区倾斜，对冲基层支出压力。转移支付制度要以支出绩效为导向，构建"自下而上"与"自上而下"相结合的资金考核制度，加强预算监督。省级财政对于县级"三保"风险预警线实施动态监控与调整，确保"一县一策""一地一案"，强化库款调度，对困难地区予以适当资金支持。

（三）加快落实专项债向"新基建"领域的投放进度

1. 加快专项债的发行进度

随着财政政策的进一步发力，基建将是"国内大循环"的重要支撑，有望引领经济复苏，形成新发展格局。过去几年专项债的主要投向是土地储备与棚户区改造，基建占比不足30%。受疫情影响，专项债对基建领域的资金投放进度更为放缓。未来应加快落实地方债向"新基建"领域的投放力度，尤其是对人口净流入地区应提前做好基建项目储备。所谓"新基建"

并不是重走老路导致能源浪费的基础设施建设，而是在传统基建基础上的诸如5G、工业互联网、医疗教育、人工智能、数字经济等方面的新领域基建，只有创新型产业，才可以培育新的经济增长点；与之相配合的货币政策应更加注重结构性调整，增加降准次数并提前降准时间，提高资金的市场流动性，给予特殊时期还本付息延期支持。

2. 探索多渠道的融资方式

疫情冲击下的减税降费势必会给财政带来增收减支的压力，而基本建设支出对稳定经济也十分重要。所以应该探索多渠道的融资方式，规范并推动PPP，避免由基建导致地方政府结构性失衡。在扩大基础建设投资的过程中，应鼓励更活跃的市场主体"民营经济"参与到公共投资项目中来，充分发挥市场力量、提高资金的使用效率、提升公共服务品质。

（四）运用财税政策激发消费潜能

有效的经济增长意味着生产与消费同步增加，复工复产若不能解决消费问题，将带来新一轮的产能过剩。所以地方财政收支政策应将激活消费作为推动地区经济发展的着力点。这次疫情在很大程度上影响了居民的消费能力与消费信心，复工时间长导致居民平均可支配收入大幅度降低。虽然理论上居民消费具有较高的弹性，但可能反弹力度达不到预期水平。加之疫情导致居民对风险的预防性动机增强，储蓄增加，导致消费愈加萎缩。2019年的个人所得税改革主要是通过上调起征点、增加专项附加扣除、扩宽低税率税档优化了个人所得税结构。这次疫情过后可以考虑用持续的减税来激发消费能力。在个人所得税起征点方面，加大对中高收入群体的减税力度，将起征点提高到6000元/月，在保持个税税率级距不变的情况下分级降低各税档预扣率，降低范围可在1%~5%。为了补贴低收入就业人群，促进内需回补，可以采取消费券补贴的方式弥补由疫情影响导致的收入下滑，从而增加低收入群体的消费能力。与此同时，对于省级财政而言，若能够阶段性暂缓执行养老金等民生提标、暂缓财政供养人员涨工资津贴等政策措施，也可以在一定程度上减轻地方政府的财政压力。

（五）建立财政事前、事后防控保障机制

由于种种因素，中央与地方财政一直按较低的比例（不超过2%）提取预备费，明显低于世界上大多数国家水平，导致应急财政资金总体上准备不足。考虑到防范不确定而引致的风险是财政的重要职责，而现有的财政应急体系大都构建在一般公共品之上，在特殊公共品的应急体系方面仍是空白，所以应适时建立财政专项公共卫生健康疫情"救扶资金"，专门用于疫情事前和事后防控工作的各项支出。辽宁省财政应当提高预备费提取比例，尽可能按照现行法律规定的上限3%提取预备费，必要时可提高到5%。另外对应急预备费采用基金式管理，如果地方政府的当年预备费有结余，自然结转至下一年度累计使用，不过仅限于政府应对突发事件特别是重大自然灾害的应急之需。此外，还应建立符合辽宁省省情的应急财税政策体系。该体系可以覆盖重大事件发生过程中税收与财政支出等问题，如企业税款申报、特定税种减免、退税等，支出方面包括集中出台一批补短板的投资项目，从而达到兼顾刺激经济与长远发展的要求的目的。

（六）打造地方政府债务管理升级版

自2018年实施第三轮积极财政政策以来，地方政府债务面临着"约束＋激励"的多难选择，使地方产生了新三大压力：大幅度降税减费加剧了脆弱的地方财政收支矛盾；各项民生提标增速对公共预算体系形成挑战；对地方政府债务防范过度引发"堰塞湖"现象。可见地方政府债务是实现稳增长、惠民生、防风险的目标函数，而非约束条件。在疫情防控常态化下，亟须打造地方政府债务管理升级版。首先，适当降低地方政府债务风险监控约束，缓解一定时期内的资金流动性不足压力。其次，克服地方债管理的顺周期现象，优化地方债结构，增加一般性债务向困难地区的倾斜力度。最后，推广建制县化解地方政府隐性债务试点经验，严格控制隐性债务。完善政府隐性债务"日通报"机制，确保债务风险总体可控。2019年末，监管部门推出债券置换隐性债务的试点方案改革，其中辽宁的部分县被纳入试点，明确纳入试点后的县可发行地方政府债券（省代发）置换部分隐性债务。这份超预期的礼物一旦被正式推广成功，就可以推动利差不断缩小，降低隐性债务成本，进而从根本上改变当前进退维谷的信用债市场。

参考文献

张德勇：《健全我国地方税体系的现实选择》，《税务研究》2018 年第 4 期。

杜彤伟：《财政纵向失衡、转移支付与地方财政可持续性》，《财贸经济》2019 年第 11 期。

杨志勇：《应对疫情：积极财政政策如何更有效》，《财政科学》2020 年第 4 期。

冯俏彬：《新冠疫情折射下的我国应急财政管理制度》，《财政科学》2020 年第 4 期。

李扬：《中国经济形势分析与预测（2020）》，社会科学文献出版社，2020。

寇明风：《国家治理视角下的基层财政解困》，《地方财政研究》2019 年第 11 期。

产业发展篇

Industrial Development Articles

B.8
2020年辽宁农业农村经济运行
态势分析与对策建议

王 丹[*]

摘　要： 2020年上半年，受新冠肺炎疫情影响，辽宁农业农村发展也在一定程度上受到了冲击，但全省坚决贯彻关于统筹推进疫情防控和经济社会发展的决策部署，加强疫情防控，认真贯彻落实党中央"六稳""六保"工作部署，坚持一手抓疫情防控，一手抓农业经济发展，确保春耕备耕和复工复产复商复市有序推进，继续加快推进供给侧结构性改革，农村经济社会发展呈现平稳增长态势。但发展中也暴露出一些问题，如基础设施建设短板依旧存在、农民对第一产业的依赖性较强、农民工就业需进一步加强、农民消费意愿下降、农村一二三产业融合发展不足等。在未来的发展中，需要采取强有

* 王丹，辽宁社会科学院农村发展研究所研究员，主要研究方向为农村经济、区域经济。

力措施，从加强基础设施建设、加快农村一二三产业融合发
展、培育农村消费市场、促进农民工创业就业等方面推动农
村经济社会平稳发展。

关键词： 粮食安全　复工复产　产业链条

一　2020年上半年辽宁农业农村经济
运行基本情况分析

2020年上半年，面对前所未有的新冠肺炎疫情冲击，辽宁省深入
贯彻落实中央的决策部署，统筹推进疫情防控工作，各地积极落实中
央一号文件要求和中央及省委农村工作会议精神，对标全面建成小康
社会目标，聚力脱贫攻坚，坚持疫情防控和农业发展统筹推进，在全
省经济运行整体呈现回升的趋势下，农业农村经济运行也呈现平稳增
长态势。

（一）疫情防控和农业发展统筹推进，农业生产总体平稳

2020年上半年扎实推进春耕备耕生产，统筹推进疫情防控和春耕备
耕两不误，粮食生产保持基本稳定。预计全省粮食种植面积为5629万
亩，比上年增加0.69%。其中，谷物增加0.57%，主要是水稻、谷子、
高粱、其他杂粮增长，小麦持平，玉米略降。水稻种植面积为785万
亩，比上年增长3.19%；玉米种植面积为3988万亩，比上年下降
0.61%。豆类增加4.82%，其中，大豆种植面积为136万亩，比上年大
幅增长7.85%。薯类增加0.93%，其中，马铃薯种植面积为93万亩，
比上年略增3.04%；甘薯种植面积为46万亩，比上年略降3.09%。
（见表1）

表1 2019～2020年辽宁省粮食播种面积情况

单位：万亩，%

指标	2019年	2020年	增长率
粮食总播种面积	5590.43	5629	0.69
谷物	4954.8	4983	0.57
水稻	760.73	785	3.19
玉米	4012.48	3988	-0.61
豆类	140.10	147	4.82
#大豆	126.1	136	7.85
薯类	138.11	139.4	0.93
#甘薯	47.47	46	-3.09
#马铃薯	90.26	93	3.04

资料来源：根据2019年辽宁统计年鉴及辽宁统计局网站资料计算整理。

（二）畜牧业总体企稳向好，家禽生产低谷回升

上半年，随着新冠肺炎疫情及非洲猪瘟疫情的有效控制和消除，畜牧业生产形势逐步企稳向好。猪牛羊禽肉产量达到186.9万吨，较上年同期增长0.3%。一是生猪产能保持恢复性增长，价格持续高位运行。上半年生猪供应继续逐步恢复，生猪出栏1040.1万头，同比下降10.5%，较一季度降幅缩窄5.4个百分点。6月末，生猪存栏1090.8万头，同比增长15.8%。其中能繁殖母猪存栏152.1万头，同比增长15.3%。二是牛羊生产势头良好，养殖效益保持稳定。由于牛羊生产周期相对较长，牛羊养殖受疫情影响相对较小。上半年全省肉羊出栏284.3万只，同比增长0.5%；肉牛出栏98.7万头，同比增长6.9%；生牛奶产量69.6万吨，同比增长5.6%。第二季度末，全省牛存栏267.6万头，同比增长8.1%；羊存栏758.1万只，同比增长3.5%。三是家禽生产趋稳回升，但养殖效益依然不佳。由于疫情影响，交通受阻，上半年曾一度关闭活禽交易市场，加之各行各业受疫情影响，出现停产停业和延迟开工，集中性餐饮需求大幅降低。消费端低迷给肉鸡和鸡蛋的出货带来较大压力，部分家禽养殖户出现亏损。第二季度，随着疫情影响逐渐减弱，复工复产政策有效落实，家禽生产逐步趋稳回升。上半年，全

省家禽出栏45447.5万只，同比增长11.9%；禽肉产量77.9万吨，同比增长12.1%；禽蛋产量153.5万吨，同比增长7.9%。第二季度末，全省家禽存栏45195.5万只，同比增长14.7%。

（三）积极采取措施应对疫情影响，网络平台发挥积极作用

突如其来的疫情，在2020年初曾一度导致省内交通中断，一些应季的农产品由于线下交易的中断出现了滞销。3月中旬，辽宁疫情取得有效防控，各个部门积极确保农产品销售渠道畅通，把疫情对农业生产的影响降到最低。同时，全省各地有序推进疫情期间农民工返岗复工服务保障工作，开展省际劳务协作，通过网络平台管理帮助大量农民工顺利返岗复工。各级政府纷纷行动起来，组织各个企业、农民合作社积极开展自救，依托网络电商平台、直播带货等新型营销模式，开始网上销售，积极解决农产品滞销问题，减少农民损失，电商平台得到了前所未有的发展。2020年1~4月，全省农产品网络零售额达50.8亿元，同比增长92.3%。

（四）农资价格同比涨幅扩大，上涨面略有缩小

2020年上半年，辽宁农业生产资料价格总水平同比上涨了6.2%，涨幅比上年同期扩大4.1个百分点。其中仔畜幼禽及产品畜价格上涨幅度较大，同比上涨88.6%，比上年同期扩大79.2个百分点，对价格总水平运行形成了强劲的上拉作用。1~6月，辽宁农资价格总水平呈现高开低走、涨幅逐月回落的运行态势，同比增速由1月的7.9%，回落至6月的4.5%。从上半年十大类农资商品及服务价格来看，由上年同期的"八涨两降"转为"七涨三降"，只有农药及农药器械价格由上年同期的上涨1.0%转为下降0.5%，其他类别价格变动趋势与上年同期相同（见表2）。其中仔畜幼禽及产品畜、饲料和农机用油三大类价格变动对价格总水平运行产生的影响相对较大，尤其仔畜幼禽及产品畜价格变动对价格总水平运行产生的影响程度最深。究其原因，主要是生猪供需存在缺口推动仔畜幼禽及产品畜价格走高，

同时受疫情影响，豆粕等原料价格上涨，致使饲料价格出现上行，而政策性调价使农机用油价格走低。①

表2　2020年上半年十大类农资价格同比指数变动情况

单位：百分点

类别	2019年上半年	2020年上半年	变动幅度
农业生产资料价格总指数	102.1	106.2	4.1
农用手工工具	99.9	99.6	-0.3
饲料	100.9	102.9	2.0
仔畜幼禽及产品畜	109.4	188.6	79.2
半机械化农具	100.4	100.6	0.2
机械化农具	101.1	101.1	0.0
化学肥料	103.5	100.6	-2.9
农药及农药器械	101.0	99.5	-1.5
农机用油	98.8	87.6	-11.2
其他农业生产资料	101.2	100.4	-0.8
农业生产服务	102.3	101.0	-1.3

资料来源：辽宁省统计分析报告《2020年上半年辽宁农业生产资料价格运行情况分析》，辽宁统计信息网。

（五）农民生活消费支出略有下降，服务性消费受疫情影响较大

上半年，辽宁农村居民人均生活消费支出为5529元，与上年同期相比下降0.8%，在全国31个省（区、市）中居第20位。其中，农村居民人均服务性消费支出为1789元，同比下降17.3%；人均商品性消费支出为3740元，同比增长9.8%。在人均服务性消费支出中，人均饮食服务支出下降22.4%，人均教育文化娱乐服务支出下降59.6%，人均交通通信服务支出下降10.4%。从八大类消费来看，呈现出"三升五降"，从增长速度看，食品烟酒支出增长最快，同比增长16.8%，其次是交通通信和医疗保健支出，同比分别增长12.4%和0.6%。其他五类消费均呈不同程度的下降，降幅居

① 辽宁省统计分析报告《2020年上半年辽宁农业生产资料价格运行情况分析》，辽宁统计信息网。

前的分别为教育文化娱乐、其他用品和服务、生活用品及服务支出，同比分别下降43.6%、25.5%和15.6%。（见表3）

表3　2020年上半年辽宁农村居民人均消费支出构成情况

指标	2020年		2019年		增速（%）
	总量（元）	比重（%）	总量（元）	比重（%）	
生活消费支出	5529	100.0	5572	100.0	-0.8
（一）食品烟酒	1762	31.9	1509	27.1	16.8
（二）衣着	332	6.0	360	6.5	-7.7
（三）居住	1007	18.2	1029	18.5	-2.2
（四）生活用品及服务	233	4.2	276	5.0	-15.6
（五）交通通信	939	17.0	836	15.0	12.4
（六）教育文化娱乐	351	6.4	623	11.2	-43.6
（七）医疗保健	792	14.3	788	14.1	0.6
（八）其他用品和服务	113	2.0	152	2.7	-25.5

资料来源：辽宁省统计分析报告《收入较快增长　消费有待释放》，辽宁统计信息网。

（六）农民外出就业少于上年同期，月均工资收入呈现增长态势

在复工复产政策的积极推动下，随着经济逐步回暖，辽宁外出务工农村劳动力总量在第一季度同比大幅度减少的情况下逐渐增长，同时人均月收入也有所增长。据国家统计局辽宁调查总队数据，5月末辽宁外出务工农民为290.8万人，比上年同期减少10.1万人，下降3.3%；平均月收入为4052元，比上年同期增加108元，增长2.7%。从第二季度辽宁外出务工农村劳动力就业区域来看，逐渐向省内和中小城市集聚，跨省就业多以东部沿海经济发达省份为主，并呈现出由省外向省内回流态势。从所从事的行业来看，主要集中在二、三产业，约占96.7%，比上年同期下降1.1个百分点。从第三产业来看，主要是住宿和餐饮业占比有所下降，比上年同期下降了3.9个百分点。①（见表4）

① 辽宁省统计分析报告《二季度外出务工农村劳动力总量减少　收入增长》，辽宁统计信息网。

表4　2020年第二季度辽宁外出农民工就业分布

区域分布	比重（%）	比上年同期增长（%）
本省域内	77.7	4
乡外县内	38.2	1.9
县外省内	61.8	2.1
省外务工	22.3	—
东部地区	60	7.3
中部地区	13.7	—
西部地区	20.9	—
其他地区	5.4	—

资料来源：辽宁省统计分析报告《二季度外出务工农村劳动力总量减少　收入增长》，辽宁统计信息网。

（七）农民收入保持较快增长，城乡收入差距继续缩小

上半年，辽宁农村居民人均可支配收入保持了持续增长的态势，比上年同期增长7.2%，总量达到9908元，在全国31个省（区、市）中居第7位，总量比全国平均水平高1839元。辽宁城镇居民人均可支配收入为20050元，同比下降0.2%，扣除价格因素实际下降3.5%，农村居民收入名义增速和实际增速分别高于城镇居民7.4个和5.8个百分点。城乡居民人均收入倍差为2.02，比上年同期缩小0.15，比全国平均水平低0.66。① 农村居民人均可支配收入四项构成呈全面增长态势，工资性收入、经营净收入、财产净收入和转移净收入同比分别增长3.2%、10.8%、8.7%和5.7%。其中，工资性收入为3445元，占可支配收入的比重为34.8%，比上年同期下降1.3个百分点；经营净收入为4696元，占可支配收入的比重为47.4%，比上年同期提高1.5个百分点，经营净收入已经成为辽宁农村居民收入增长的最大拉动力；转移净收入为1586元；财产净收入为181元，扭转了2019年以来增速连续下降的态势。（见表5）

---

① 辽宁省统计分析报告《收入较快增长　消费有待释放》，辽宁统计信息网。

表5　2020年上半年辽宁农村居民人均可支配收入构成情况

指标	2020 年		2019 年		增速（%）
	总量（元）	比重（%）	总量（元）	比重（%）	
可支配收入	9908	100.0	9243	100.0	7.2
一、工资性收入	3445	34.8	3338	36.1	3.2
二、经营净收入	4696	47.4	4238	45.9	10.8
三、财产净收入	181	1.8	166	1.8	8.7
四、转移净收入	1586	16.0	1500	16.2	5.7

资料来源：辽宁省统计分析报告《收入较快增长　消费有待释放》，辽宁统计信息网。

二　2020年上半年辽宁农业农村经济运行中存在的主要问题

突如其来的新冠肺炎疫情，对各行各业的发展都形成了强烈的冲击，辽宁农业农村经济社会发展在疫情的冲击下，一些问题也凸显出来。

（一）基础设施建设短板依旧存在，农业农村发展基础仍需进一步夯实

辽宁近几年在一些农业基础设施建设方面采取了"先建后补"的政策，以增强财政资金使用的实效性，这项政策对地方财力比较强的地区起到了一定的促进作用，但财力困难地区由于没有资金，往往无法先建。这次突发疫情，再一次凸显了农业基础设施建设的一些短板，比如在疫情初期，由于交通阻断，一些时令性蔬菜水果由于缺乏仓储设备、物流设施，损失严重。同时现有的农村公共基础设施也亟待加强，很多县域与农村三产融合发展相配的供水、供电、供气等条件较差，同时在交通道路、网络设施等方面都明显发展不足，没有实现与城市基础设施的互联互通，城乡融合的基础还不牢固。

（二）农民对第一产业的依赖性较强，持续增收面临挑战

农村居民人均可支配收入由工资性收入、经营净收入、财产净收入和转移净收入四项构成。一直以来，辽宁农村居民收入主要来自工资性收入和经营净收入两大块，农村居民人均可支配收入80%左右来自这两项。受疫情影响，未来辽宁农村居民工资性收入预期并不乐观，近几年由于辽宁经济下行压力加大，同时辽宁的农民工选择在省内就业的比例较大，城市对农民工的吸纳能力减弱。上半年辽宁农村居民经营净收入占比较大，但从经营净收入的具体分项来看主要来自第一产业，来自二、三产业的占比较小。上半年农村居民人均第一产业经营净收入为3700元，同比增长16.8%，占可支配收入的比重达37.3%，比上年同期提高3个百分点，高于全国21.9个百分点，对可支配收入增长的贡献率达80%。人均第二、三产业经营净收入分别为232元和764元，同比分别下降9.1%和6.2%，降幅分别大于全国8.9个和0.4个百分点，占可支配收入的比重分别为2.3%和7.7%，低于全国1个和3.1个百分点（见表6）。2021年辽宁农民增收要从土地经营上要效益，加强一二三产业整合发展是必然选择。

表6　2020年上半年辽宁农村居民人均可支配收入构成与全国对比

指标	总量（元）		比重（%）		增速（%）	
	辽宁	全国	辽宁	全国	辽宁	全国
可支配收入	9908	8069	100.0	100.0	7.2	3.7
一、工资性收入	3445	3654	34.8	45.3	3.2	2.6
二、经营净收入	4696	2384	47.4	29.6	10.8	1.8
（一）第一产业经营净收入	3700	1243	37.3	15.4	16.8	8.3
农业	2158	682	21.8	8.5	6.3	-0.8
牧业	1375	435	13.9	5.4	39.8	25.8
（二）第二产业经营净收入	232	266	2.3	3.3	-9.1	-0.2
（三）第三产业经营净收入	764	875	7.7	10.8	-6.2	-5.8
三、财产净收入	181	231	1.8	2.9	8.7	6.8
四、转移净收入	1586	1799	16.0	22.3	5.7	8.5

资料来源：辽宁省统计分析报告《收入较快增长　消费有待释放》，辽宁统计信息网。

（三）工资性收入占比下降，促进农民工就业需进一步加强

受新冠肺炎疫情影响，第一季度曾一度交通受阻，农民工外出就业受限，第二季度疫情得到有效控制后，农民工外出就业开始慢慢回升，但也未恢复到上年同期水平。上半年农村居民人均工资性收入为3445元，比上年同期下降1.3%，对可支配收入增长的贡献率为16%，低于上年同期44.2个百分点。自2018年以来，辽宁农村居民可支配收入中工资性收入比重持续徘徊在低位（2018年约为38.5%、2019年约为38.6%），比2013年（40%）降低了约1.5个百分点。2020年受疫情影响这一情况更加突出，工资性收入占可支配收入比重下降到34.8%。从辽宁省农民工就业结构来看，主要从事劳动强度比较大、技能要求比较低的行业。比如第二季度农民工就业仍主要集中在制造业，建筑业，批发和零售业，交通运输、仓储和邮政业，住宿和餐饮业，居民服务业六个行业，虽然比上年同期下降，但占比仍高达76.2%。在疫情防控常态化时期，如何稳定农民务工就业，提高工资性收入尤为重要。

（四）农民消费意愿下降，农村消费市场有待进一步提振

从上半年辽宁农村居民人均可支配收入来看，总量比全国平均水平高1839元，在全国31个省（区、市）中居第7位。而人均生活消费支出与上年同期相比下降0.8%，比全国平均水平低680元，在全国31个省（区、市）中居第20位。与其他省份相比，辽宁农民收入较高，但消费支出却较低，消费意愿明显不足。从上半年辽宁农村居民平均消费倾向来看，为55.8%，比上年同期下降4.5个百分点，在全国31个省（区、市）中居第30位。这固然有北方农民勤俭持家的传统，但在一定程度上反映出农民对未来收入增长的信心不足。目前辽宁已经全面复工复产，但市场消费要恢复到往年正常状态还需要一定时间，尤其是这次疫情使服务业整体受到严重冲击，交通、餐饮、旅游受损较大，其中餐饮行业是对农产品需求最大的行业。要恢复农民消费意愿，应积极采取措施复工复产，活跃农产品交易市场。

（五）农村一二三产业融合发展不足，农产品附加值偏低

在这次疫情中，辽宁省农业生产中产业链短板更加突出，很多农产品因为疫情期间交通管制流通不畅而滞销，同时又在储存环节、加工环节出现了问题，使从事特色农业种植的农户和农业经营主体利益受损。虽然辽宁农村一二三产业融合发展已经初见成效，但主要集中在农业示范区、农业产业园及农产品加工集聚区，总体上处于初级发展阶段，在农产品加工集聚区内，企业仍以单一的生产行为为主，尚未与农民、合作社、生产基地等建立长期和稳定的利益联结机制，辐射带动能力不强，没有形成产业联动机制。乡村休闲农业、乡村旅游、民宿餐饮、电子商务等新产业、新业态融合发展的程度较低。很多乡村旅游、休闲农业、农产品电商等还处于培育阶段，且大部分与农民之间的利益联结机制还不健全，带动农民收益的较少。采摘、山庄、度假等农旅融合新模式发展还不够充分，渔业、特色种植业、林果业与旅游业还没有做到深层次融合，在疫情的影响下，一些传统景点旅游业遭受严重冲击，农旅融合项目也深受影响。同时，农产品加工业一直是辽宁农业发展的短板，农产品加工转化率不高，远低于全国平均水平。整体产业化水平仍然较低，大型农产品加工企业数量不多，带动能力弱，杂粮、畜产品、蔬菜、水果等产品的精深加工不足，多以简单分拣、冷藏、包装等初加工为主。尽管近两年辽宁省农产品加工产业有较大发展，但大多数农产品加工企业还处于产品单一的初加工阶段，全产业链的产业融合数量少，没有形成有规模的加工产业链，产品附加值不高，企业经济效益不高，缺乏有全国影响力的大品牌。农产品深加工企业数量少、技术落后，产品科技含量和附加值低，市场竞争力弱，对地区经济发展的贡献率不高，带动作用不强。

（六）疫情凸显对突发事件的应对短板，对乡村治理提出新挑战

一是突发疫情加剧基层地方政府收支矛盾。此次疫情防控，农村防疫工作面临巨大支出压力。防疫工作需要大量的人力物力，很多乡镇在物资极度缺乏的条件下开展防疫工作。虽然目前辽宁疫情已经相对稳定，但农村防控

形势依然严峻。对一些支出困难的县区而言，因公共卫生危机触发财政金融危机的风险增加。二是疫情凸显农村公共卫生防疫短板。从当前农村基本公共卫生体系建设来看，农村防疫条件有限、防疫物资匮乏、防疫能力不足，这些都加大了防疫的难度。虽然目前辽宁省疫情得到了有效的防控，但我们需要认真分析和研判，对在这次新冠肺炎疫情中暴露出来的问题，应积极加强相关的短板建设，弥补在公共卫生方面存在的漏洞。三是疫情对农村公共管理能力提出新要求。突发的疫情对乡村治理提出了更高的要求。乡村作为最基层的防疫体系，农村干部承担了管理主体责任，大多数农村干部缺乏危机管理意识，面对复杂疫情的公共治理能力也面临严峻挑战。

三 2021年辽宁农业农村发展面临的形势分析

（一）前所未有的国际形势大变局对农业农村发展形成冲击

2020年突如其来的新冠肺炎疫情，使整个经济发展受到严重冲击，全球经济的发展呈现不可预期性。从目前国外疫情的复杂性来看，导致新一轮经济危机爆发的风险持续加大。国际市场的不可预期性，使世界各国都在重新审视本国产业链的安全性、可靠性，未来全球产业链供应链的调整和重构势在必行。全球化农产品市场面临碎片化风险，再加上对全球农业未来不稳定预期，部分国家可能会限制粮食和其他重要农产品出口，造成人们对粮食安全的担忧。同时中美双边贸易摩擦走向暂时不明朗，多边贸易事端频发，国际商品市场的不确定性加剧，国内价格受国际市场影响出现波动性，增加了经济发展不确定风险，中美贸易摩擦在一定程度上影响了我国的农产品市场。国际市场的风险性、复杂性带来外部挑战和不确定因素。

（二）新冠肺炎疫情带来的深刻影响将重新界定我国农业农村发展的定位

2020年无论对中国经济还是全球经济来说都是面临严峻考验的一年。

从目前来看，我国疫情防控已经进入常态化，经济也开始复苏。但新冠肺炎疫情对经济领域各行各业的影响已经间接对农业农村经济发展形成冲击，无论从短期还是长期趋势来看，其影响都是全面而深刻的。一是对农业生产经营活动的影响。受疫情影响，农产品流通渠道一度受限，造成季节性农产品大量积压，农民收入受损，农业投资信心严重受挫。二是对农民就业的影响。目前，各级政府积极采取一切措施，促进农民工返岗复工，但农民工就业大多在中小企业，由于开工不足，吸纳农民工能力明显不足。三是对消费市场的影响。随着整个经济发展放缓，城乡居民降低当期的消费支出，这样会导致对多元化、高端化、品牌化农产品消费需求下降。需求端影响会延伸到农业生产经营领域，从而形成连锁反应。四是对粮食安全的影响。受国外疫情复杂形势影响，全球农业不稳定预期加剧，中国农业发展与全球各国农业发展紧密相关，最近几年单边主义、保护主义盛行，此次疫情导致一些国家恐慌性限制粮食和其他重要农产品出口，形成对粮食安全的恐慌。这样，无论从国家层面还是从农民层面都会重新审视农业农村发展的方向和定位。

（三）"双循环"经济发展新格局将进一步影响我国农产品生产结构

随着经济全球化发展，国际农产品市场价格波动会传导到国内。2020年国家提出"国内国际双循环发展新格局"，似乎来自国际市场的影响在缩小，但不可忽视的是，中国已经成为全球农产品最大的进口国。从农产品进口来看，数量不断增长，品种不断增加，对外依存度不断提升。近几年由于出口限制和关税提升，粮食、油料以及其他大宗农产品进口预期不稳；从出口来看，一些有竞争力的农产品出口下降。在疫情的影响下，农产品进出口贸易缺乏稳定预期，全球农业一体化发展格局被打破，依托国际国内"两种资源、两个市场"实现农产品有效供给难以继续，农业发展的挑战和压力随着国际疫情蔓延进一步扩大。国内农产品生产结构将随着国际农产品市场的变化进一步调整。一些原来为出口而扩大的生产会因出口预期不稳而面对国内市场；为了弥补进口缺口，国内将扩大一些重要农产品的生产规模，确保供给平衡。

综上所述，2021年确保农业农村经济健康稳定运行是首要目标，国家对农业农村发展的短期目标会适时调整，同时会加大长期目标的弹性空间。[①]

四　2021年辽宁农业农村经济发展的对策建议

（一）加强基础设施项目拉动，夯实农业农村发展基础

从目前来看，在疫情的影响下，农民外出打工受到影响，要加大农业农村基础设施建设，在加快补齐农业农村发展短板的同时，亦可利用项目拉动，扩大农民就业。一是夯实农业发展基础，加强高标准农田建设，加大对设施农业的支持力度，进一步完善农产品储藏设施条件。二是加强县域基础设施建设。进一步完善县域交通道路、供水饮水、网络设施等项目建设，优化县域经济发展环境。三是进一步优化农产品加工业集聚区建设。集中力量加大投入形成集聚区示范效应。促进农产品产地加工和精深加工，延长产业链条，提高农产品附加值。四是进一步加强农村环境整治。加强农村污水和生活垃圾处理，实现与城市互通互联。

（二）以发展农产品加工业为重点，加快农村一二三产业融合发展

继续深入推进农业供给侧结构性改革，在稳定粮食生产的同时，调整优化农业生产结构，促进乡村产业发展，尤其要提高农产品加工水平，加快推进一二三产业融合发展，发展新产业、新业态，积极培育观光休闲农业和乡村旅游，扶持家庭农场、农民合作社、农事企业生产经营，增加农业农村内部就业容量，不断拓宽农民增收渠道。一是充分发挥产业化龙头企业引领带动作用，推动一产向二、三产延伸。二是加强项目拉动，积极兴办高效农

① 张红宇：《2020年农业农村经济运行的四个问题》，《中国企业家日报》2020年7月21日。

业、生态农业、观光农业等示范项目，通过抓项目培育增长点。三是发展壮大村级集体经济，促进农民增收和集体增效的有效结合，为乡村发展提供新动能。四是积极打造"产加销"全产业链，以现有的农产品加工业为依托，向前向后延伸产业链，提高农产品质量和加工深度。五是积极建设生产、加工和经营服务设施，推动农业多元融合发展。

（三）培育农村消费市场，挖掘农村居民消费潜力

在"双循环"的背景下，相关部门要积极出台具体措施和政策，培育健全农村消费市场环境，激发农村居民消费潜力。一是对受疫情冲击影响较大的相关服务行业，加大帮扶支持力度，通过减免收费等措施，积极复工复产。二是进一步建立健全农民保障体系，让农民放心消费。当前农民后顾之忧最大一块是养老和医疗。要逐步完善农村基本医疗和养老保障体系，提高各类社会保障、社会救助、医疗保险和社会福利水平，降低农民治病和养老成本。三是进一步完善农村消费市场建设，不断增强农村经济增长的内生动力。加强消费市场基础设施建设，因地制宜布局合理的实体商业网点，构建完善的流通体系，使农村消费市场活起来。同时加强监管，杜绝假冒伪劣产品，净化农村消费市场。四是加大对农村中小微企业等实体经济的扶持。鼓励返乡人才创办产业实体，提供小额担保贷款、社保补贴等政策资金，解决返乡创业人才融资难、融资贵等问题。五是积极推广优质产品下乡和消费补贴等政策。组织适合农民消费特点、物美价廉的优质产品下乡，提供相应的消费补贴和配套的售后服务，促进农村居民消费提质升级。

（四）积极采取有效措施，促进农民工创业就业

目前疫情防控已成常态化，整个经济在慢慢恢复，但疫情对就业造成的深刻影响依然存在，要积极采取措施引导农民工自主创业和返乡就业，实现农民工在农业就业、在农村就业，确保农民收入持续增长。一是加强农民工培训。组织返乡农民工开展有针对性的创业就业培训，比如电子商务等新技能，提高素质，提高创业能力，培育农村创新创业带头人。可以联合企业、

农民专业合作社等各类经营主体，针对企业用工需求以及农民工就业意愿，采取以工代训的方式吸引农民工在工作实践中提高自身素质。二是加强就业信息渠道畅通。各地就业管理部门要积极对县域、省内企业的用工信息进行及时发布，针对返乡留乡农民工的基本情况，实现就业信息有效对接，促进返乡农民工外出就业。三是要积极出台鼓励政策措施，创造良好的创业环境。将符合条件的返乡创业农民工纳入一次性创业补贴范围，在融资、技术支持等领域提供相关支持，引导农民就地就近创新创业。四是加大基础设施等农村工程项目建设。确定一批农业补短板项目，通过项目拉动，创造更多就业渠道和岗位，实现就业和农村经济发展的良性循环。

（五）加大政策支持力度，促进乡村振兴发展

积极提供有力政策支持，确保农业农村稳定发展。一是采取措施加快恢复信心。各级政府要加强调查研究，及时总结经验教训，针对疫情中暴露出来的问题，积极研究相关政策，对受疫情影响较大的农民、新型农业经营主体和农事企业进行必要的补贴，减少疫情造成的损失，调动农民特别是种植大户、合作社等新型经营主体的积极性，加快恢复生产和经营信心。二是加快关键领域和薄弱环节补足现实发展中农业农村短板。比如农村基础设施建设、农产品销售和运输、农业科技创新、农民就业等。三是加强农村人才培育。积极加强农民培训，提高农民素质。积极利用网络在线平台有针对性地对农民进行相关技能培训，引导农民工自主创业和就近就地就业。加大农村人才引育建设，吸引人才和鼓励大学生返乡创业。四是积极落实农业金融保险财政扶持政策。加强金融对接，组织金融和农业部门对接银信机构，协调农信社、农商银行等金融机构优化助农贷款程序，建立信息互通平台，构建高效、便捷的助农融资渠道，着力解决农业农村发展中的"融资难、融资贵"问题。进一步完善农业生产的相关政策性保险，提高保险保额、扩大保险规模，有效抵御市场风险，保障农民利益。五是各级政府要加强政策宣传和引导，引导和鼓励工商资本下乡。六是加快数字乡村建设，构建线上线下双轮驱动模式。积极整合现有资源建设农业农村大数据中心和助农平台，

实现线上线下信息网络、交通运输网络和物流网络的连接，利用现代信息技术开展农业生产和销售，实现线上线下双轮驱动，打造农产品生产和销售的多重渠道，帮助农民开展农业生产，减少农民损失。在未来的支农政策方面，加快数字乡村建设是当务之急。

（六）及时弥补公共管理短板，提高乡村治理能力

针对疫情中出现的乡村治理短板，要采取措施及时弥补。一是要加强农村公共卫生体系建设。医疗卫生管理部门要对目前的乡镇卫生防控措施和服务能力建设进行一次大排查，确保队伍建设、医疗卫生机构设置能满足突发疫情有效防控需要。二是各级政府要提高农村突发事件的应急管理能力建设。以此次疫情为契机，要进一步完善应急管理机制建设，完善应急机构和队伍建设，完善物资储备，以积极应对突发事件。三是加强调查研究积极总结经验教训。各级政府要对此次疫情期间在农业生产、突发事件处理、应急响应、乡村治理中表现出来的现实问题加强调查研究，总结经验教训，加强统筹谋划，落实工作责任，加快构建应对社会突发事件管理体制，建立常态管理与危机管理相结合的监测预警机制。

参考文献

辽宁省统计局：《2020年辽宁统计手册》，2020年5月。

王丹：《辽宁农业农村发展应扭住重点持续发力》，《辽宁日报》2020年3月3日。

张红宇：《2020年农业农村经济运行的四个问题》，《中国企业家日报》2020年7月21日。

王世渝：《乡村振兴不仅仅是政府和农村的事情》，《经济杂志》2020年第1期。

张晓山：《土地增值收益"主要用之于农"必须坚决审慎推进》，《南方农村报》2020年6月10日。

李鹏：《面对疫情农产品如何稳产保供？国务院下发通知压实"菜篮子"市长负责制》，《农民日报》2020年2月12日。

B.9
2020年辽宁工业经济运行分析
及2021年展望

王璐宁　李佳薇*

摘　要： 受疫情影响，2020年辽宁省工业经济运行情况并不乐观，疫情防控常态化后，工业生产逐渐恢复，但稳增长压力依然较大。2021年要通过提升产业基础能力和产业链水平、培育发展工业新动能、推进工业供给侧结构性改革、培育壮大民营企业和中小企业等途径进一步促进辽宁工业经济增长。

关键词： 工业经济　稳增长　工业新动能

一　2020年辽宁工业经济运行分析

（一）疫情防控常态化后现好转迹象

2020年，全省规模以上工业增加值较上年同期增长1.8%[①]，低于全国1.2个百分点，较1~11月提高0.7个百分点；从当月变化情况看，自4月开始恢复正增长，12月当月增速最高达到8.1%，高于全国0.8个百分点；从累计月度变化情况看，4月开始增速逐月提高，9月开始实现正增长（见

---

* 王璐宁，辽宁社会科学院产业经济研究所副研究员，主要研究方向为产业经济；李佳薇，辽宁社会科学院产业经济研究所副研究员，主要研究方向为产业经济。
① 本研究报告数据来源于国家统计局网站和辽宁省统计局网站。

图1）。全国规上工业增加值较上年同期增长2.8%，增幅较1~11月提高0.5个百分点；全国31个省区市中，西藏（9.6%）、吉林（6.9%）、新疆（6.9%）、甘肃（6.5%）、江苏（6.1%）、安徽（6%）、重庆（5.8%）、山西（5.7%）、浙江（5.4%）、山东（5%）等28个省区市实现正增长，辽宁列第21位，只有青海、海南和湖北增速为负值。

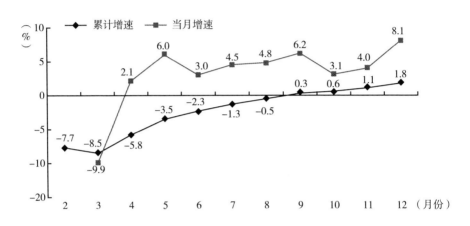

图1 2020年辽宁规上工业增加值增速变化情况

资料来源：国家统计局网站。

从三大门类看，2020年1~10月，全省采矿业增加值较上年同期下降0.2%，制造业增加值同比增长0.5%，电力、热力、燃气及水生产和供应业增加值同比增长2.9%。从规上工业增加值变化情况看，制造业增速恢复趋势较为明朗；采矿业自3月开始增速均落后于上年；电力、热力、燃气及水生产和供应业自4月开始恢复增速迟缓。（见图2）

从行业增长面看，2020年，全省41个大类行业中，有21个行业保持增长，增长面提高到51.2%。装备制造业增加值同比增长1.3%，增速比1~11月提高0.9个百分点；石化工业增加值增长3.9%，增速比1~11月提高0.6个百分点；冶金工业增加值增长1.9%，增速与1~11月持平；农产品加工业增加值增长2.4%，增速与1~11月持平。

从新动能集聚情况看，部分高技术行业快速增长。2020年，全省规上信息

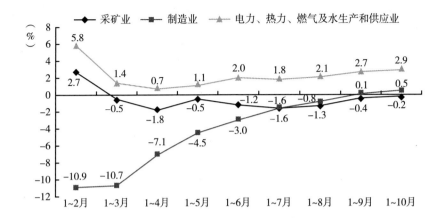

图2 2020年（1～10月）辽宁三大门类规上工业增加值增速累计变化情况

资料来源：辽宁省统计局网站。

化学品制造业增加值比上年增长4.4倍，光纤、光缆制造及锂离子电池制造业增加值增长63.4%，电子元件及电子专用设备制造业增加值增长45.1%。

从总体经济效益看，2020年1～11月，全省规上工业企业实现营业收入26074.4亿元，较上年同期下降4.1%，降幅较1～10月收窄0.2个百分点；实现利润总额1352.8亿元，较上年同期增长4.6%，增幅较1～10月提高3.2个百分点（见图3）；规上工业企业营业收入利润率为5.19%，较上年同期提

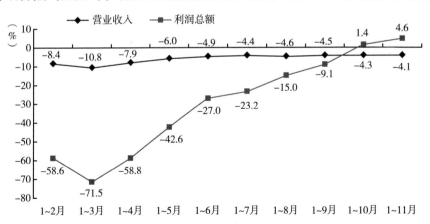

图3 2020年（1～11月）辽宁规上工业企业主要经济效益指标变化情况

资料来源：辽宁省统计局网站。

高 0.43 个百分点；规上工业企业每百元营业收入中的成本为 84.88 元，同比增加 0.25 元；每百元营业收入中的费用为 8.14 元，同比增加 0.05 元。11 月末，规上工业企业每百元资产实现的营业收入为 72.7 元，同比减少 6.5 元；人均营业收入为 159.3 万元，同比减少 3.0 万元。

（二）工业生产逐渐恢复

2020 年 1 ~ 10 月，68 种主要工业产品中有 27 种产品同比增长，增长面为 39.7%。2020 年，全省原油加工日均产量处于高位（见图 4），钢材、汽车产量逐渐恢复（见图 5、图 6），水泥日均产量自 4 月开始恢复并保持略高于上年同期水平（见图 7）；从新产品看，全省集成电路产量较上年同期增长 49.3%，光缆产量较上年同期增长 16.1%，稀土磁性材料产量较上年同期增长 21.8%，从变化情况看，三类新产品虽增速上升趋势不明显，但始终保持正增长（见图 8）。

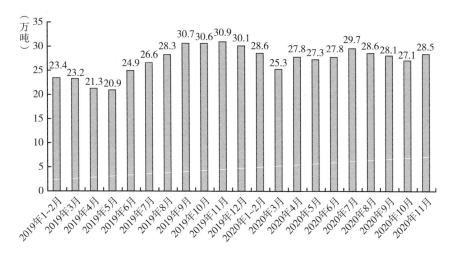

图 4 2019 年至 2020 年 11 月辽宁原油加工量日均产量月度变化情况

资料来源：国家统计局网站。

2020 年 1 ~ 11 月，全省工业用电量较上年同期下降 1.1%，降幅较 1 ~ 10 月收窄 0.4 个百分点，占全社会用电量的 69.4%。2020 年，铁路货运量

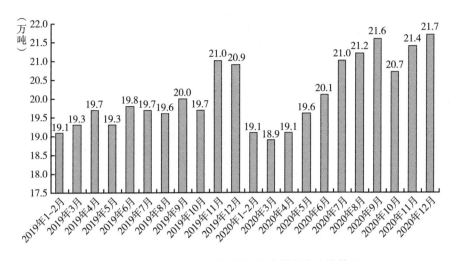

图5 2019~2020年辽宁钢材日均产量月度变化情况

资料来源：国家统计局网站。

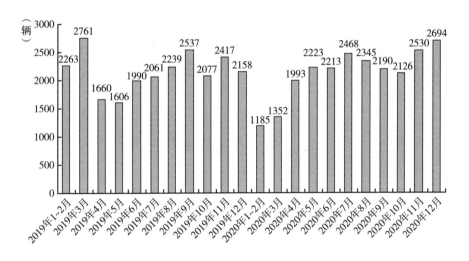

图6 2019~2020年辽宁汽车日均产量月度变化情况

资料来源：国家统计局网站。

同比增长13.1%，增幅较1~11月减少1.7个百分点；公路货运量同比下降4.1%，降幅较1~11月收窄1个百分点；工业生产者出厂价格指数为97，同比下降3%，降幅较1~11月收窄0.1个百分点。

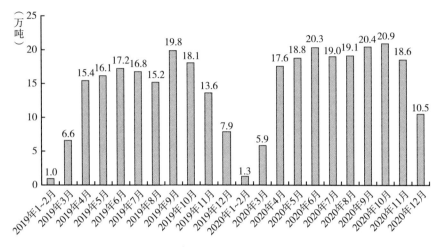

图7　2019~2020年辽宁水泥日均产量月度变化情况

资料来源：国家统计局网站。

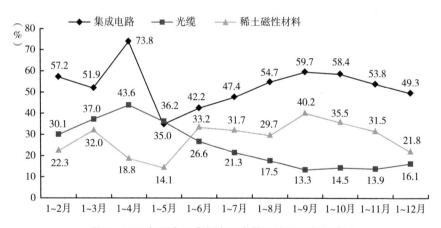

图8　2020年辽宁三类新产品产量累计增速变化情况

资料来源：辽宁省统计局网站。

（三）重点行业运行情况仍不容乐观

2020年1~11月，在41个大类行业中，21个行业利润总额同比减少，从重点行业主要经济效益指标情况看，占全省规上工业利润总额86.9%的12个行业，仅有1/3的行业同比增长（见表1）。

表1 重点行业主要经济指标情况

单位：亿元，%

行业	1~11月营业收入			1~11月利润总额		
	总量	增速	占全省比重	总量	增速	占全省比重
全省	26074.2	-4.1	100.0	1352.8	4.6	100.0
采矿业	968.9	-10.8	3.7	47.3	-58	3.5
农副食品加工业	1722.7	12.8	6.6	51	34.2	3.8
石油、煤炭及其他燃料加工业	5413.8	-11.7	20.8	90.4	-37	6.7
化学原料和化学制品制造业	1674.8	-5.3	6.4	65.6	-8.4	4.8
医药制造业	441.5	-10.8	1.7	53.3	-25	3.9
非金属矿物制品业	895.5	-9.8	3.4	51.7	-11.2	3.8
黑色金属冶炼和压延加工业	3691.6	-1.9	14.2	102.8	-19.1	7.6
有色金属冶炼和压延加工业	1019	-11.8	3.9	10.9	-77.4	0.8
通用设备制造业	874.9	0.6	3.4	52.5	139.7	3.9
汽车制造业	3053.3	1.9	11.7	477.6	55.1	35.3
计算机、通信和其他电子设备制造业	582.2	-9.1	2.2	128.7	-1.5	9.5
电力、热力、燃气及水生产和供应业	1797.3	0.4	6.9	44	19.9	3.3

资料来源：辽宁省统计局网站。

（四）需求结构呈现新变化

2020年，全省固定投资总额较上年同期增长2.6%。高技术制造业投资较上年同期增长33.4%，增幅较1~11月提高8.6个百分点，其中，电子及通信设备制造业投资增长96.1%，医疗仪器设备及仪器仪表制造业投资增长64.7%。

2020年1~10月，全省规上工业企业实现出口交货值1707.1亿元，同比下降18.4%，降幅较1~9月扩大0.8个百分点。

2020 年，辽宁省社会消费品零售总额较上年同期下降 7.3%，较上年同期增速低 13.4 个百分点，但较 1~11 月降幅收窄了 0.6 个百分点。从各月度累计情况看，2020 年各月辽宁省社会消费品零售总额增速均低于 2019 年同期（见图 9）。

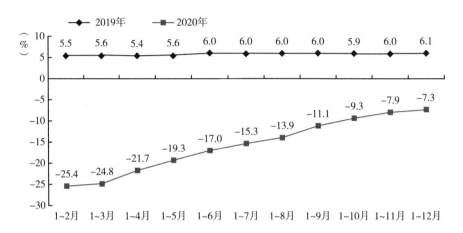

图 9　2019~2020 年辽宁社会消费品零售总额累计增速变化情况

资料来源：辽宁省统计局网站。

二　辽宁工业经济运行存在的问题

（一）稳增长压力依然较大

2020 年，全省工业出口大幅下降，利润增幅有限，稳增长压力依然较大。2020 年 1~10 月，全省规上工业企业实现出口交货值 1707.1 亿元，同比下降 18.4%。2020 年 1~11 月，全省规上工业企业实现利润总额 1352.8 亿元，较上年同期增长 4.6%。

（二）产业基础能力和产业链水平有待提升

省内工业技术水平的先进性、产品性能的稳定性和可靠性与行业先进水平差距较大，生产企业所需基础零部件、核心功能部件大多需从外省甚至国外采购，高档数控机床60%以上的关键功能部件依赖进口。产业链延伸不足，缺乏技术含量、附加值更高的深加工生产环节，配套能力不足，没有形成规模化、集群化优势。传统装备制造行业海工装备、轨道交通本地配套率分别不足60%和40%。龙头企业带动能力不突出，宝马汽车本地配套率不足20%，新松机器人为15%，沈鼓集团仅为5.5%。石化产业总体上呈现"油头大、化身小"的结构状况，石油加工业主营业务收入占比超过2/3，化学工业占比不足1/3。

（三）产业结构调整仍需提速

辽宁省产业结构和产品结构依然偏资源型、重化型，高技术产业占规上工业比重不足10%。全省装备、石化、冶金三大支柱产业占全省规上工业的70%左右，竞争优势却不明显。2020年，装备制造业增加值增长1.3%，石化工业增加值增长3.9%，冶金工业增加值增长1.9%，增幅较小。消费品工业仍是发展短板。

三 2021年辽宁工业经济运行面临的形势分析及展望

（一）2021年辽宁工业经济运行面临的形势分析

2021年是我国全面建设社会主义现代化国家新征程的开启之年，辽宁工业经济必须要在更加不确定的国际形势和动力结构调整更加深化的国内环境中，准确识变、科学应变、主动求变。

1. 面临的挑战

疫情催化下的全球治理体系和产业变革以及国内新旧动能转换的持续深化对稳定辽宁工业经济提出了严峻挑战。一方面，"逆全球化"态势在依旧持续的新冠肺炎疫情影响下，使全球化演进方向和动力机制正在发生深刻变

化，全球贸易规则、技术、资本及产业链割裂态势愈加明显。新一轮科技革命和产业变革叠加新冠肺炎疫情影响后，更加速促进工业经济形态、模式和生产组织方式发生深刻变化，人工智能、生物技术等产业正在以更快的速度、更广的范围整合和重构全球价值链条。这种全球化"大变局"，给辽宁工业发展带来较大不确定性。另一方面，国内生产要素和市场条件出现重大变化，劳动力数量优势加速减弱，能源资源约束日益趋紧，新冠肺炎疫情和消费升级带来市场需求变化。国家加快"新基建"布局，信息技术应用重心从消费端向生产端延拓，大数据成为重要的战略性基础资源，制造业成为两化融合发展的主战场，核心技术和关键零部件的自主可控成为国家政策支持的重中之重。这将使辽宁必须面对能否及时优化资源配置、以"数智化"赋能工业高质量发展的重大考验。

2. 面临的机遇

振兴发展新阶段将为辽宁加快"深度工业化"步伐，加速产业链现代化带来机遇。一方面，国家对辽宁深化改革特别是经济结构转型的高度关注和政策支持，将更大激发辽宁市场活力和内生动力，为辽宁加快工业发展迎来新的发展契机，进而培育新的竞争优势。另一方面，"一带一路"、东北亚合作区域或将成为未来国外循环的主要地域，将更有利于辽宁充分利用国内国外两个市场，在加强区域对接合作中加速提升工业发展质量。

（二）2021年辽宁工业经济运行趋势展望

根据几大世界主要经济组织预测，如果新冠肺炎疫情得到有效控制，那么2021年世界经济平均增长率在4.2%～5.4%，其中发展中国家为4.6%～6.6%；如果新冠肺炎疫情二次暴发，那么2021年世界经济平均增长率在3%左右。因此，2021年辽宁工业经济运行也同样存在不确定性，如能借助以国内大循环为主、国内国际双循环的新发展格局，经受"数智化"考验，充分挖掘消费潜力，重塑工业竞争优势，那么2021年辽宁规模以上工业增加值有望实现5%的增速。

四 推动辽宁工业经济高质量发展的对策建议

（一）提升产业基础能力和产业链水平

1. 提升产业基础能力

一是实现关键环节突破。组织生产核心基础零部件及关键基础材料，推广先进基础工艺，提升产品可靠性和稳定性。二是开展重点产品示范应用。围绕关键技术研发、产品设计、专用材料开发等方面，实施"一条龙"应用计划，推进首台（套）重大技术装备项目建设。三是提升企业创新能力。以企业为主体，发挥产学研用资协同攻关作用，支持建立企业技术中心和创新中心。

2. 实施产业链发展工程

一是大力发展高端装备成套化。以首台（套）拉动配套，以成套带动配套，重点发展医疗装备、数控机床、智能制造与装备、集成电路装备、重型装备等五个产业链。二是进一步延伸石化产业链。加强新材料、生物等高新技术在石化产业中的应用研究，重点围绕烯烃、芳烃等系列产品延伸精深加工产业链条，培育和发展先进化工材料、高性能纤维及复合材料等产业集群。三是推动新材料产业向产业链中高端攀升。依靠技术创新，开展先进钢铁和有色金属材料、工程塑料、高性能膜材料、特种陶瓷等高端产品的精深加工技术研发与产业化。

（二）培育发展工业新动能

1. 推进工业互联网创新发展

全面推进与华为、腾讯战略合作，加快重点项目建设。认真落实《辽宁省工业互联网创新发展三年行动计划》，充分利用好省工业互联网专项资金，推进网络、平台、安全三大体系建设，继续实施"企业上云"工程，引导企业上云上平台，推动工业互联网、人工智能、区块链等技术赋能制造

业，加快培育新产业新业态新模式。

2. 实施5G产业发展工程

落实《辽宁省5G产业发展方案（2019—2020年)》，大力发展5G网络建设工程、示范应用工程和产品工程。实现全省重点区域和重点产业园区5G网络覆盖，培育"5G+工业互联网"示范工厂，打造一批融合应用标杆企业和样本工程，推动5G、工业互联网、人工智能与制造业深度融合。

3. 实施智能制造工程

扎实推动智能制造典型示范，推进智能制造重点项目建设，大力发展智能装备和产品，培育系统解决方案供应商，引导企业建设数字化车间和智能工厂。装备制造业重点在汽车、船舶、航空等领域推广应用智能装备，原材料行业重点提升全流程智能化控制和管理水平，消费品行业要逐步实现机器代人，重点发展智能家电等产品。

4. 加快工业绿色化发展

围绕绿色工厂、绿色设计产品、绿色供应链和绿色园区，培育一批省级绿色制造单位，积极推荐国家级绿色制造单位。对省级绿色制造企业实施动态管理，充分发挥以点带面的示范作用。推广应用高效节能技术产品，对重点行业实施节能专项监察，开展节能诊断服务，加强工业资源综合利用，引导企业走绿色可持续发展道路。

5. 进一步促进服务型制造发展

加强服务型制造示范企业、示范项目和示范平台建设。开展设计服务提升行动，培育认定一批省级工业设计中心和示范产品，充分发挥东北振兴创新设计产业联盟作用，不断提升工业设计能力和水平。

（三）推进工业供给侧结构性改革

1. 加快工业高质量发展

鼓励工业企业开发新产品、提高产品质量，对工业高质量产品的生产给予金融支持、降低用电成本等方面的支持。按照"高端化、智能化、特色化、绿色化"标准，建设一批高质量发展项目，积极争取国家政策对高质量项目的支持。多措并举推动项目尽快投产达效，引领全省工业高质量发展。

2. 补齐消费品产业发展短板

实施特色消费类产品发展工程和"三品"工程，加快发展农产品精深加工、现代家居、特色纺织服装、生物医药和特色中药等产业。积极推进纺织行业柔性化生产、智能化制造和个性化定制，培育特色集群及区域品牌。大力发展生物医药产业，推进医药创新，实施一批新产品研发项目，加快推进重点项目和应用示范项目建设。

3. 加强工业品牌打造推广

积极对接市场应用，助力企业出口外销和产能合作，打造辽宁品牌，不断提升产品市场占有率。支持企业参与服务"一带一路"建设，加强与日本、韩国、俄罗斯、中东欧等国家地区经贸合作。深度参与京津冀协同发展战略，主动对接长江经济带、长三角一体化、粤港澳大湾区战略，打造开放合作新高地。加强与江苏对口合作，加强产业对接互补和重大项目合作。组织企业参加各类展会，开展出口外销和产能合作，助力企业开拓市场空间。

4. 依法依规淘汰落后产能和化解过剩产能

建立市场化、法治化淘汰落后产能长效机制，加强监督检查，畅通社会监督渠道，推动落后产能应退尽退。引导水泥熟料产能有序退出，有序开展钢铁和电解铝产能置换工作，推进装备升级改造和落后产能退出。

（四）培育壮大民营企业和中小企业

1. 大力促进民营经济发展

宣传贯彻《辽宁省企业权益保护条例》，营造公平竞争的市场环境。深化"放管服"改革，加快审批服务"减时限、减流程、减材料、减环节"，推进政务服务一体化在线平台建设。积极减轻企业负担，严格落实国家和省停征、免收、降低涉企收费项目和标准政策，加大清理拖欠民营企业中小企业账款工作力度。

2. 实施中小企业"专精特新"工程

通过重点实施认定产品、培育企业、打造"小巨人"三大专项，引领中小企业走"专精特新"发展道路。通过认定高质量中小企业"专精特新"产品、"专精特新"中小企业，培育打造一批在国内细分市场占有率居于前列的专精特新"小巨人"企业，不断提升中小企业专业化能力和水平。

3. 健全完善"小升规、规升巨"政策

做好企业服务和引导工作，健全完善"小升规、规升巨"奖励政策，提高企业"升规、升巨"积极性。切实抓好"稳规、稳巨"，千方百计做到"多进不退"，实现规上工业企业和"小巨人"企业数量规模逐年提升壮大。

4. 推动大中小企业融通发展

加强中小企业公共服务体系建设。支持实体园区打造大中小企业融通型特色载体，发挥大企业各方面的优势，带动中小企业高质量发展；同时发挥中小企业创新活力对大企业的创新的支撑。突出"飞地经济"，引导企业进入规范的工业园区，打造适宜大中小企业融通发展的生态圈，实现大中小企业集群式发展。

参考文献

徐肖冰：《老工业基地新旧动能转换研究——基于辽宁的比较视角》，《吉林金融研究》2020 年第 7 期。

李满春、苏策：《5G 新基建——辽宁全面振兴的"加速器"》，《共产党员》2020 年第 11 期。

毛强：《辽宁工业企业发展实力的动态评价及提升建议》，《中国集体经济》2020 年第 13 期。

B.10
辽宁省战略性新兴产业发展研究

曹颖杰 *

摘　要：　2020年，辽宁省战略性新兴产业总体发展平稳，产业集聚能
　　　　　力增强，科技创新力度加大，重点项目建设稳步推进。但
　　　　　是，辽宁省战略性新兴产业仍存在可持续创新能力不足、基
　　　　　础和应用研究相对滞后、金融支持政策不完善、产业发展高
　　　　　端人才缺乏等问题。2021年，辽宁省战略性新兴产业仍面临
　　　　　着发展机遇和诸多挑战，应加快战略性新兴产业技术创新，
　　　　　加快战略性新兴产业龙头企业培育，健全战略性新兴产业金
　　　　　融保障，加快战略性新兴产业人才队伍建设。

关键词：　战略性新兴产业　可持续创新　产业集聚　金融保障

发展战略性新兴产业是推进供给侧结构性改革的重要方面，是实现经济高质量发展的助推器，是推动产业转型升级的重要支撑。辽宁省深入实施创新驱动发展战略，加快振兴实体经济，战略性新兴产业逐步发展，成为带动区域产业转型升级的重要力量。

一　辽宁省战略性新兴产业发展现状

（一）产业总体发展平稳

2020年，辽宁省战略性新兴产业总体实现平稳发展。高技术制造业发

---

* 曹颖杰，辽宁社会科学院产业经济研究所副研究员，主要研究方向为产业经济、对外贸易。

展加快，截至 2020 年 6 月，辽宁省高技术制造业增加值同比增长 4.5%，占规模以上工业增加值的 14.7%，比上年同期增长 0.9 个百分点；汽车制造业实现利润总额同比增长 11.4%，医药制造业下降 40.8%，计算机、通信和其他电子设备制造业下降 1.0%。截至 2020 年末，光纤、光缆制造及锂离子电池制造业增加值同比增长 63.4%，信息化学品制造业增加值同比增长 4.4 倍，电子元件及电子设备制造业同比增长 45.1%。新产品产量持续增长，其中集成电路产量增长 49.3%，光缆产量增长 16.1%，稀土磁性材料产量增长 21.8%，城市轨道车辆产量增长 23.6%。新经济新业态快速增长，辽宁省在国家一系列重要部署的支持下，数字经济、电子商务等发展快速，据统计，2020 年辽宁省电子商务实现实物商品网上零售额 1271.1 亿元，同比增长 18.1%。

（二）产业集聚力增强

辽宁省加大力度推进战略性新兴产业集群化发展，集中优势资源以加快战略性新兴产业发展。推动高新区高质量发展，2020 年全省高新区预计实现地区生产总值达到 3315 亿元，同比增长 1.7%。大力推进沈大国家自主创新示范区建设，2020 年 1~6 月，沈大自创区固定资产投资预计达到 185 亿元，同比增长 12%。依托辽宁的科技优势和产业基础，把战略性新兴产业作为产业转型升级的重要抓手，积极推进战略性新兴产业特色产业集群发展，目前辽宁省在智能制造、新材料、新一代新兴技术、生物医药、节能环保等领域培育和建设了一批特色新兴产业集群。辽宁省各市结合自身特点，形成一批特色产业集群，如沈阳市机器人与智能制造产业集群、大连市软件与信息技术产业集群、本溪市生物医药产业集群、盘锦市石化及精细化工产业集群等逐步发展壮大，集聚效应逐步显现，产业集群的竞争力不断增强。

（三）科技创新力度加大

辽宁省集中智能制造、先进材料、精细化工等优势产业领域，以 12 条创新链为主攻方向，布局了 32 项科技重大专项，199 项省重点研发计划。积极推进 10 个首台套重大技术装备、100 个智能制造重点项目和 100 个科技重大专项和重点研发计划，突破一批关键核心技术。围绕重点产业领域，积极对接国家项目，争取国家重点科研专项等 57 项，"科技助力经济 2020"重点专项 29 项。辽宁省积极推进各类创新载体建设，加快实验室、技术研究中心等建设，全力推动产业科技创新，截至 2020 年上半年，辽宁省国家级科技企业孵化器 29 家，国家备案众创空间 69 家。据统计，2020 年辽宁省全省技术合同成交额达到 645.1 亿元，同比增长 12.9%。加强知识产权保护，2020 年上半年实现科技成果省内转化 873 项，同比增长 2.2%。新增高新技术企业超过 500 家，新增科技型中小企业 1643 家，截至 2020 年 6 月底累计注册科技型中小企业超过 9000 家，同比增长超过 50%。大力培育和壮大"瞪羚""独角兽"企业，辽宁省"瞪羚""独角兽"企业中又有 9 家企业获得国家高新技术企业资格，辽宁省 134 家"瞪羚""独角兽"企业中 96.3% 为高新技术企业。

（四）重点项目建设稳步推进

重大项目建设是产业发展的重要支撑，辽宁省加大力度推进重点项目建设以带动全省经济发展。辽宁省重点抓好 108 个工业高质量发展项目，着力推进产业集群、延伸产业链建设，加快石化产业优化升级和高端制造业项目。加大人工智能、物联网、工业互联网等产业领域的投资，计划新建 1 万个 4G 基站和 2 万个 5G 基站，同时进行配套基础设施建设以推动 5G 产业发展。积极推动军民融合，加快渤海重工海洋核动力平台、自主化燃气轮机等重大项目建设和发展。鞍钢、东软、忠旺和辽宁电力能源 4 家企业入围国家《2019—2020 年度物联网关键技术与平台创新类、集成创新与融合应用类示范项目》。2020 年，辽宁省各市新兴产业项目建设也取得新进展，如沈阳市落地项目中战略性新兴产业项目占 20.65%，加快推进华晨宝马三期、恒大新能源汽车等项目；大连市重点推进崇达电路、中国移动大数据中心、红沿河核电二期、光阳智能制造产业园等项目；抚顺市推进铝合金电弧熔丝增材

及智能制造应用产业化等项目；鞍山市推动德国宝马汽车线束配套项目等，新兴产业项目稳步推进，为产业发展积蓄了新动能。

二 辽宁省战略性新兴产业发展存在的问题

（一）可持续创新能力不足

辽宁省在推动战略性新兴产业发展过程中，不断加大对科技创新的投入力度，科技创新能力有一定的提升。但是辽宁省战略性新兴产业发展的科技储备不足，许多产业领域缺乏关键技术和核心技术，拥有核心知识产权的自主品牌较少。多数企业科技研发投入不足，导致研发能力较弱，多数产品是建立在资源开发和初级产品加工基础上，附加值低的产品比重很大，缺乏真正的科技创新。辽宁省高新技术企业中，拥有研发机构的企业数量、发明专利数量、研发经费投入等相比较广东、浙江、江苏等地存在明显的差距。产学研联合缺乏有效的联合机制，科技成果转化较弱。科技中介服务水平不高，科技创新的扶持政策和环境有待进一步改善。可持续创新能力不足是制约辽宁省战略性新兴产业发展的重要因素之一。

（二）基础和应用研究相对滞后

战略性新兴产业是新兴科技与新兴产业深度融合的结晶，其发展具有明显的创新驱动特征。基础研究和应用研究是科技创新的源泉，是产业发展的后盾，对经济社会发展起着基础支撑作用，关系科技发展的后劲和长远未来。从 R&D 经费活动类型来看，辽宁省基础研究经费占比仅为 6.0%，而应用研究的比例为 18.6%，远远低于广东、江苏、浙江等地。这表明，辽宁省研发经费投入存在明显的结构性短板，基础研究规模偏小，占比偏低，应用研究相对滞后，基础研究与应用研究投入比例偏低将严重制约基础研究成果向产业试验发展转化进程，影响创新链条运行效率，使整个产业链不能形成正反馈，阻碍了产业的高端发展。

（三）金融支持政策不完善

战略性新兴产业的发展需要强有力、系统性的金融政策支持。辽宁省积极加大举措强化对战略性新兴产业金融支持，产业发展的金融环境逐步改善，但是对战略性新兴产业发展的金融支持政策还不够完善，产业发展创业投资体系不完善，企业信用体系、担保体系、风险分担机制等还不健全；直接融资规模偏小，融资渠道比较单一，融资额度较低，有效供给不足，获得银行、证券市场融资支持困难，社会、企业、外资等参与投融资方式十分有限；从金融服务来看，支持战略性新兴产业发展的金融工具还不够丰富，特别是对中小企业的金融工具还不完善，金融创新相对乏力。

（四）产业发展高端人才缺乏

作为知识密集型产业，战略性新兴产业在结构、数量、质量等方面对科技人才特别是高素质的创新型人才和团队的要求更高。随着战略性新兴产业的发展，辽宁省通过多种方式加大人才培养和引进力度，但是目前，辽宁省高层次人才总体数量仍然偏低，辽宁省 R&D 人员数量与广东、江苏、浙江等地的差距依然较大。高端人才供给不足仍是辽宁省战略性新兴产业发展面临的一大瓶颈，同时产业发展所需的技术研发型人才严重缺乏，辽宁省战略性新兴产业人才供求矛盾较为突出，现有战略性新兴产业人才培育体系不能满足新兴产业日益增长的人才需求，特别是中小型企业很难吸引和留住高端人才。高端创新人才队伍缺乏，创新动力不足，制约了战略性新兴产业的发展，导致产业发展的持续力不足。

三　辽宁省战略性新兴产业发展趋势分析与预测

（一）发展机遇

从国际来看，全球经济正处在新旧动能转换时期，新一轮科技革命和

产业变革正蓬勃兴起，带来全球科技竞争，科技创新将带动产业发展步伐加快，对建立在重大前沿科技突破基础上的战略性新兴产业而言，是一个重要的历史性机遇，能够加快科技创新，催生新动能，构建竞争新优势。从国内来看，我国加大力度发展新动能，推动产业结构优化和转型升级，出台了一系列保护和激发市场主体活力的政策措施，坚持创新驱动发展战略，有利于战略性新兴产业发展。从省内来看，加强科技引领，启动一系列科技专项和研发计划，完善科技创新体制机制等为战略性新兴产业发展创造了良好的空间。据统计，2020 年辽宁省战略性新兴产业投资增幅明显提高，高技术制造业投资增长 33.4%，其中医疗仪器设备及仪器仪表制造业、电子及通信设备制造业投资分别增长 64.7% 和 96.1%。

预计 2021 年，国内宏观经济持续复苏，战略性新兴产业市场环境不断完善、产业经济政策效应逐步释放，战略性新兴产业需求市场将逐渐恢复，产业发展环境逐步改善。辽宁省战略性新兴产业发展政策环境进一步健全和完善，高端装备制造、信息技术、生物医药等产业集群加快发展，机器人、航空装备、IC 装备等持续发展，数字化、网络化、智能化、融合化新兴市场主体逐步发展壮大，数字经济等新业态新模式发展迅速，人工智能、互联网、大数据等与产业深度融合。

（二）面临挑战

从国际来看，世界范围内贸易摩擦和贸易战大规模发生，使得国际贸易合作和经济合作的国际经贸环境具有不确定性，新兴产业领域的国际产业合作变得日益困难，特别是疫情冲击造成世界经济衰退。从国内来看，我国经济已进入高质量发展阶段，但是仍面临一系列结构性、体制性等问题，形成产业发展的阻碍。从省内来看，战略性新兴产业发展核心关键技术储备不足，技术层面多个领域还存在"卡脖子"风险。

预计 2021 年，由于疫情仍存在很大的不确定性和不稳定性、国际经济贸易形势日益纷繁复杂、全球性贸易摩擦依然存在，全球经济贸易增长动能趋弱，势必影响投资者和消费者的信心。国内经济持续复苏，但是辽宁省战略性新兴产业经济运行形势依然严峻，行业投资、外贸出口、核心技术突破等仍存在较大的下行压力。

四 辽宁省战略性新兴产业发展对策建议

（一）加快战略性新兴产业技术创新

第一，加强相关基础研究和应用研究。基础研究和应用研究是战略性新兴产业核心技术创新的关键，切实加大基础和应用研究投入，提升产业创新能力，对推动战略性新兴产业高质量发展具有重要意义。加快战略性新兴产业技术创新，加大基础研究和应用研究的投入，开展产业核心关键技术的攻关，增强产业发展的后劲。制定产业科技计划，重点支持基础研究，促进基础研究成果的应用转化，发挥企业在基础研究和应用研究中的作用，鼓励和支持战略性新兴产业企业加大原始创新力度，提高创新成果的转化能力。第二，强化持续性创新。战略性新兴产业技术创新，还要强化创新能力的持续性。战略性新兴产业发展必须牢牢掌握产业发展的前沿理论和核心技术，否则就没有持久的竞争力。战略性新兴产业发展必须加大创新主体的创新能力培育力度，打造创新模式，提高持续创新能力。第三，加强产学研联合创新。产学研联合是战略性新兴产业技术创新的必由之路。增强政府作用，通过税收等政策手段，为产业发展创造良好的外部环境，帮助企业增加 R&D 力度和 R&D 投入。以市场需求为导向，支持企业建立研发机构、重点实验室，形成技术创新体系。加强企业与科研院所联合攻关，提升科技成果转化。

（二）加快战略性新兴产业龙头企业培育

第一，支持企业做强做精。支持战略性新兴产业重点龙头企业、小巨人领军企业等通过项目开发、兼并重组等方式，加快产业专业化、集群化发展，形成一批综合竞争力强、辐射带动能力突出的龙头企业。对产业链较为完备、产业优势突出的重点骨干企业，推动各类创新资源集聚，培育和发展

特色鲜明、配套完备、竞争力强的优势特色产业链。支持创新型企业发展。发挥政府的政策引领作用，出台扶持政策，促进一批技术含量高、创新活力强的战略性新兴产业重点企业发展，在企业融资、产业配套、技术改造投资、人才队伍建设、产品推广应用等方面予以重点扶持，促进企业进一步做大做强做精，成长为战略性新兴产业龙头企业。第二，推动龙头企业开放式创新。要培育战略性新兴产业龙头企业高质量发展，就必须引导龙头企业加强开放式创新。支持龙头企业建设高层次创新平台，建立重点（工程）实验室、工程技术研究中心等。鼓励龙头企业积极介入国家或国际研发分工，提升创新转化能力。集成各类项目资金支持龙头企业发展，重点依托龙头企业实施重大科技专项，加快研发对战略性新兴产业有重大带动作用的关键核心技术。支持龙头企业联合科研院所组建产业技术创新联盟，构建创新链，加强关键核心技术、共性技术、核心装备、基础零部件、关键材料以及重大产品的技术攻关，推动产业从低端制造向研发设计、高端制造延伸，提高产业和产品的附加值，向产业链、创新链的高端发展，提升产业能级和核心竞争力，形成产业发展优势和发展后劲。

（三）健全战略性新兴产业金融保障

第一，推进金融体制和利率市场化改革。要深化金融体制改革，加快推进利率市场化，创新多元化金融产品体系以推动战略性新兴产业发展。促进金融与财政政策有机结合，建立产业创业投资引导基金，构建投资担保体系、加大风险补偿力度，支持产业发展重点领域以及重大关键核心技术突破等，助力战略性新兴产业走出融资难的困境，以增强战略性新兴产业的发展基础。第二，为不同所有制的企业提供平等融资机会。改善企业融资，为企业提供平等机会是解决战略性新兴产业融资难的重要前提。创造公平的市场竞争环境，保障融资渠道的平等开放、公平竞争的市场秩序的确立才能激发企业加大产业研发投入和创新热情。第三，加大银行融资力度。银行融资是产业融资的重要来源。要进一步发挥政策性银行的优势，对产业发展重要领域以及重大项目进行信贷倾斜和支持，特别是科技型中小企业。要进一步发挥商业银行的作用，积极鼓励商业银行加大对战略性新兴产业的资金支持力度。第四，提高证券市场融资水平。战略性新兴产业融资的途径之一是创新债券市场手段。鼓励符合条件的企业发行中期票据、公司债券等，拓宽企业融资渠道，缓解企业资金不足状况。发行新型债券和融资产品，支持金融市场并购产品的创新。建立证券市场融资风险管理机制，扩大创业板市场，为企业创造更多的融资空间。

（四）加快战略性新兴产业人才队伍建设

第一，重视高端人才队伍建设。人才资源是发展战略性新兴产业的第一资源。要高度重视人才引进工作，充分利用好各类高层次人才引进政策，围绕战略性新兴产业共性技术创新需求，积极引进高端创新人才。多渠道、开放式、国际化地汇聚高端人才，尽快形成战略性新兴产业的人才高地。采取多样化的人才培养模式。深化联合培养方式，发挥好产学研的作用，鼓励企业与科研院所开展合作，灵活、创新、协同地培养多层次人才。利用国外先进的教育资源，为学生提供更多的海外交流和学习的机会，打造国际化的人才培养体系。第二，提高职业教育水平。推动职业教育与产业需求相结合，加大对职业教育的投入，增强职业教育的活力。整合现有的职业教育资源，加快企业与教育基地联合发展，促进职业教育的高质量发展。深化企业在职人员的继续教育，充分利用大学和科研机构的优质教育资源，以灵活多样的形式为企业在职人员提供更多的学习和培训的机会，促进知识和技能的更新和提升。第三，优化人才成长的环境。优化人才成长的社会环境和培养环境，逐步完善人才发展政策，营造人才成长的良好空间。建立科学有效的人才考核机制和激励机制，健全物质和精神层面的人才表彰制度，为人才成长创造空间。

参考文献

邵云飞、穆荣平、李刚磊：《我国战略性新兴产业创新能力评价及政策研究》，《科

技进步与对策》2020 年第 2 期。

　　贺卫华：《加快推进新兴产业形成更多新的增长点》，《河南日报》2020 年 5 月 29 日。

　　姜长云：《提升产业发展质量要聚焦五个着力点》，《经济日报》2020 年 4 月 23 日。

　　邓菁、肖兴志：《高新技术产业高质量发展的财政扶持策略研究》，《经济与管理研究》2019 年第 11 期。

B.11
金融助农"五小产业"发展问题研究

谭 静 董继林 马 骏*

摘　要： 2020年前三季度，辽宁省"五小产业"发展在助力建档立卡贫困户脱贫攻坚方面，发挥了积极作用，金融机构在助力"五小产业"发展过程中解决资金短缺问题方面，发挥了金融支持经济发展的正向作用，无论是惠农贷款还是其他针对农民的小额贷款，都在一定层面缓解了脱贫资金瓶颈问题。但是金融服务依然存在诸多不足，创新解决金融支持"五小产业"发展问题的能力还应继续深化提高。应继续深入推进金融创新，提高金融效率，加快农户的信用评价体系建设，加强金融助农支持的后续保障工作，加强金融扶贫小额贷款的政策宣传，充分发挥地方政府的责任担当作用等。

关键词： 金融 "五小产业" 辽宁省

"五小产业"作为建档立卡贫困户增收见效的一项有效扶贫举措，辽宁各乡镇都给予高度重视，两级政府与农业银行、邮储银行、农村信用合作社等进行有效对接，为贫困户积极申请助农小额贷款，帮助建档立卡贫困户发

---

* 谭静，辽宁社会科学院财政金融研究所研究员，主要研究方向为农村金融、中小企业融资、金融诚信；董继林，抚顺第十二中学教师，副教授，主要研究方向为"三农"等问题；马骏，沈阳市教育研究院高级讲师，主要研究方向为诚信体系建设。

展"五小产业",实现产业带动贫困户增收,不断夯实脱贫攻坚基础,为全面打赢脱贫攻坚战发挥了金融主力军的作用。

一 金融助农"五小产业"发展现状分析

近几年,为了推进产业发展,增加农民收入,特别是建档立卡贫困户的收入,全国有十几个省份陆续出台制定了支持建档立卡贫困户发展"五小产业"(即小庭院产业、小家禽产业、小手工产业、小买卖和小作坊)的各种文件,经过几年的发展,"五小产业"在带动贫困户脱贫致富方面,发挥了积极作用,一方面是因为"五小产业"对技术的要求不是很高,另一方面,发展"五小产业"见效非常快,收益还比较高,只要是有意愿的农户都可以去发展。

(一)辽宁"五小产业"发展现状

1. 辽宁"五小产业"发展缘起

辽宁省各市从 2016 年开始陆续实施"五小产业"帮扶政策,让扶贫工作更精准到户,让建档立卡贫困户都可以通过发展"五小产业"获得收益。"五小产业"无论是小畜牧、小种植、小果木、小加工还是小商贸,对贫困户实行"五小产业"帮扶,都是对龙头企业拉动贫困户脱贫的有效补充,属于"短平快"的扶贫产业项目,它能有效增强贫困户发展产业的信心,使得建档立卡贫困户在短期内增加家庭收入,可持续发展,实现基本永久脱贫。

2. 辽宁"五小产业"发展现状

根据 2020 年 7~8 月的辽宁省普查数据,种植业、养殖业和加工业在"五小产业"发展中占比较高,帮扶见效快,收益比较稳定,在脱贫攻坚工作中作用显著,从 2017 年开始实行"五小产业"帮扶到 2020 年,建档立卡贫困户中有 70% 左右的贫困户通过发展"五小产业",增加了家庭收入。但是,在普查中也发现,由于帮扶资金的局限性,"五小产业"发展受到限制,很难实现规模化种养以及小买卖、小手工等。

3. 辽宁"五小产业"发展的政府支持

根据辽宁省各市出台的《关于进一步加强产业精准脱贫工作的实施意见》有关规定，凡是有意向发展"五小产业"扶贫产业的建档立卡贫困户均可申请享受奖补扶持政策，但是，每个贫困户奖补资金合计数额上限为3000元，并且在实施意见中明确规定，"五小产业"帮扶资金只能用作"五小产业"发展。根据普查结果，凡是从事"五小产业"的建档立卡贫困户，平均每户增收2000元左右，脱贫增收步伐明显加快，为全面完成脱贫攻坚任务，实现美丽乡村建设，推进乡村振兴战略，共奔小康路奠定了坚实的基础。

（二）辽宁助农"五小产业"发展的主要金融产品

金融在脱贫攻坚中的助农作用，体现在农业银行、农村信用社、邮储银行、人保财险公司在脱贫攻坚信用贷款中发挥着主力军作用。2015年以来，脱贫攻坚信用贷款在辽宁省各市有意愿贷款发展种养业等"五小产业"的贫困户中，起到了帮扶的积极作用。金融机构在核定的额度和期限内发放五万元以下贷款，通过财政资金贴息、风险补偿、小额贷款保险等措施降低贷款风险，建档立卡贫困户承诺在三年内还款，这样贫困户就能够充分享受到免抵押、免担保、基准利率贴息的脱贫攻坚信用贷款扶持。

产业扶贫是脱贫致富的根本出路，是促进贫困户增收致富的根本举措。"五小产业"扶持政策是针对建档立卡贫困户而设立的金融扶持政策，金融支持贫困户发展"五小产业"，充分尊重农民意愿，根据地域特色，发展种养业或家庭手工业等，贫困户可以在自家完成，农忙时节不耽误田间耕种，闲时可再做工，建档立卡贫困户投资投劳，政府提供金融支持、财政奖补等，引导农户发展具有地方特色和文化传承意义的"五小产业"，使得贫困户重新建立起致富的信心。

1. 惠农贷

邮储银行发放的扶贫惠农贷金额不大，与其他贷款有着显著的区别，免抵押、免担保、政府贴息，是专门创立的扶贫惠农小额贷款。当农民有意愿

发展"五小产业"时，在资金有困难的情况下，特别是建档立卡贫困户手里没有多余的资金发展"五小产业"，村镇两级政府出面帮助这些农户积极申请"五小产业"扶持资金，采取先发展"五小产业"、后补助资金，以奖带补等方式进行扶持，而这些扶持资金都是银行为"五小产业"量身定制的小额贷款。目前，这些小额贷款在"五小产业"的发展中发挥了重要作用，帮助贫困户解决了资金不足的问题。

2. 小额贷款

"五小产业"发展过程中，政府全力做好金融政策扶持等有关工作，包括技术指导、金融管理服务等，特别是在小额贷款的前期审查、中期发放及后期管理等方面，积极配合贷款发放银行做好农户的各项材料准备上报工作，为充分实现"五小产业"的综合效益当好大"管家"。通过调研，"五小产业"在建档立卡贫困户中的参与率达到了90%以上，"五小产业"覆盖贫困村达到100%，大大增加了贫困户的经济收入，而贫困户单独获得小额贷款的概率不到20%。

二 "五小产业"发展的金融支持问题

"五小产业"的发展，因为资金瓶颈问题，特别需要金融资金的支持，但是，由于农户无法提供银行认可的抵押物，必须由政府性担保公司提供政策性担保，由于"五小产业"的特殊性，贷款产品必须具备覆盖范围广、贷款门槛低、兼具政策性担保的特点，所以，在金融支持的实践中就出现了这样或那样一些问题。

1. 农户自身诚信等问题

在申请"五小产业"贷款的建档立卡贫困户中，有极少数贷款不是用于发展"五小产业"，有些因懒致贫的贫困户用贷款去消费，吃吃喝喝；有的贫困户怀着侥幸心理，用贷款去装修房屋或进行扩建。像这样的贫困户后期肯定是还不上贷款了，这就造成了一些贫困户还不上贷款的问题。

还有一部分贫困户，在使用贷款进行"五小产业"发展过程中，由于没有经营好，或者出现了养殖疫情、种植病虫害或天灾等，亏了本，甚至还拉了饥荒，到最后贷款也还不上了。

甚至还有建档立卡贫困户，一开始就不准备还贷，置信用于不顾，没有任何诚信意识。

在调研中还发现，有一部分高龄健康贫困户，独自居住，有发展种植业或养殖业的意愿，但是苦于没有本钱，又因为超过银行的贷款年限而不能获得银行授信，从而不能获得扶贫小额贷款的支持。

2. 金融机构问题

（1）宣传不到位等问题

由于农民的教育背景普遍非常简单，调查中发现特别是贫困户的受教育程度80%以上是小学，甚至还有不识字的，所以像贷款这样的名词，虽然在日常生活中并不是什么新鲜词语，但是对于有些没走出过本乡本镇的农户来说，还是不大明白，他们想贷款又有很多顾虑。在实际工作中，银行与乡镇并未开展有效沟通和对接，没有深入贫困户家中详细了解建档立卡贫困户的生活状况及贷款意愿，扶贫小额贷款政策宣传不到位，仅限于对乡镇上报材料的审核，对一部分确实具备条件的贫困户没有发放贷款。

（2）金融企业的社会责任与担当问题

2020年是决胜脱贫攻坚年，各省市为帮助贫困户脱贫致富，不断出台惠农政策，助力建档立卡贫困户脱贫致富，在解决"五小产业"发展缺乏资金的问题方面，也在不断创新推出政策性优惠信贷产品。在这一过程中，政府性担保公司为农户还不上款提供政策性担保行为，农户申请贷款，由村镇两级政府核查推荐，担保公司审核，对合格的农户银行发放贷款。贷款到期，农户能够按期自觉归还贷款及利息的，财政给予贴息。金融企业在贷款发放前与发放后的工作中，没有充分体现出企业的社会责任与担当，区别对待，只愿锦上添花，不愿雪中送炭。

3. 地方政府问题

（1）担保意愿不强问题

对于建档立卡贫困户贷款，虽然没有硬性要求必须进行抵押担保等，但

是，银行在前期对贫困户进行的考核还是相当严格的，对上报材料的审核也是相当审慎的，据调研，按照上报材料申请贷款的贫困户，获批的仅占14%左右，之所以这么低，部分原因是在贫困户贷款的审核过程中，对于后续还款，有一部分需要地方政府进行担保，而且贷款发放后地方政府承担着后续监管责任，因此有些乡镇在担保问题上表现出责任的缺失，不愿意进行担保。

（2）对建档立卡高龄贫困户不予授信

现行建档立卡贫困户评级授信针对的是18周岁以上有民事行为能力，男60周岁以下、女55周岁以下的本乡镇农民，而且政策规定，建档立卡贫困户评级授信必须为"优秀"，而60周岁以上男性和55周岁以上女性，即使身体再好，也因政策限制，无法获得授信，从而无法获得小额贷款。

三 金融助农"五小产业"发展的对策建议

金融扶贫重在精准，金融"输血"不如帮助贫困户"造血"，金融信贷要真正把钱用在刀刃上，把资金投入田间地头，投入最需要的贫困户手中用于发展产业，让贫困户去创业，以创业带动就业，让贫困户去创富，以创富带动致富，争取早日打赢脱贫攻坚战。

1. 农户的信用评价体系建设

为确保建档立卡贫困户成功获得贷款，服务于农村地区的金融机构，必须针对地区特点，为贫困户量身定制评级授信标准，这既有利于贫困户获得贷款，也有利于充分发挥金融的支农作用。通过农户信用评价体系的建设，让农民更加关注诚信的重要性，更加注重个人的诚实守信行为表现，崇尚诚信光荣、失信可耻，违约违规将受到惩罚的体制机制，同时也为金融机构能有效发挥贷款的助农作用并收回贷款建立保障机制。

2. 加强金融助农支持的后续保障工作

金融在助农支持的同时，还应加强贷款的后续保障。金融部门加大了对符合条件的"五小产业"的信贷支持，从财政专项扶贫资金中对贫困户用于发展种养产业的给予贷款全额贴息，同时要加强助农贷款的后续保障，加强与保险公司的合作，委托保险公司对贫困户经营的"五小产业"进行上门投保服务，并根据贫困户后期增加的"五小产业"品种及时二次上门办理投保业务，做到保险覆盖面100%，使贫困户发展有了坚实的保障，让建档立卡贫困户发展"五小产业"增加家庭收入更加安全保险。

3. 地方政府的责任担当作用

充分发挥地方政府财政资金杠杆的引领作用，充分运用政策性担保的增信功能撬动银行资金，切实解决建档立卡贫困户贷款难、担保难、贷款贵的问题，更好地引导金融服务"五小产业"，服务贫困户，开展政策性贷款担保服务。引导更多金融资源流向"三农"领域。只要经地方政府核查推荐，银行、担保公司调查审核，有建档、有信用、有经营、有效益、有需求的贫困户就可获得金融服务，即使没有抵押也可申请贷款。同时，地方政府承担起扶贫小额信贷资金使用的监督和管理义务，教育广大贫困户树立起诚信意识、遵守合同、讲诚信、讲信誉，按要求使用贷款，按照约定时间归还贷款。

4. 加强金融扶贫小额贷款的政策宣传

作为贷款发放的主体金融机构，无论是农业银行、农村信用合作社还是邮储银行，都有把国家好的扶贫政策宣传到户的责任与义务，小额贴息贷款主要针对建档立卡贫困户，有它指定的用途，在宣传讲解方面，也只有银行工作人员才能讲解更到位、更精准，如果只是印发一些宣传手册，让农民自己去看，自己去理解，那扶贫贷款的发放就会不到位，仍然会出现贫困户需要钱但不想贷或不愿意贷的问题。因此，在实际工作中，对于一些金融扶贫政策，作为金融机构不是"一印""一摆""一发"了之，要有针对性地去宣传，去上门讲解服务，简化贷款办理手续，缩短贷款办理流程，真正破解贫困户贷款难的问题，充分发挥宣传的效力，发挥金融扶贫的作用。

5. 调整贷款年龄上限并完善保障机制

随着生活水平的不断提高，医疗设施越来越完善，城乡居民的寿命越来越长，国家都在计划调整男女的退休年限，那么针对贫困户的贷款授信年限

还定格在 55 周岁和 60 周岁，就有些不合时宜了，因此，各地承办扶贫小额贷款的金融机构，应该将建档立卡贫困户的户主授信贷款年限做适当延长，从而充分发挥小额贷款的作用，让贷款的惠及面更广，更能体现出扶贫贷款的真正意义。另外，高龄独居老人贷款也有一定的风险性，地方政府应根据风险评判设置专项补偿基金或为贷款者购买保险以分散风险等。

四 金融助农"五小产业"发展的分析预测

2020 年是决胜脱贫攻坚之年，精准扶贫和脱贫都离不开金融的支持作用。金融助农"五小产业"发展，帮助建档立卡贫困户脱贫，任务并没有完成，全面奔小康的路上，一个也不能少，金融助力脱贫攻坚，更要助力脱贫致富，把扶贫工作从"输血"转向"造血"，无论是政府、市场还是社会发展，金融的协同推进作用都具有现实意义。

1. 金融支持农民发展"五小产业"的作用越发凸显

随着建档立卡贫困户的脱贫，"五小产业"的脱贫任务已经完成，但是，由于贫困户对于种植业、养殖业、手工业已经技能娴熟，小贸易、小作坊也建立起了固定客户和受众链条，在完成脱贫任务之后，后续的奔小康任务，依然可以通过发展壮大"五小产业"来实现，然而资金问题依然是制约"五小产业"发展的首要问题，金融的支持作用将越发重要。政府将继续行使政策性担保职责，为农民发家致富保驾护航，金融企业的责任担当意识会不断体现在对农民发展"五小产业"的资金支持上。

2. 金融助力"五小产业"发展服务更加精准

"五小产业"的发展在脱贫攻坚阶段，主要任务在脱贫上，2020 年脱贫任务完成，"五小产业"的发展定位将在致富奔小康方面，金融服务在对象选择上将会更加精准施策，对于没有能力发展壮大"五小产业"的农户，在资金扶持上基本维持原来规模，而对于有能力、有意愿把"五小产业"发展壮大的农户，特别是有地域特色的农家小庭院、农户小买卖、农民手工品等，会持续注入扶持贷款，协同政府帮助农民扩大规模，助力农户把产业做大做强。

3. 不断创新金融产品助力"五小产业"发展

全面建成小康社会，关键是要让农民过上小康生活，尤其是让刚刚脱贫的农户快速地过上小康生活。"五小产业"发展门槛低，见效快，但是金融助力产品目前还比较单一，还没有针对"五小产业"，根据其形成周期与特色，制定更有针对性的金融产品计划，未来，金融机构会不断深入农户进行细致研究，开发出更具特色的创新产品，更好地服务"五小产业"，使得发展"五小产业"的农户能拿到所需资金，扩大产业规模，早日小康早日致富。特别是网络信贷产品的创新发展与服务创新，让农户得到更加便捷的金融服务。

4. 保险机构将不断发挥防贫保险作用

针对贫困户的脱贫又返贫问题，金融扶贫的闭环作用将越来越完善。银行提供信贷资金使得"五小产业"的发展助力建档立卡贫困户脱贫，但是突发事件不可避免，天有不测风云，保险公司的风险保障作用将起到规避风险的作用。对于农业、养殖业，遇到自然灾害在所难免，如果再遇上突发疾病等，贫困户再返贫的概率会大大增加，作为保险公司，防贫保险必不可少，购买该险种是政府对脱贫贫困户必须要做的工作，提高贫困户对保险的认识，投保费用如何分担支付，对于再次返贫的农户如何实施救助等都将不断完善。

小额信贷金融扶贫助力"五小产业"发展，已经取得了突出实效，但是在部分偏远山区，金融扶贫机制还不健全，金融部门和贫困户的衔接还有障碍，产业与贷款周期衔接还有不吻合的地方，金融产品和担保机制还有待创新，担保能力有待强化，还应加强小额贷款对"五小产业"的保险作用，健全贷款偿还风险体系建设。充分发挥保险对广大建档立卡贫困农户"五小产业"发展风险的补偿保障功能，应不断增强政策性担保能力，扩大金融信贷资金支持贫困户发展"五小产业"的规模，还应不断加强金融体制机制建设，确保金融扶贫工作良性循环。

参考文献

《关于抚顺市脱贫攻坚信用贷款的实施意见》（抚脱发〔2016〕1 号），抚顺市脱贫攻坚领导小组文件。

《关于金融助推脱贫攻坚的实施意见》，中国人民银行等 7 部门联合印发，2016 年 3 月 16 日。

B.12
辽宁省粮食安全保障的思路与对策

侯荣娜*

摘　要： 近年来辽宁在国家粮食安全保障方面取得了显著成效，但是同时也面临着与全国其他粮食主产区存在的共性问题，本文通过对辽宁粮食安全保障能力以及粮食安全保障存在的问题的剖析，分别从实施最严格耕地保护制度，深化农村土地整治，创新耕地保护方式；完善财政各项补贴支持政策，切实保障粮农收入；强化对产粮大县的财政支持，切实保障辽宁粮食产能的稳定；大力推行休耕计划、发展生态农业，促进农业生态安全与粮食安全协调发展；大力加强辽宁农田基础设施建设，完善农业灾害防控体系；加强农业信息、农业科技服务，完善辽宁粮食社会化服务体系六个方面提出了科学可行的对策建议。

关键词： 辽宁　粮食安全　粮食综合产能

　　粮食安全是当前农业发展的首要原则，已上升为国家战略。粮食安全关系到全民生活和社会的稳定，是关系国计民生的重大战略问题。在确保国家粮食安全战略实施过程中，粮食主产区起着决定性作用。辽宁省作为我国13个粮食主产区之一，是我国重要的粮食储备和调出大省，是我国粮食安全的重要保障区域。2020年4月21日辽宁省政府出台了《关于2020年辽

---

* 侯荣娜，辽宁社会科学院农村发展研究所副研究员，主要研究方向为农村经济。

宁省稳定粮食生产保障粮食安全的指导意见》，紧接着2020年9月辽宁省政府又出台《辽宁省人民政府关于进一步加强粮食安全省长责任制工作的实施意见》，提出辽宁要毫不放松地抓好粮食生产，把保障粮食安全放在经济社会发展的突出位置。因此保障粮食安全是当下辽宁省农业发展的重中之重，也是推进辽宁省农业现代化和落实乡村振兴战略的重要任务。

一 辽宁粮食安全保障能力分析

辽宁省位于中国东北地区的南部，具有有机质含量丰富的土壤、开阔平坦的地势、适合农作物生长的日照时间、温湿度适中的气候，为玉米、水稻等大宗粮食作物生产创造了非常有利的生长条件。作为全国重要的粮食主产省份，近年来辽宁省委、省政府一直把提升粮食综合产能作为全省农业发展的重中之重。通过乡村振兴战略的实施以及农业现代化的推进，辽宁省的粮食综合产能成功实现了从量到质的飞跃，2019年辽宁省粮食总产量达486亿斤，比上年增长47.52亿斤，同比增长14.2%，这也是改革开放以来辽宁省粮食总产第9次突破2000万吨大关，为保障国家粮食安全做出了重要贡献。

（一）辽宁粮食作物种植播种面积相对稳定

一直以来，辽宁就是我国重要粮食主产区之一，辽宁粮食作物种植作物一直保持着相对稳定态势。2015～2019年辽宁粮食播种面积占耕地总面积的比例均在80%以上（见表1）。近年辽宁省不断调整农业种植结构，逐步形成了玉米、水稻两大核心粮食作物的种植发展格局。玉米是辽宁农作物播种第一大作物，2015年玉米的播种面积达到了一个历史峰值，占粮食播种面积的81.06%，之后，受玉米临储政策改革影响，玉米种植有了一个下降的趋势，但是玉米种植播种面积仍然占比最高，2019年玉米占粮食播种面积的比例下降为76.68%。辽宁省水稻种植面积相对稳定，年际变化幅度不大，2015年辽宁水稻种植面积占粮食作物播种面积的比例为13.02%，到2019年达到了14.54%，仅增加了1.52个百分点，增幅较小（见表2）。

表1 辽宁粮食播种面积情况分析

年份	农作物总播种面积 （千公顷）	粮食作物播种面积 （千公顷）	粮食作物占农作物总播种 面积的比例（%）
2015	4335.5	3605.2	83.2
2016	4242.7	3515.0	82.8
2017	4172.3	3467.5	83.1
2018	4207.1	3484.0	82.8
2019	4217.1	3488.7	82.7

资料来源：《辽宁统计年鉴2020》。

表2 辽宁主要粮食作物水稻和玉米播种面积情况

单位：千公顷，%

年份	粮食作物	水稻	玉米	水稻占比	玉米占比
2015	3605.2	469.2	2922.4	13.02	81.06
2016	3515.0	476.4	2789.8	13.55	79.37
2017	3467.5	492.7	2692.0	14.21	77.64
2018	3484.0	488.4	2713.0	14.02	77.87
2019	3488.7	507.1	2675.0	14.54	76.68

资料来源：《辽宁统计年鉴2020》。

（二）辽宁重要粮食作物产量稳中有升

近年来，辽宁省紧紧围绕提升粮食综合生产能力这一重要战略发展目标，先后在全省范围内大规模实施了"科技入户示范工程""超级稻示范推广计划"等一系列工程，2015年辽宁粮食生产总量为2186.6万吨，2019年达到了2430万吨，5年间，粮食产量增长了11.13%，年均增长率达到了2.13%。而且辽宁粮食总产量从2011年开始，连续9年突破2000万吨大关，辽宁粮食产量全国位次也一度有所提升。辽宁省地处世界"黄金玉米生产带"，具备得天独厚的发展玉米种植的优越自然条件。玉米产量在2016年达到了顶峰，占粮食产量比重一度达到了

78.17%（见表3）；辽宁也是全国优质粳稻生产基地，2015～2019年辽宁水稻占粮食产量平均比重达到了18.24%，其中，辽宁桓仁、盘锦、丹东等地生产的稻米在国内外大米消费市场上都有很高的声誉，是全国知名品牌。两大粮食作物产量稳中有升，进一步巩固了辽宁粮食主产省份的重要地位。

表3 辽宁玉米、水稻两大核心粮食作物产量分析

单位：万吨，%

年份	粮食产量	水稻	玉米	水稻比重	玉米比重
2015	2186.6	402.7	1697.1	18.42	77.61
2016	2315.6	410.4	1810.1	17.72	78.17
2017	2330.7	422.0	1789.4	18.11	76.78
2018	2192.4	418.0	1662.8	19.07	75.84
2019	2430	434.8	1884.4	17.89	77.55

资料来源：《辽宁统计年鉴2020》。

（三）辽宁整体人均粮食占有量高于全国平均水平

人均粮食占有量的多少，是衡量粮食安全的一个重要指标，指标越高，则安全程度越高。从中华人民共和国成立以来我国粮食安全的实际情况来看，人均粮食占有量高于400千克，粮食安全有保障，人均粮食占有量在350～400千克，处于温饱状态，人均粮食占有量低于350千克时，会发生粮食危机。辽宁地区作为我国重要的商品粮基地，也是中国的粮食主产区之一，人均粮食占有量基本在400千克以上，远高于中国同期公布的人均占有量。根据《中国农村统计年鉴》数据可知，辽宁粮食人均占有量基本远高于同期全国人均粮食占有量，2013～2017年辽宁人均粮食占有量平均在473.74千克，高于全国平均水平。此外，辽宁粮食人均粮食占有量位次也比较靠前，2016年以来，辽宁人均粮食占有量在全国处于第8位、第9位的水平。（见表4）

表4 辽宁人均粮食占有量位次

年份	地区	粮食总产量 （万吨）	位次	平均每人占有量 （千克/人）	位次
2013	全国	60193.8		443.5	
	辽宁	2195.6	12	500.2	8
2014	全国	60702.6		444.9	
	辽宁	1753.9	14	399.5	16
2015	全国	62143.9		453.2	
	辽宁	2002.5	13	456.5	11
2016	全国	61625		447	
	辽宁	2100.6	13	479.6	8
2017	全国	66160.7		477.2	
	辽宁	2330.7	12	532.9	9

资料来源：2014~2018年《中国农村统计年鉴》。

二 现阶段辽宁粮食安全保障存在的问题

（一）耕地数量、质量不容乐观，粗放的粮食生产方式将严重影响全省粮食安全

截至2016年底，辽宁省共有耕地498.19万公顷，但人均耕地面积仅为0.11公顷，与1952年的人均0.25公顷相比，下降了56%。随着人口的增长和城镇化的发展，耕地承载压力越来越大，在土地资源日渐约束背景下，粮食生产方式粗放化问题日益凸显。农民为提高粮食产量，增加收入，不惜大量甚至过量施用化肥、农药，施用量呈现快速上升趋势。2020年辽宁统计年鉴数据显示，全省农用化肥施用折纯量，从2010年的140.1万吨到2015年的152.1万吨，增加了12万吨，增长8.6%。2015~2019年，全省农用化肥施用折纯量又经历了一个缓慢下降的过程。全省农药施用实物量，从2010年的403.4万吨增加到2014年的433.7万吨，增加了30.3万吨，增长7.5%（见表5），2015~2019年，全省农药施用实物量

开始进入缓慢下降的过程。而辽宁省农作物播种面积2012～2019年仅增长了2.97%。这虽然达到了增产目的，却造成农业面源污染加剧问题，土壤有机质含量降低，地力透支严重，将影响到粮食生产可持续发展。另外，在辽宁省工业化、城市化发展进程中，耕地数量、质量都呈现出不容乐观的趋势，虽然实现了土地征用占补平衡，但是在城市扩张的过程中，人增地减的趋势将在很长一段时间内难以逆转，特别是城市化建设中，存在着城市土地闲置与撂荒、城市土地利用效率低下、乡镇企业布局分散、用地规模过大等现象。这些都增加了城市用地压力，也加剧了农村耕地数量的减少。

表5　2010～2019年辽宁粮食化肥施用量情况

单位：万吨

年份	化肥施用量	
	实物量	折纯量
2010	403.4	140.1
2011	418.3	144.6
2012	428.3	146.9
2013	432.6	151.8
2014	433.7	151.6
2015	432.9	152.1
2016	420.2	148.1
2017	410.8	145.5
2018	407.8	145.0
2019	—	139.9

资料来源：《辽宁统计年鉴2020》。

（二）粮食奖励资金缓解地方财政压力不足，增粮的效果并没有完全实现

近年来，我国一直执行产粮大县奖励政策，但由于奖励资金规模较

小，缓解地方财政压力不足，增粮的效果并没有完全实现。一方面，粮食大县的奖励资金呈现下降趋势。而且近几年出现了资金分配下滑趋势。财政部数据显示，辽宁产粮大县奖励资金 2017 年为 13.13 亿元，到 2019 年下降为 6.42 亿元，三年下降了 6.71 亿元。另一方面，辽宁产粮大县仍然存在财政收支不平问题，并且财政收支缺口呈现扩大趋势，提高增粮积极性的作用有限。《中国农村统计年鉴》数据显示，昌图、大洼、彰武等 9 个产粮大县都存在财政收支缺口的问题，数据显示，2013～2017 年 9 个产粮大县的财政收支缺口都呈现扩大趋势。其中黑山县的财政收支缺口由 2013 年的 16.39 亿元扩大到 2017 年的 27.3 亿元，5 年间财政收支缺口扩大了 10.91 亿元；昌图县的财政收支缺口由 2013 年的 34.12 亿元扩大到 2017 年的 42.38 亿元，5 年间财政收支缺口扩大了 8.26 亿元（见表 6）。财政收支缺口的不断扩大导致地方财政在配套农业支出方面很吃力，基层财政困难严重制约了地方发展粮食生产的内在动力。

（三）农业生产成本上升，农业补贴效应有限，粮农收益难以保障

由于农业生产成本不断攀升，以及有限的农业补贴效应，粮农收益很难得到保障。《中国农村统计年鉴》数据显示，近年农业生产成本，包括种子、化肥、农药等农业生产资料成本以及人工、土地成本在内的总成本都在逐年攀升。如 2014 年辽宁种植粳稻每亩总成本为 1423.75 元，到 2018 年已达到 1616.04 元（见表 7），增长了 192.29 元。而粮食价格的提高又受诸多因素的限制，因此导致粮农收益很难得到保障。此外，目前种粮农民直接受益的补贴主要为"普惠性质"收入补贴，促进粮食生产作用有限，而"特惠性质"补贴主要是针对规模经营主体，规模经营主体对粮食价格非常敏感，一旦预期粮价下跌，就会减少其种植规模，影响其种粮积极性。此外，市场化趋势下的粮食定价机制导致粮价持续走低，农民收益也难以保障。

表6 2013~2017年辽宁9个产粮大县地方财政收支缺口分析

单位：亿元

年份 地区	2013			2014			2015			2016			2017		
	地方财政一般预算收入	地方财政一般预算支出	收支缺口	地方财政一般预算收入	地方财政一般预算支出	收支缺口	地方财政一般预算收入	地方财政一般预算支出	收支缺口	地方财政一般预算收入	地方财政一般预算支出	收支缺口	地方财政一般预算收入	地方财政一般预算支出	收支缺口
昌图县	10.6	44.7	34.12	10.9	45.8	34.9	6.39	45.8	39.43	5.15	50.8	45.67	5.06	47.4	42.38
大洼县	39.3	55.9	16.62	40.2	58.4	18.2	26.3	45.6	19.3	29.1	53.2	24.14	31.1	52.7	21.59
彰武县	9.19	26.9	17.75	9.28	28.4	19.2	4.53	24.9	20.33	3.82	28	24.22	4.47	28.4	23.93
黑山县	12.7	29.1	16.39	12.3	31.9	19.6	5.3	34.3	28.98	3.8	33.2	29.36	7.25	34.6	27.3
法库县	27.7	39.6	11.84	31	36.8	5.81	8.89	23.8	14.95	8.67	26.4	17.72	9.11	26	16.85
新民市	30	45.1	15.12	30.4	44.6	14.2	10	33.1	23.09	9.7	32.9	23.17	10.4	33.1	22.71
建平县	25.1	42.6	17.44	21.5	39.5	18	7.3	26.9	19.63	5.6	29.4	23.8	7.15	34.8	27.67
阜新蒙古族自治县	11.7	38.9	27.16	11.9	39.8	27.9	6.05	36.7	30.63	5.7	41.3	35.6	6.12	42.1	36
开原市	24.9	36.2	11.28	21.9	33.5	11.6	7.45	15.2	7.75	5.63	23.6	17.99	6.04	23.5	17.43

资料来源：根据新华财经数据整理计算而得。

表7 2014~2018年辽宁粳稻、玉米成本情况分析

单位：元

年份\品种	粳稻		玉米	
	每亩总成本	每亩土地成本	每亩总成本	每亩土地成本
2014	1423.75	403.07	1067.12	322.13
2015	1522.06	437.71	1070.6	349.31
2016	1553.37	475.77	1027.61	323.1
2017	1584.6	485.16	910.64	237.12
2018	1616.04	497.72	947.52	260.72

资料来源：2015~2019年《中国农村统计年鉴》。

（四）农业自然灾害的影响削弱了辽宁部分区域粮食生产能力

自然状况对粮食生产产生的影响最为直接，粮食产量极易受到自然灾害的影响。由于辽宁省特殊的地理位置，其气候也具有明显的温带大陆性季风气候的特点。首先表现出的是降水的不均匀，夏季降水多春季降水少，极易产生春旱现象。辽宁省降水分布由东南向西北递减，据气象部门统计，东南地区降水要比西北地区多2倍左右。辽宁西部降水最少，全年仅有500毫米。而年降水量少于550~600毫米等值线的地区被视为干旱地区，因此辽宁西部和北部干旱发生频率最高，辽宁西部地区素有"十年九旱"之称，从而导致其遭受干旱灾害的减产损失最大。从农业发展的要求来看，全省水资源分布也极不均匀，由东南向西北递减。全省多年平均水资源总量为341.79亿立方米，人均水资源量占有量为808立方米。其中，辽西的锦州、阜新、朝阳、葫芦岛四市水资源总量为56.93亿立方米，仅占全省的16.66%。此外，辽宁省农业抗旱基础设施仍然薄弱，据统计辽宁省仍然有2000万亩易旱耕地没有水利灌溉基础设施，纯靠天种植，这严重削弱了辽宁部分区域粮食生产能力。

（五）农业基础设施薄弱、农业生态环境问题影响粮食生产的可持续发展

随着粮食产量的逐年增长，辽宁地区农业基础设施薄弱问题、农业生态

环境问题也日益突出。农业生态环境问题直接关系到未来辽宁粮食生产的可持续发展。一方面,农业生产投入要素(主要农药、化肥和农用薄膜)等石油化工产品的大量使用造成辽宁地区农业面源污染加重,严重威胁生态环境平衡。这些问题将严重威胁粮食质量安全以及农业的可持续发展。另一方面,辽宁省农业基础设施薄弱也制约了粮食的高产稳产。尤其是大田基本设施由于年久失修和严重老化,加上大部分农村集体收入低,公共积累不足,村级组织无法承担农业基础设施的建设与维修,制约了辽宁省粮食未来的可持续发展。

三 辽宁粮食安全保障的思路与对策

(一)实施最严格耕地保护制度,深化农村土地整治,创新耕地保护方式

保障粮食安全关键在于实施最严格耕地保护制度,深化农村土地整治,创新耕地保护方式。要进一步强化《辽宁省人民政府关于进一步加强粮食安全省长责任制工作的实施意见》,落实各级政府"一把手负责制"的耕地保护责任。同时根据《中共辽宁省委辽宁省人民政府关于加强耕地保护和改进占补平衡的实施意见》(辽委发〔2018〕4号),要坚持耕地数量、质量、生态"三位一体"的原则,着力实施最严格的耕地保护制度以及节约用地制度。大力实施"藏粮于地、藏粮于技"战略。当非农建设用地占用耕地时,要按照"占多少,垦多少"的原则,及时补充与占用耕地数量相等、质量相当的耕地。同时政府要着手成立土地开发复垦专项基金,用于开发土地后备资源。此外,还要根据《全国土地整治规划》的要求,大力实施土地整治,创新耕地保护方式。要按照"谁保护、谁受益"的原则,加大对辽宁省耕地保护任务重的地区的利益补偿,建立耕地保护利益保障机制,确保不让保护耕地的地区吃亏。还要推进大规模高标准农田建设,统筹推进国土整治等规划实施。

（二）完善财政各项补贴支持政策，切实保障粮农收入

粮食安全和保障粮农收入是相辅相成、互为促进的。要大力提高种粮的比较经济效益，增加种粮农民的收入，建议在农业支持保护补贴即原有"三补合一"的基础上，进一步建立健全和完善辽宁省粮食生产补贴政策，真正让辽宁地区种粮农民得到实惠。

一是鉴于目前农业补贴规模偏小的现状，建议大幅提高粮食补贴标准，创新粮食补贴方式。建议原有补贴的均按照种植面积进行补贴不变，稳定种粮农民的积极性。同时建议在辽宁地区追加商品粮出售补贴，以此激励辽宁地区农民提高粮食单产、扩大粮食种植规模和种粮面积，从而培育更多的种植大户和种粮能手，加快使种粮大户、专业合作社、家庭农场等新型经营主体向现代化的经营方式转变，进一步提高种粮农民的组织化程度，促进辽宁地区粮食产业结构的不断调整优化。同时强化补贴资金落实效率。在实施粮食生产补贴的过程中应建立农业补贴资金目标责任制度以及责任追究制度等监督机制，同时在落实省长责任制的同时，切实加强和完善市、县长责任制，从而确保农业补贴资金的足额发放。

二是继续完善农业保险政策，切实保障种粮农民收入。政策性保险的"低保障、广覆盖"特点，导致种粮农户预期收益并不是很高。因此需要大力推广政策性保险与商业保险相结合模式。政策性保险用于保障小规模农业灾害造成的农户的经济损失；当发生重大自然灾害时，当损失额已超过政策性保险约定的保险额之后，余下的可以引入商业性保险进行补偿。此外，针对规模经营主体的风险性比较高的特点，可以引入更高保障水平的商业保险服务，从而有效化解规模化粮食生产所面临的农业自然风险。

（三）强化对产粮大县的财政支持，切实保障粮食产能的稳定

在保障辽宁粮食安全中产粮大县功不可没，因此要切实强化对辽宁省产粮大县的财政支持，切实保障辽宁粮食产能的稳定。一是不断加大对辽宁省

产粮大县的农业补贴预算。加大对辽宁省财政困难的产粮大县的民生和农业基础设施的投入力度，切实缓解其在保障粮食发展与发展地方经济之间的矛盾。省级财政要切实加大对财政困难的产量大县的经常性转移支付的力度，加大资金投入，用于当地的耕地地力提升、农田水利设施建设、农业科技开发应用、粮食质量安全检测等，从而切实保障辽宁地区粮食产能稳定。二是积极加大有关粮食生产投资项目的各种资金整合力度，建立多渠道资金投入保障机制，特别用于产粮大县的农业综合开发。重点用于扩大辽宁产粮大县的高标准农田示范工程建设规模，特别是用于农业基本设施的投资、中低产田改造的投资以及农田抗旱排涝能力建设投资。

（四）大力推行休耕计划、发展生态农业，促进农业生态安全与粮食安全协调发展

一是要在辽宁大力推行休耕计划，加大省级以及主要县区的纵向财政基金拨付，用于补偿休耕中农民的经济损失以及解决休耕区域的经济发展滞后问题。要大力探索建立辽宁地区粮食生产生态环境补偿标准，用于加强农业休耕、土壤修复、农村基础设施建设等。此外，还要逐步探索建立科学的生态补偿标准体系。二是促进农业生态安全与粮食安全协调发展。辽宁要大力推广"种植业＋养殖业＋加工业"为一体的循环经济型生态农产品生产模式、"粮食作物＋经济作物＋饲料作物"三元结构式的农产品生产模式，这不仅可以提升农作物的生长质量和效率，还可以有效减少农药、化肥、植物增长激素的施用，达到改善农村生态环境的发展目的，有效协调生态农业与粮食安全的发展。此外，还要大力推广"养殖＋沼气＋种植"三位一体的循环经济型发展模式，这一模式可以将农村养殖废弃物、秸秆废料等转换为可利用的资源，从而形成科学、环保的经济生态链，有利于农村经济的科学化、持续化发展。

（五）大力加强农田基础设施建设，完善农业灾害防控体系

农田基础设施建设对抵御自然灾害、保障粮食综合生产能力具有重要

意义。

一是政府要不断加大对农田基础设施建设的投入力度，大中型以上的项目以政府投入为主，给农民更多休养生息、发展生产、增加投入的时间，为加速农业现代化进程奠定物质基础。二是针对辽宁省部分区域旱情有计划地扩大全省农田的灌溉面积，科学调配水资源，最大限度发挥抗旱效益。在有限的灌溉面积基础上以"突出重点，效益优先"为原则，尤其要加强对辽西地区水资源的调配能力。要积极争取国家部委的有关立项经费，加大对辽宁西部地区的水利工程建设力度，提升大中小型水库的蓄水能力，提高辽宁西部地区对自然灾害的控制能力和抵御能力。三是构建辽宁干旱自然灾害的监测、预警机制，提高大田作物的抗旱能力，尤其是要大力培育粮食抗旱品种。同时要通过现代科学技术如电子信息技术、激光技术、核技术、卫星遥感技术、航空航天技等，着手建立具有防灾、避灾、救灾能力的现代化综合防御机制体系。要全面跟踪大气、水、病虫、土壤、地核的实际情况，加强农业灾害监测预报的科学研究，大力提高预警体系的准确性和时效性，促进辽宁粮食生产的可持续发展。

（六）加强农业信息、农业科技服务，完善粮食社会化服务体系

一是加强农业信息服务。现阶段辽宁要着手构建粮食市场和粮食生产资料价格、粮食价格等的信息化网络以及大数据平台，通过大数据平台，让农民及时了解当下最新的粮食交易信息、粮食价格信息以及粮食生产资料等信息，尽可能地解决农民的信息不对称问题，从而能有效降低粮食生产和销售中的不确定性，保障农民收入。二是进一步健全辽宁粮食储备信息系统服务，并构建粮食全产业链服务体系，将服务体系大力拓展至农村地区，为农民提供精准化、细致化服务，真正打造辽宁粮食安全服务体系。三是进一步健全农业科技创新和服务体系。深入推进科研成果权益改革试点，重点加快辽宁省农业技术的推广应用，省、市、县各级政府要大力承担起农业技术集成和推广的主要任务，从而有效解决农业技术推广的"最后一公里"问题。

参考文献

侯荣娜、戴旭宏：《改革和完善东北地区粮食安全与利益补偿机制路径选择》，《农业经济》2020 年第 11 期。

王惟一：《基于 GIS 的辽宁省农业干旱风险研究》，内蒙古农业大学硕士学位论文，2020。

辽宁省人民政府公报：《辽宁省人民政府关于加强耕地保护和改进占补平衡的实施意见》，2018 年 2 月 22 日。

刘宇航、王志丹、吴敬学：《辽宁省粮食生产发展问题与对策研究》，《农业经济》2015 年第 2 期。

生秀东：《河南省稳定粮食产能问题研究》，《中共郑州市委党校学报》2018 年第 6 期。

民生改善篇

Livelihood Improvement Articles

B.13
辽宁省收入分配现状、问题及对策研究

闫琳琳　丁　莹*

摘　要： 2020年，面对新冠肺炎疫情及经济下行压力加大的严峻形势，辽宁省有效应对，收入分配状况表现良好。本文对辽宁省收入分配现状及特点进行分析，发现辽宁城乡收入分配还存在着城乡居民收入绝对差扩大、不同地区间收入分配差距增大、不同行业间工资差距较大等问题，针对存在的问题提出了改善收入分配状况的对策和建议。

关键词： 城乡居民　收入分配　可支配收入

收入分配问题关系到经济社会全体劳动者的利益，是社会发展的重大问

---

* 闫琳琳，辽宁社会科学院副研究员，经济学博士，主要研究方向为人口学；丁莹，辽宁大学公共管理学院硕士研究生，主要研究方向为社会保障。

题。我国的改革开放最初就是以改革收入分配制度、调整利益关系为主要内容。改革开放四十多年来，我国在社会经济发展方面取得了举世瞩目的成就，与此同时发展的不平衡和不充分问题也变得尤为突出，收入分配体制改革也成了我国社会经济体制改革的重要内容。收入分配格局是否合理、收入差距是否不断增大、是否存在社会分配不公，是收入分配问题的主要内容。而收入分配体制机制以及地区间生产力发展不平衡等是造成这一格局的重要原因。因此，辽宁收入分配的现状及特点，存在的问题，如何进行收入分配领域的改革，是我们研究的重点。本文从辽宁省城镇居民人均可支配收入、农村居民人均可支配收入等收入分配指标进行研究探讨，分析辽宁省城乡居民收入分配的现状及原因，并针对存在的问题提出改善收入分配的政策建议。

一 辽宁省收入分配的现状及特点

2020 年上半年，辽宁省居民人均可支配收入达 16651 元，该收入水平超过全国平均水平，居全国第八位；辽宁省城镇居民人均可支配收入为20050 元，农村居民人均可支配收入为 9908 元，其中，农村居民人均可支配收入水平居全国第七位，同比增长 7.2%[1]。2019 年，辽宁省常住居民人均可支配收入为 31820 元，比上年增长了 7.1%；其中，城镇常住居民人均可支配收入为 39777 元，比上年增长了 6.5%，农村常住居民人均可支配收入为 16108 元，比上年增长了 9.9%[2]。

辽宁省城镇居民人均可支配收入和农村居民人均可支配收入近年来都有所增长，但是城镇居民收入与全国平均水平差距较大，工资性收入仍是城镇居民的主要收入来源，城乡之间收入差距略低于全国城乡间收入差距，不同行业之间职工工资差别较大。

---

① 数据来源：辽宁省统计局。
② 数据来源：辽宁省统计公报。

（一）城乡居民可支配收入不断增长

城镇居民和农村居民的收入水平分别通过城镇居民人均可支配收入和农村居民人均可支配收入来衡量。从统计年鉴数据可知，2013～2019 年，辽宁省城镇居民人均可支配收入和农村居民人均可支配收入都在逐年上升，表明城乡居民的生活水平也在不断提高。2013 年城镇居民人均可支配收入为 26696.96 元，农村居民人均可支配收入为 10161.21 元。到 2019 年，城镇居民人均可支配收入为 39777.2 元，农村居民人均可支配收入为 16108.29 元。2019 年辽宁省城镇居民人均可支配收入和农村居民人均可支配收入比上一年分别增长 6.5% 和 9.9%。（见图 1）

图 1　辽宁省城乡居民收入差距纵向比较（2013～2019 年）

资料来源：根据历年《辽宁统计年鉴》相关数据整理获得。

（二）城乡居民收入差距相对较小

2019 年全国城镇居民人均可支配收入为 42358.8 元，比上年增长 7.9%；全国农村居民人均可支配收入为 16020.67 元，比上年增长 9.6%。2019 年辽宁省城镇居民人均可支配收入为 39777.2 元，比上年增长 6.5%；辽宁省农村居民人均可支配收入为 16108.29 元，比上年增长 9.9%（见图

2）。与全国城乡人均可支配收入数据相比较，辽宁省城镇居民人均可支配收入低于全国城镇居民人均可支配收入水平；而辽宁省农村居民人均可支配收入水平略高于全国农村居民人均可支配收入水平。此外，辽宁省城乡间收入差距明显低于全国城乡间收入差距。

图 2　辽宁省城乡居民收入差距横向比较（2013～2019 年）

资料来源：根据历年《中国统计年鉴》《辽宁统计年鉴》相关数据整理获得。

（三）城乡居民收入增长动力不足

从辽宁省城镇居民家庭收入的构成来看，工资性收入是辽宁省城镇居民家庭收入的主要来源，在辽宁省城乡居民家庭收入中所占比重接近 60%。辽宁省城镇居民家庭收入的结构呈现多元化，工资性收入和转移性收入所占比重较大，经营净收入、财产性收入比重较小。总体来说，工资性收入是城镇居民家庭收入的主要来源，但其所占比重在逐年下降，从 2013 年的 57%下降到 2018 年的 55%（见图 3）。

城镇居民经营净收入从 2013 年的 3009.6 元提高到 2018 年的 4638.9 元，所占比重从 2013 年的 10.8%提高到 2018 年的 12.4%，呈现出逐年递增的趋势。城镇居民财产性收入从 2013 年的 674.2 元提高到 2018 年的 1845.7

元，所占比重从 2013 年的 2.4% 提高到 2018 年的 4.9%。2013 年城镇居民家庭转移性收入为 8339.1 元，占比为 29.9%。2018 年城镇居民家庭转移性收入为 10231.1 元，占比为 27.4%（见图 3）。总体来看，城镇居民财产性收入和经营净收入所占比重都在逐年上升，其中城镇居民财产性收入的增长较为明显，尤其从 2013 年的 674.2 元增长到 2014 年的 2147.7 元。在工资性收入成为城镇居民家庭收入主要来源的情况下，由于工资性收入一般只受政府政策等影响，可变性相对较弱，所以城镇居民的收入增长动力有些不足。

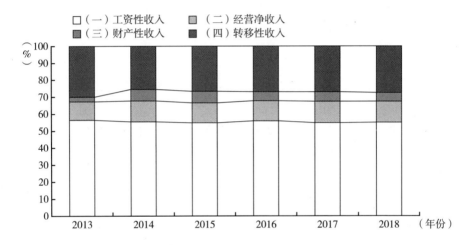

图 3　辽宁省城镇居民家庭收入结构变动趋势（2013～2018 年）

资料来源：根据《辽宁统计年鉴》相关数据整理得到。

与城镇居民家庭收入构成不同，在辽宁省农村居民家庭收入结构中，家庭经营净收入是农村居民家庭收入的主要来源。2013 年农村居民家庭经营净收入为 5160.2 元，2018 年为 6262.8 元，所占比重从 2013 年的 49% 降到 2018 年的 43%。农民的工资性收入占比从 2013 年的 40% 降到 2018 年的 38.5%，总体变化不大。农村家庭财产性收入所占比重 2013 年为 2.7%，到了 2018 年则为 2.3%。2013 年农村家庭转移性收入为 870 元，所占比重为 8%，2018 年农村家庭转移性收入为 2413.2 元，所占比重为 16%（见图 4）。可以看出，转移性收入在农村居民家庭收入中所占的比重正在逐年增长，并且增速

较为明显。农民从当地第二、第三产业中获得的工资性收入偏低，应当加快农村第二、第三产业发展，为农村居民的收入增长提供更强的动力。

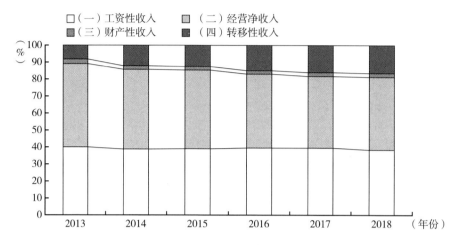

图4　辽宁省农村居民家庭收入结构变动趋势（2013～2018年）

资料来源：根据《辽宁统计年鉴》相关数据整理得到。

（四）城乡居民生活水平提高

在测量城乡居民生活水平时，我们经常使用恩格尔系数进行测量。这是利用一个家庭中食物支出占消费总支出的比重进行分析，恩格尔系数越大，则城乡居民家庭生活水平越低。40%～50%表明城乡居民家庭生活水平为小康，30%～40%表明城乡居民家庭生活水平为富裕，低于30%为最富裕。从图5中可以看出，从2012年到2018年，辽宁省城乡居民家庭恩格尔系数都在逐年下降。2018年辽宁省城镇居民家庭恩格尔系数为26.8%，农村居民家庭恩格尔系数为26.7%。两个数值非常接近，并且均小于30%（见图5）。这说明随着家庭收入的不断增加，辽宁省城乡居民家庭的生活水平达到较高的水平，居民的消费结构也发生了很大的变化，食品消费支出所占比重在不断地下降，人们开始追求除基本生活需求以外的消费支出，以得到更好的生活体验。

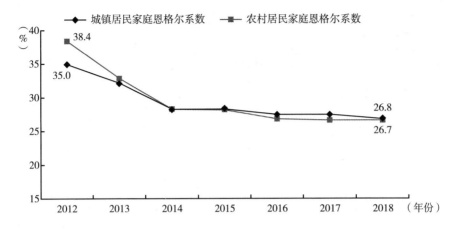

图5　辽宁城乡居民的恩格尔系数变化趋势（2012～2018年）

资料来源：根据《辽宁统计年鉴》相关数据整理得到。

二　辽宁省收入分配问题分析

（一）城乡居民收入相对差缩小，绝对差扩大

2019年辽宁省城镇居民人均可支配收入为39777.2元，农村居民人均可支配收入为16108.29元，城乡收入比为2.47，城乡收入差为23668.91元。而2013年辽宁省城镇居民人均可支配收入为26696.96元，农村居民人均可支配收入为10161.21元，城乡收入比为2.63，城乡收入差为16535.75元。根据2013年到2019年的数据可以看出，城乡居民的收入比从2013年的2.63到2019年的2.47，呈现下降的趋势，而城乡居民的收入差则由2013年的16535.75元到2019年的23668.91元，呈现上升的趋势（见图6）。也就是说，在辽宁省城乡居民收入相对差缩小的同时，城乡居民收入绝对差却扩大了。这也说明了在农民收入增速快于城镇居民的同时，缩小城乡差距仍然任重而道远。

（二）不同地区之间收入分配差距增大

区域发展不平衡问题，也影响着收入分配效果。不同区域之间有着不同

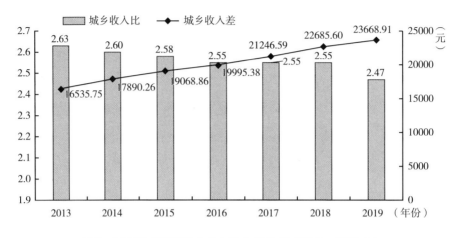

图6　辽宁城乡居民收入比与收入差分析（2013～2019年）

资料来源：根据《辽宁统计年鉴》相关数据整理得到，2019年数据从国家统计局数据库中得到。

的经济发展水平和收入水平。经济水平决定收入水平，辽宁省的各地区间发展水平不同，收入差距较大。2013年，辽宁省城镇居民人均可支配收入为26697元，14个市人均可支配收入平均值为24708.4元，标准差为3616.4元。2018年辽宁省城镇居民人均可支配收入为37342元，14个市城镇居民人均可支配收入平均值为33380.2元，标准差为5748.3元（见表1）。2013年，沈阳、大连、鞍山、营口的城镇居民人均可支配收入分别是29074元、30238元、26662元、26600元，均超过了辽宁省的平均水平。2018年，大连、沈阳、盘锦的城镇居民人均可支配收入超过全省平均水平，分别为43550元、44054元、39111元。

通过计算极差，可以得到从2013年到2018年的城镇居民人均可支配收入最大值与最小值的差距，也就是14个城市中城镇居民人均可支配收入最高的城市与最低的城市之间的收入差距。2013年，城镇居民人均可支配收入最高的大连市与收入最低的朝阳市之间收入差距达到了11347元。2018年，城镇居民人均可支配收入最高的沈阳市与收入最低的铁岭市之间收入差距达到了19060元。此外，可以看出辽宁省地区间收入差距是在不断增大的。

表1　辽宁地区间收入差异描述性统计（2013～2018年）

单位：元

描述统计	2013年	2014年	2015年	2016年	2017年	2018年
辽宁省	26697	29082	31126	32876	34993	37342
14市平均	24708.4	25814.1	27672.8	29281.9	31214.9	33380.2
标准误差	966.5	1212.6	1276.6	1362.3	1432.9	1536.3
中位数	25132.0	25124.5	26929.0	28475.5	30379.0	32480.0
标准差	3616.4	4537.2	4776.4	5097.4	5361.5	5748.3
方差	13078365.5	20586440.4	22814140.7	25983477.4	28745757.4	33042977.3
最小值	18891	19276	20689	21788	23337	24994
最大值	30238	34233	36643	38995	41359	44054
极差	11347	14957	15954	17207	18022	19060
观测数	14	14	14	14	14	14

资料来源：根据《辽宁统计年鉴》相关数据整理得到。

（三）不同行业的工资差距较大

金融、电信、科技、电力等行业的职工工资水平较高，增长速度快并且有很好的福利待遇。对比2015年和2018年不同行业的职工工资，金融业的职工工资水平依然是最高的，然后依次是电信、科技、电力、运输、教育等行业，也可以看出人力资本和行业垄断等是影响职工工资水平的重要因素。在2015年到2018年三年间，不同行业的职工平均工资均有增加，其中科学研究和技术服务业的工资增加最多。而不同行业之间的职工工资差异也比较显著，2015年工资排名最高的金融业与排名最低的农、林、牧、渔业的工资相差了86309元，2018年则相差了94251元（见表2）。虽然职工的工资水平在上升，但是不同行业之间的收入差距较大，不容忽视。

表2　辽宁行业间职工工资收入差异分析（2015～2018年）

单位：元

行业	职工平均工资			2018年较2015年增加	
	排序	2015年	2018年	绝对数	相对数
总计	—	53458	69093	15635	1.29
金融业	1	100595	111850	11255	1.11
信息传输、软件和信息技术服务业	2	85250	101038	15788	1.19

续表

行业	职工平均工资			2018 年较 2015 年增加	
	排序	2015 年	2018 年	绝对数	相对数
科学研究和技术服务业	3	66794	88529	21735	1.33
电力、燃气及水的生产和供应业	4	66521	76189	9668	1.15
交通运输、仓储及邮政业	5	65559	77594	12035	1.18
教育	6	62116	77237	15121	1.24
卫生和社会工作	7	57764	73590	15826	1.27
采矿业	8	57084	71634	14550	1.25
制造业	9	51678	69565	17887	1.35
公共管理、社会保障和社会组织	10	51314	66879	15565	1.30
房地产业	11	50990	63655	12665	1.25
文化、体育和娱乐业	12	50848	66924	16076	1.32
批发和零售业	13	46999	57089	10090	1.21
建筑业	14	43183	56196	13013	1.30
租赁和商务服务业	15	42873	51577	8704	1.20
住宿和餐饮业	16	37544	48005	10461	1.28
居民服务、修理和其他服务业	17	37127	52707	15580	1.42
水利、环境和公共设施管理业	18	34148	45166	11018	1.32
农、林、牧、渔业	19	14286	17599	3313	1.23

资料来源：根据《辽宁统计年鉴》相关数据整理得到。

三　辽宁省城乡居民收入分配发展趋势

回顾 2020 年，因为疫情的暴发，辽宁经济发展受到了一定程度的影响。在经济下行压力下，辽宁城乡居民收入保持着增长态势，城乡人民生活显著改善。从城乡居民收入分配的现实情况来看，辽宁省城乡二元分割的社会经济发展模式并没有根本性改变，城乡间、行业间以及不同区域之间的收入差距仍存在着扩大趋势。展望未来，正视现实，对新形势做出客观的基本判断。

（一）城乡居民收入差距依然很大

从城乡居民收入差距来看，2020 年上半年城乡居民收入比为 2.02，

2019 年城乡居民收入比为 2.47，而 2013 年城乡居民收入比为 2.63，收入比呈现出逐年下降的趋势，收入差距缩小趋势明显。但从绝对差距来看，2019 年城乡居民的收入差为 23668.91 元，2013 年城乡居民的收入差为 16535.75 元，绝对差距数值较大不容忽视。可见，在城乡居民收入相对差缩小的同时，城乡居民收入绝对差却在不断增大。辽宁省农村居民收入增速持续高于城镇居民收入增速，但是城乡居民收入差距仍然很大。所以，城乡居民的收入比减小，并不意味着辽宁省城乡居民的收入差距在不断缩小，实际情况则是城乡居民收入差距仍是较大的。

回溯历史，辽宁省是老工业基地，对重工业建设尤为重视，但是对农业农村发展的关注度不够，农业较为薄弱。辽宁省的城镇化水平较高，随着城镇化水平的不断提高，农村的人口不断减少，但是农村的土地会出现闲置，造成资源的浪费，限制经济的发展。此外，农村人口的减少，也导致劳动力资源不足，而且更加缺乏年轻人才，没有人力资本的支撑，农村经济发展就更加受到限制。所以，从短期来看，城乡居民的收入差距仍然较大。

（二）转移性收入和财产性收入增长迅速

2013 年辽宁省农村家庭财产性收入为 870 元，在总收入中所占比重为 2.7%；2018 年农村家庭财产性收入为 2413.2 元，占总收入的 2.3%。2013 年农村家庭转移性收入为 870 元，占总收入的 8%；2018 年农村家庭转移性收入为 2413.2 元，占比为 16%。可以看出，虽然财产性收入占总收入的比重仍旧不高，但是财产性收入和转移性收入的增长速度非常显著。

2013 年城镇居民财产性收入为 674.2 元，到 2018 年城镇居民财产性收入为 1845.7 元，所占比重也从 2013 年的 2.4% 增长到 2018 年的 4.9%。2013 年辽宁省城镇居民家庭转移性收入为 8339.1 元，所占比重为 29.9%。2018 年辽宁省城镇居民家庭转移性收入为 10231.1 元，所占比重为 27.4%。总的来说，城镇居民财产性收入和转移性收入都在逐年增加，虽然城镇居民财产性收入在总收入中所占比重较小，但是增长却非常迅猛。这其中转移性收入的增长是由于城镇居民的社会保障体系正在逐

年完善，政府一直加大转移支付的力度，城镇居民养老金和退休金的增长是转移性收入增长的有力保证。

四　改善辽宁收入分配状况的政策建议

对于收入分配的改善，形成科学的收入分配机制，通过收入分配制度的顶层设计健全收入分配体系、创造更好的就业创业环境、完善社会保障体系、着力推动对农村地区的农业发展现代化投入，来提高农村地区生产力水平，实现生产力的均衡发展，进而缩小城乡居民收入分配差距。

（一）健全收入分配体系

收入分配体系不健全是造成收入分配问题的直接原因，在收入分配中一定要注重社会公平，在效率与公平的关系上，强调初次分配与再分配都要处理好效率和公平的关系，再分配更加注重公平。公平与效率不具有对立性，首先要实现机会公平，才能实现初次分配公平。

更加注重社会公平，通过健全收入分配体系和制度，解决城乡居民收入差距大的问题。除此之外，收入分配公平还关系到广大干部群众的积极性、主动性、创造性能否充分发挥。公平能够促进效率，效率的提高意味着社会资源得到最大限度的利用，促进经济的发展。此外，要建立职工工资增长体系，稳定提升工资收入。由于工资收入主要受政府政策的影响，具有较小的增长动力。为此，应该建立工资增长体系，不仅可以提高城镇在岗职工平均工资，也可以提高农村居民的工资收入。工资性收入在城镇居民收入来源中占有很大的比重，提高工资收入可以激发职工的工作热情。建立企业职工工资增长机制，能够保证企业职工的工资增长与企业效益增长步调一致。机关事业单位能够通过工资增长体系，来规范单位人员的工资。同时要加强引导非国有单位以及民营企业的工资分配，不断提高职工工资。工资性收入在农村居民收入来源中占比较小，在民营企业工作的农村员工可以通过这种工资增长机制，增加自己的工资性收入。

政府要建立合理的财政转移支付机制，完善机关事业单位养老保险并轨后的收入分配体制机制建设。通过转移支付，能够缩小不同地区不同人群之间的经济水平差距。城镇带动农村发展，推进城乡一体化进程，则会进一步有利于减小城镇和农村之间的收入差距。这种转移支付机制还要重点关注低收入者，为他们提供各项社会保障，如职业技能培训、家庭子女教育等。通过职业技能方面的培训，可以使他们拥有更多的就业机会，创造更多的工资收入，为家庭生活质量的改善提供有利条件。

（二）创造更好的就业创业环境

就业创业已经成为拉动居民收入增长的重要因素，社会鼓励人们进行就业创业。在贫困家庭脱贫方面，就有通过实施鼓励就业和创造就业机会的措施，来帮助贫困家庭创造收入以摆脱贫困。就业能够为居民带来工资性收入，政府要积极采取各种措施，鼓励创业带动就业，给创业者提供更好的市场环境。为了进一步创造良好的就业创业环境，政府有关部门应该适当简政放权，减少行政审批流程，这也能够激发出居民更强的创业动力，增加城乡居民的收入来源。

在促进就业方面，社会要建立更加公平合理的市场竞争机制。政府和企业可以经常开展一些职业技能培训，增加农村居民的就业机会，增加工资性收入，进一步缩小城乡收入差距。同时要对小微企业发展提供帮助和扶持，使其能够顺利发展，为社会提供更多的就业机会。

（三）着力促进农民收入增长

辽宁省目前城乡收入差距较大，城镇居民和农村居民的收入水平存在明显差距。造成这种格局的主要原因是城镇和农村的发展不平衡，应当实施有力的措施来实现乡村振兴和城乡一体化发展，实现城市反哺农村以及工业反哺农业。

培育和发展劳动力市场，进而增加农村居民的收入。同时可以通过改革户籍制度等，促进劳动力的自由流动。劳动力在城乡之间的自由流动，一方

面为城市发展提供充足的劳动力，可以促进城市的经济发展，另一方面也为农村居民带来更多的工资性收入，这样可以减小城乡居民的收入差距。同时要实施各项政策和措施来保障农民工进城务工的各项权利，免除他们的后顾之忧。其中包括农民工子女在城市里的求学问题，农民工都希望通过自己的努力来改变孩子的命运，所以解决他们子女的求学问题尤为重要。其次要解决进城务工人员在当地的住房问题，使他们住有所居。政府也要对贫困地区实施扶持政策，为农村居民减轻负担，帮助他们增加收入来源。

辽宁在粮食安全战略导向下建立普惠性农民补贴长效机制、健全农民多元化增收渠道。增加对农业现代化的投入，努力发展现代农业，以此来增加农业收入，提高农村农业的效益。加快进行农村基础设施的建设，为发展优质农业提供生产条件，保障农业发展实现最大化收益。同时要大力发展农村公共事业，使农村公共设施配套齐全，提高农村居民的收入水平，使农村居民能够劳有所得、病有所医、老有所养、住有所居。此外，为了提高农村居民的财政性收入，政府需要增加在财政方面的支持力度。

（四）完善社会保障体系

完备的社会保障制度可以改善居民的生活质量，可以缩小不同地区、不同群体间的收入差距。政府建设完善的社会保障体系，能够不断提升辽宁省的社会保障水平，加大对社会保障方面的财政投入，有利于调节收入分配差距。

对于城镇困难群体和广大农民这一类低收入者，要加大对教育、社保、医疗等方面的资金投入，为他们提供基本的社会保障。增加对教育方面的投资，对于调节收入分配差距至关重要。对于低收入群体，教育可以使得他们提高自身的劳动技能水平，从而在劳动力市场上具有一定的优势。此外，教育能够积累人力资本，对年轻子女的教育能够回报以优秀的人才。当今社会经济发展离不开人才，一个地区人才的流失会导致这一地区经济发展滞后。同样地，一个地区有充足的人才支撑，将有利于这一地区经济的高速发展。提高低收入地区的人力资本水平，才能够提高地区收入水平，减小地区间的收入分配差距。

参考文献

战永洁：《调整和优化黑龙江省收入分配格局研究》，《经济研究导刊》2020 年第 21 期，第 26～27 页。

周鹏升、袁青川、张燕燕：《劳动人口省际流动与省内流动收入分配差距研究》，《统计与决策》2020 年第 17 期，第 70～73 页。

燕晓飞：《完善收入分配制度　增加一线劳动者劳动报酬》，《工会博览》2020 年第 22 期，第 25～26 页。

周慧珺、沈吉：《公平收入差距与收入分配公平感》，《经济理论与经济管理》2020 年第 7 期，第 30～42 页。

B.14
2020年辽宁养老服务体系建设研究[*]

杨成波[**]

摘　要：　2020年辽宁加快养老服务体系建设步伐，取得了良好效果。养老服务政策框架体系不断完善，居家和社区养老服务创新发展，养老机构服务管理水平持续提高，康养医养融合进一步发展，农村养老服务发展成效明显。但也存在资金投入不足、养老政策落实难、养老服务供给能力落后和养老服务专业人才短缺等问题。因此，要从政策体系、资金渠道、社会组织、养老服务制度、监管、应急救援和人才支撑等方面入手，完善辽宁养老服务体系建设。

关键词：　养老服务　居家养老　机构养老　康养医养融合

一　2020年辽宁养老服务体系建设现状

（一）养老服务政策框架体系不断完善

2020年辽宁又相继出台多部关于养老服务方面的政策法规文件，养老服务政策框架体系不断完善。出台了《辽宁省人民政府办公厅关于推进养

　＊　本文为2018年度沈阳市哲学社会科学规划课题重点项目（立项编号：18008）阶段性成果。

＊＊　杨成波，辽宁社会科学院社会学研究所副所长，副研究员，主要研究方向为社会学基础理论和社会保障。

老服务发展的实施意见》（辽政办发〔2020〕11号），重点对居家社区养老服务和机构养老服务改革等方面作出制度安排，加快完善居家社区机构相协调、康养医养融合发展的养老服务体系。出台了《辽宁省养老服务体系建设省补助激励支持实施办法》，对于贯彻落实国家和省关于加快养老服务体系发展的决策部署真抓实干、主动作为、成效显著的市给予补助激励，以养老机构失能老年人入住率、社区日间照料覆盖率、农村特困人员供养服务机构法人登记率、养老院服务质量建设专项行动重大风险隐患整治合格率为补助激励评价指标。出台了《辽宁省养老服务领域全面推进基层政务公开标准化规范化工作实施方案》，因地制宜加快推进养老服务领域基层政务公开标准化、规范化。坚持公开化为常态，坚持标准引领、需求导向、依法依规、改革创新、试点先行，以群众易获取、易看懂、易参与的方式全面推进养老服务领域基层政策公开、执行公开、结果公开，不断完善养老服务领域政务公开程序、标准和要求。出台了《关于开展居家和社区养老服务改革试点工作的实施方案》《示范型居家和社区养老服务中心建设参考性指导意见》《全省居家和社区养老服务改革试点工作绩效考核办法》等文件，将养老服务改革试点工作纳入各市政府的绩效考核内容中。出台了《关于加强社区志愿者队伍建设的指导意见》，重点发展社区服务体系，提升社区服务能力，不断扩大社区志愿者队伍规模，提高志愿者队伍素质，不断满足人民群众的养老服务需求。

（二）居家和社区养老服务创新发展

居家和社区养老符合中国国情，是养老服务发展的方向，也符合老年人自身需求。辽宁大力发展居家和社区养老服务，截至2019年底，辽宁省福利彩票公益金连续六年安排资金4.65亿元，支持省内各市新建或改扩建城乡社区养老服务设施，城乡社区养老服务设施覆盖率分别达到87.2%和56.8%，建立居家和社区养老服务信息平台35个，居家和社区养老服务床位4.14万张。

1. 省居家和社区养老服务改革试点取得实效

印发了《印发〈关于开展居家和社区养老服务改革试点工作的实施方

案〉〈示范型居家和社区养老服务中心建设指导意见〉〈全省居家和社区养老服务改革试点工作绩效考核办法〉的通知》（辽民发〔2020〕6号），经过专家评审，确定沈阳市皇姑区等7个市的11个县（市、区）为年度居家和社区养老服务试点单位，共下拨省补资金4500万元。对试点单位开展了四轮全覆盖督导推动，对阜新、铁岭等进展缓慢地区开展了五轮、六轮督导推动，截至2020年11月30日，全省100个示范型居家养老服务中心全部建设完成，其中已经运营的49个。改革试点工作得到社会的广泛认可和关注，中央广播电视总台、民政部网站、《社会福利》杂志、辽宁电视台、《辽宁日报》等媒体进行了宣传报道。

2. 中央财政支持的居家和社区养老服务改革试点工作稳步推进

抚顺和丹东两市在2020年被确定为第五批中央财政支持开展居家和社区养老改革试点地区，至此辽宁省国家改革试点地区共9个地级市，累计争取国家专项支持资金2.68亿元，探索形成了一批有效的服务模式，推动了辽宁居家和社区养老服务改革发展。鞍山、锦州、抚顺和丹东获评第四、第五批中央财政支持居家和社区养老服务改革成果验收"优秀"等次，其中鞍山、抚顺作为特别优秀地区，额外获得民政部、财政部100万元奖励资金。经过试点探索，在社区老年人食堂、社区嵌入式养老机构、社区医养结合服务等方面探索总结出了一批好经验好做法，如沈阳的"仁爱畅晚"长期专业照护服务模式，"万家宜康"嵌入式居家养老服务模式；大连的整合资源、打造社区居家养老服务综合体的"林海"模式；锦州的"惠民食堂"个性化助餐模式；辽阳的社区医养结合"幸福爸妈"模式。

（三）养老机构服务管理水平持续提高

1. 养老院服务质量建设专项行动持续有效开展

民政厅、应急厅、市场监督管理局、卫健委、住建厅联合下发了《2020年全省养老院服务质量建设专项行动实施方案》，对养老院服务质量建设进行专题培训，邀请消防、食品安全等专家培训省、市、县三级民政养老服务分管领导、工作人员、养老机构管理和服务人员3100余人。上下联动巩固消防安全、食品安全、药品管理、医疗服务等 28 项养老机构重大风险隐患攻坚清零成果，符合《养老机构服务质量基本规范》国家标准的养老机构占比达到 100%。

2. 推进公办养老机构改革发展

争取到 2020 年中央预算内投资社会服务兜底工程养老服务体系项目 11 个，争取国家资金 1.038 亿元。指导各地推进公建民营改革，组织挖掘典型经验，向国家提交总结报告，并推荐 5 个典型改革案例，朝阳市养老院、沈阳万佳宜康养老服务有限公司被评为全国养老服务机构改革优秀案例。

3. 扶持民办养老机构发展

各地民政部门认真落实扶持民办养老机构发展的用水电热气、补贴补助、税费减免等优惠政策，积极引导社会力量投资兴办养老机构，现有各类养老机构 2059 家，其中民办机构 1414 家。各地严格执行发放民办养老机构运营补贴、养老机构责任保险费补贴，省财政给各地补助共计 6804.8 万元。2019 年和 2020 年争取中央普惠养老项目 7 个，获得资金 1.5 亿元，争取资金量排名全国第四。

4. 加强养老机构安全监管

各地推进落实《养老机构服务安全基本规范》，印发《养老机构消防安全专项整治三年行动实施方案》和《民办养老机构消防安全达标提升工程实施方案》，对新建养老机构，严格按照要求办理消防手续，配备消防设施。对现存民办养老机构进行安全隐患大排查，对个别消防设施不达标、不完备的下达整改通知。2020 年全年养老机构无重大安全责任事故。

5. 实施养老服务从业人员培训计划

联合中国老龄基金会组织了 8 场"千场万家"养老机构中高级管理人员公益培训，共计培训 2000 多人。向国家老龄基金会推荐优秀护理员 51 名，争取奖金 18.36 万元。省内各市依托市养老福利协会、高等院校、职业学院、培训机构等，开展养老服务相关人员线上线下培训，共列支培训经费 583 万元，完成培训 21424 人。全省总计培训 26515 人，完成民政部下达的三年计划年度任务。

（四）康养医养进一步融合发展

全省所有养老机构都能够为入住老年人提供不同形式的医疗卫生服务，开展第二批中医药健康养老服务示范单位验收工作，向国家卫健委推荐辽阳、盘锦两地为医养结合典型。开展老年医疗服务提升行动，强化老年人疾病诊治能力。重点向老年人倾斜医疗资源，合理布局老年医疗资源，建立健全老年医疗服务网络。强化基层医疗卫生机构服务功能，加强对老年人慢性病、多发病的诊疗服务，落实分级诊疗要求，做好转诊服务，为老年患者提供接续性医疗服务。针对老年人，扎实开展家庭医生签约服务，逐渐丰富签约养老服务内容。推进社区和居家老年人中医药康健服务，促进优良中医药资本进社区、进家庭。完善居家社区养老办事网络，扶持公办、普惠养老机构提升服务本领。通过护理院、护理中心、社区卫生服务中心以及社区日间照料站和养老机构，为失能和半失能老年人提供长期照护服务。推动多元化长期照护服务，探索建立居家、社区、专业机构三位一体的失能老年人长期照护服务模式。以政府购买服务的方式为居家失能老年人照顾者提供应急救护和照顾技能培训，提升家庭照顾能力。上门为失能老年人开展健康评估和健康服务。通过公建民营、政府购买服务、发放运营补贴等方式扶持养老机构的发展。

（五）农村养老服务发展成效明显

一是落实农村老人的养老保险、高龄津贴、服务补贴、失能补贴等政策，解决老年人无钱养老问题，巩固家庭养老基础地位，支持家庭承担养老功能。二是围绕居家社区主阵地建设，采取政府投入一部分、集体出资一部分、社会捐赠一部分等多种投资形式，逐年建设村级社区养老服务设施，依托这些平台阵地，引入村党组织、村民自治组织、老年协会、家族亲属、远亲近邻等，采取结对帮扶、上门巡访等形式，大力发展互助型社区养老服务。三是着力健全县乡村三级养老服务设施网络。在乡镇级，进一步盘活乡镇敬老院的设施资源，赋予区域性养老服务和指导中心职能，将服务范围延伸至村级养老服务设施和居家老人。在村一级，利用村（社区）养老服务设施为老年人开展助餐、助医和助娱等多样化服务。四是坚持养老事业和养老产业协调发展，促进农村养老服务与文化、旅游、餐饮、体育、家政、教育、养生、健康等行业领域融合发展，培育农村养老服务新业态。五是强化农村养老服务综合监管，守住安全底线。

二　辽宁省养老服务体系建设存在的问题

（一）资金投入后劲不足

受经济社会发展水平和财政收入能力影响，地方财政投入养老服务体系建设资金不足，主要依靠福利彩票公益金补助。金融系统不愿意支持养老服务体系建设，民办养老机构融资渠道受阻、融资难，难以调动社会力量参与养老服务体系建设的积极性。民办养老机构多数为非营利性，现有政策规定民办非企业单位房产不能抵押，银行贷款难，一定程度上抑制了社会资本的流入。

（二）养老政策落实难

部分地区养老服务政策制度呈现碎片化，相关的法规政策、标准规范不够健全，衔接不够紧密，养老服务机构用地难、老旧小区养老服务设施开辟改造难、消防审批难、融资难等问题还比较突出。一些鼓励政策没有发挥出对社会力量投入养老服务的激励作用，造成社会力量始终处于徘徊观望的状态，真正下定决心投资兴办者仍然较少。

（三）养老服务供给能力落后

1. 养老服务管理落后

公办养老机构主要以城乡"低保"老年人为服务对象，只能提供低水平的生活照料和简单娱乐等养老服务，缺乏专业服务人员的规范化照顾，精神需求和医疗需求的专业服务难以满足。民办养老机构除少数高端定位外，大部分规模小、设施简陋、服务能力有限。社区居家养老服务更是仅能以家政信息提供为主要服务内容，大部分社区居家养老服务中心只是为老年人提供棋牌娱乐活动等，而居家养老服务设计中的日常照顾、健康服务、精神慰藉、法律援助等服务更是没有涉及，因此，老年人参与社区居家养老服务的积极性也不高。

2. 养老床位数量不足

从养老床位数量来看，2019 年全国养老服务床位数为 438.8 万张，而辽宁省能够提供的床位有 16.8 万张，与发达省份存在差距，与吉林省和黑龙江省相当。从每千老年人口养老床位数来看，全国平均数为 30.5 张，辽宁省为 21.2 张，与发达省份相比差距较大，也低于吉林省和黑龙江省（见表1）。

表1 辽宁省与部分省份养老床位数（2019 年）

地区	养老床位(万张)	每千老年人口养老床位数(张)
全国	438.8	30.5
辽宁	16.8	21.2
吉林	13.5	28.1
黑龙江	15.6	27
浙江	31.2	53.7
江苏	42.7	40.9
广东	22.8	31.9

资料来源：2020 年《中国统计年鉴》。

3. 社区服务机构数量较少

从 2020 年第三季度社区服务机构情况来看，辽宁省在社区服务指导中心、社区服务中心、社区服务站、社区养老床位、其他社区服务机构和设施等方面都不同程度地低于全国平均水平，与部分发达省份也有较大差距。特别是社区养老床位数，全国为 107013.8 张，辽宁为 56001 张，占全国平均数的 1/2，浙江省为 313138 张，江苏省为 275167 张，广东省为 243723 张，差距明显（见表2）。可见，辽宁省养老服务业发展任务艰巨。

表2 2020年第三季度辽宁省与部分发达省份的社区服务机构情况

地区	社区服务指导中心	社区服务中心	社区服务站	社区养老床位	其他社区服务机构和设施
全国平均数	16	849.3	9944.4	107013.8	3013.8
辽宁	14	821	14252	56001	1373
江苏	54	3587	14518	275167	19299
浙江	18	1554	12375	313138	9790
广东	20	2021	25587	243723	26695

资料来源：根据中华人民共和国民政部网站民政数据整理所得。

（四）养老服务专业人才极度短缺

当前养老从业人员队伍存在以下问题：一是年龄较大，文化程度偏低；二是普遍缺少专业化和系统化培训，技能素质不高；三是从业人员不稳定，人员流动性大；四是职业晋升渠道有限，积极性不高，高素质专业人才稀缺。

三 完善养老服务体系建设的对策建议

（一）健全养老服务政策体系

1. 完善养老服务设施的规划布局

各级政府应将社会养老服务设施建设统一纳入城乡建设和土地利用规划中，合理规划养老服务设施布局，保障土地供应，分级拟定养老服务设施规划，提升养老设施的供给能力和水平。建议养老服务设施可以和幼儿园、中小学一并进行规划建设，让老年人可以经常和孩子们进行一些互动交流，这非常有利于老年人的身心健康。

2. 制定出台具体的养老服务政策

建议重新梳理、评估和完善现有的养老服务政策文件，对于粗线条、模

糊不清的文件条款进行细化，并形成实施细则。对养老服务政策实施效果进行实时监控，便于及时发现问题，提高政策实施的效果。确定养老服务机构准入与退出市场机制，并要明确政府相关部门的监管职责。

（二）积极拓宽资金渠道

强调政府资金筹资责任。不断加大政府购买养老服务的力度，使政府购买养老服务成为养老服务发展和养老产业发展的重要方向。各级政府投入要重点向农村和中心城镇倾斜，将推进养老服务所需经费纳入同级财政部门预算并逐年递增。建立健全高龄和失能等老年人补贴制度。有条件的地区应当给予为城乡低保对象提供养老服务的机构适当补贴，设立财政专项养老资金，不断强化对养老服务的投入力度。提高国有垄断企业利润上缴水平，促进居民消费，重视发展民生。积极引导社会资本投入，搭建养老服务招商引资平台，通过博览和推介会等形式吸引国内外大型企业从事养老服务业。鼓励社会力量参与养老服务机构的建设，为辽宁全面提升养老服务能力做贡献。

（三）大力发挥社会组织在养老服务中的作用

支持社会组织承接公共服务项目，鼓励社会组织参与生活照料、文体娱乐、医疗保健等志愿服务。逐步扩大政府购买养老服务的指导目录。鼓励社会组织吸收有关养老服务的专业人才，发挥"三社联动"优势。积极争取社会的关注，使用多媒体进行宣传，鼓励社会友爱人士积极加入社会组织。加强对志愿者的培训和管理力度。规范和健全社会组织管理机制，完善内外部监督体系，完善社会组织的法律法规制度，健全政府优惠政策扶持机制，发挥社会组织在养老服务体系建设中的新职能。

（四）健全基本养老服务制度

完善兜底性养老服务制度。采取集中供养的方式对生活不能自理的特困人员提供养老服务，以失能、重残、留守和空巢等特殊困难老年人为重点，建立定期探访制度以及农村留守老年人关爱服务制度。完善基本养老服务补贴制度，建立动态调整机制。强化与残疾人两项补贴、社会救助等政策的衔接，整合老年人补贴制度，因地制宜提高补贴标准精准度和有效性。建立普惠性养老服务制度。深化普惠性养老服务改革，为广大中等收入家庭老年人提供价格适中、方便可及、质量可靠的基本养老服务。持续深入推进城企联动普惠养老专项行动，合理确定城乡普惠性养老服务项目和价格，由市场机制形成普惠养老分级服务价格，向失能、部分失能老年人提供差异化服务。稳妥扩大长期照护保险试点范围，推动建立长期照护保险制度框架。充分发挥社会救助、社会福利、慈善事业、商业保险等的保障作用，解决不同层次的照护需求。鼓励开发商业性长期照护保险产品。

（五）完善居家社区机构养老服务网络

1. 推进区域养老服务中心建设

以区域养老设施、社区养老服务设施、互助养老设施为主体，在区县、街道（乡镇）、城乡社区三级构建层次清晰、功能互补、区域联动的养老服务网络。

2. 完善居家养老支持措施

推动各地普遍建立家庭养老支持政策，支持各类服务机构运营社区养老服务设施，大力发展"家庭养老床位"，健全发展、建设、运营和管理等政策。推动失能失智和高龄老年人家庭成员照护培训纳入政府购买养老服务目录。探索"物业服务＋养老服务"模式，支持有条件的地区探索开展失能失智老年人家庭照护者喘息服务。优化社区养老服务设施布局，大力推进城市新建居住小区按照标准配套建设社区养老服务设施。

3. 大力构建农村互助养老服务格局

构建乡镇牵头、村委会组织、老年人协会协助，村干部、党员、志愿者、留守妇女、低龄健康老年人等广泛参与的农村互助养老服务格局。完善农村留守老年人关爱服务体系，全面落实信息管理系统和定期巡访制度。大力培育农村为老服务社会组织，强化农村老年人社会支持体系建设。

4. 推动养老机构结构化调整

深入推进公办养老机构改革，发挥其兜底和示范作用。引导社会力量重点面向中低收入群体、适度面向中高收入群体，服务老年人多层次、个性化需求。优化城乡养老机构床位结构，提高护理型床位占比。鼓励引导养老机构依托新兴技术手段，构建"互联网＋养老服务"和智慧养老模式，培育服务新业态。

（六）进一步推进康养医养融合发展

推动社区综合养老服务中心与社区卫生服务中心、护理站等医疗设施邻近设置。支持有条件的养老机构开办康复院、护理院等机构。完善养老机构与医疗卫生机构合作机制，鼓励医疗机构为养老机构开通就诊绿色通道。全面推行老年人健康服务。

（七）提升养老服务应急救援能力

构建"分层分类、平战结合、高效协作"的养老服务应急救援体系。建立国家养老应急救援中心，在国家联防联控机制统一指挥协调下，加强对地方养老应急救援力量的技术支持和协调。建立省级、市级养老应急救援中心，按照属地管理原则，在地方联防联控机制统一指挥协调下，负责指导本区域养老服务应急救援体系建设。

（八）不断发展壮大养老服务队伍

健全人才教育培训体系。加强养老服务相关专业学科建设，提高实用性。鼓励把养老服务列为职业教育的优先领域，支持符合条件的养老机构举办养老服务类职业院校。持续不断地加强养老服务人才培训力度，对养老护理员、养老管理者和老年社会工作者加大培训规模。发展养老护理员队伍。建立健全养老护理员职业技能等级认定制度，建设全国养老护理员信息和信用管理系统，积极落实养老护理人才奖补政策，支持有条件的地区制定积分落户、免费培训和工龄补贴等优惠政策。逐步建立养老服务业职业经理人机制，促进经营管理职业化、专业化。培养老年社会工作专业人才。提升社会工作者技能水平，建立为老志愿服务队伍。推动养老机构、居家社区养老服务机构、村（居）委会等设置相对稳定的志愿服务岗位，以"时间银行"、互助养老等形式开展常态化、专业化为老志愿服务。培育、宣传具有典型性、示范性的优秀为老志愿服务项目和组织。

（九）完善养老服务综合监管体系

健全养老服务综合监管制度。按照"谁审批、谁监管；谁主管、谁监管"原则，建立职责明确、分工协作、科学有效的综合监管制度，建立跨部门综合监管体制。实施全国养老机构服务质量等级评定，提升养老机构规范化水平。建立"养老服务＋信用"机制，建立覆盖从业人员和服务对象的信用管理体系，对失信责任主体实施多部门跨地区联合惩戒。推进养老服务标准化建设。依托省标准化技术委员会推出一批符合辽宁实际、适应管理服务要求的养老服务行业标准。推动辽宁地方标准上升为国家标准、行业标准。加强养老服务风险监测与防控。落实养老服务领域非法集资处置工作中的防范、监测、预警和及时移送的工作责任，建立协同机制。依托"金民工程"全国养老服务信息系统，指导各地将涉嫌非法集资的养老机构列为失信联合惩戒对象，实施联合惩戒。指导各地常态化非法集资识骗防骗教育宣传，增强老年人群体识别防范能力。

参考文献

朱浩：《社区嵌入式养老服务的社会化运作机制及其实践逻辑》，《云南民族大学学报（哲学社会科学版）》2020年第5期。

郭倩、王效俐：《基于政府补贴的养老服务市场供给研究》，《运筹与管理》2020年第2期。

王子飞：《"互联网＋养老服务"模式供需评估与发展对策》，《中州学刊》2020年第3期。

曲绍旭、郑英龙：《服务资源整合视角下城市居家养老服务供需平衡路径的优化》，《河海大学学报（哲学社会科学版）》2020年第1期。

刘妍：《养老服务金融助推我国养老金第三支柱发展问题研究》，《税务与经济》2020年第6期。

B.15
辽宁农村公共文化发展分析与展望*

李志国**

摘　要：　近年来，辽宁农村公共文化在硬件建设和活动开展方面取得了较大成效。本文立足成就，从正反两方面分析影响农村公共文化发展的因素。积极因素主要包括新时代农村的新气象、乡村振兴战略下"三农"的新面貌，以及各级各地提升农村公共文化水平的努力；消极因素主要来自经济文化、社会文化、传统文化的支流。面向未来，展望农村公共文化发展态势，本文认为农村公共文化资源与乡村经济发展需要紧密结合，互联网文化与数字经济将会加速走进乡村，城乡文化互动会不断增强，群众性文化活动空间广阔，要推动农村公共文化高质量发展。

关键词：　公共文化　乡村振兴　乡风文明

辽宁省推动乡村振兴过程中，要实现农业高质高效、乡村宜居宜业、农民富裕富足，既要在政策、资金、项目、人才等硬核方面向农村倾斜，也要在农村公共文化等柔性方面，有针对性、有步骤地改造提升农村居民的价值观。辽宁省农村公共文化建设与发展，需要破立结合，逐步摒弃制约乡村振兴的落后文化，形成促进乡村振兴的先进文化。

＊　本文为辽宁省社会科学规划基金项目"辽宁农村文化安全问题研究"（项目编号：L19BSH001）阶段性成果。

＊＊　李志国，辽宁社会科学院农村发展研究所研究员，主要研究方向为乡村发展、公共安全。

一 辽宁农村公共文化发展现状

近年来，辽宁农村公共文化发展以硬件建设为基础，以经常性、品牌性公共文化项目为建构，以丰富多彩的文化活动为羽翼，以筑牢社会主义核心价值观和建设文化强省为目标，农村公共文化呈现繁荣、创新、正能量态势，为全省推进乡村振兴战略、打赢脱贫攻坚战，尤其是防控新冠肺炎疫情，发挥了不可忽视的重要作用。

1. 硬件水平显著提升

（1）推进"一村一广场"建设。2018 年全省建设村文化广场 400 个，2019 年建设村文化广场 1000 个，2020 年预计建成 880 个村文化广场。每个文化广场面积不低于 800 平方米，实现地面硬覆盖，配备宣传栏、健身设施、灯光音响等硬件，有条件的还搭建了舞台。按照每个广场补助 5 万元，三年全省共投入 1.14 亿元补助资金，基本实现"一村一广场"目标。村文化广场为村民锻炼身体和举办文化活动提供了场地，也成为村党建和科普的宣传阵地，成为村公共文化活动中心。

（2）推进乡镇综合文化站（中心）建设。截至 2020 年底，全省大多数乡镇均按照国家标准完成综合文化站（中心）建设，站舍建筑面积在 400 平方米以上，室外活动场地面积在 500 平方米以上，设有多功能厅、辅导培训室、图书阅览和电子阅览室（共享工程活动室），设有宣传橱窗、板报栏、文化走廊，拥有演出、阅览、培训、展览、体育健身、信息网络传输等设备，能够实现宣传文化、党员教育、科学普及、普法教育、体育健身等功能。

（3）推进村综合文化服务中心建设。至 2020 年底，全省采取盘活存量、调整置换、集中利用等方式，依托党组织活动场所、文化活动室、闲置中小学校等设施，每村建成不少于 4 个活动室（包括图书阅览室即农家书屋、多功能活动室、电子阅览室、体育健身室）并配备相应器材设备的综合性文化服务中心。其中，"十三五"期间，全省共投入 9963 万元建设农家书屋和社区书屋，为 2909 所农村中小学捐赠配送爱心图书 40 余万册，累计捐赠图书码洋 5500 余万元。

（4）推进乡镇影院建设。截至 2020 年 3 月底，全省已建成乡镇影院 23 家，有银幕 81 块、座位 9176 个。9 家省级乡镇影院建设试点已建成 4 家，共投入中央和省电影专项资金 621 万元，其余 5 家乡镇影院建设试点也于 2020 年内完成。

2. 文化活动丰富多彩

（1）坚持品牌性文化活动。持续深化文化科技卫生"三下乡"活动。全省各地根据基层实际和农民群众需求，精心组织开展元旦春节期间的集中服务活动，深化拓展"我们的节日"主题活动，以新时代文明实践中心建设为龙头送文明下乡，向基层捐赠资金和大量农村实用科技资料、法律图书、影视设备、文体器材，积极开展医疗义诊、科技咨询、献爱心送温暖等服务，让广大农民群众共享改革发展成果，营造了全社会关注农业、关心农村、关爱农民的浓厚氛围。"三下乡"活动不断创新服务方式，注重"送"与"建"结合，变"输血"为"造血"，激发农民自身活力，提高农村自我服务能力。持续开展农村精神文明建设活动。不断深化文明村镇、文明家庭、十星级文明户创建活动，2020 年全省县级及以上文明乡镇、文明村占全省村镇总数的 50% 以上，360 个村镇入围 2018～2020 年度全省文明村镇候选名单，65 个村镇入选第六届全国文明村镇名单。以文明创建为抓手的农村精神文明建设，通过各级主体的比学赶帮超，有效提升了乡风文明程度。此外，全省农村普遍建立的新时代农民讲习所，开展的丰收节暨农民趣味运动会、艺术节等载体，以及各地持续打造的多种区域性品牌文化活动，也在持续发挥丰富农民文化生活、繁荣农村公共文化的作用。

（2）推出特色文化活动。全省结合重要节日和重大时间节点推出主题活动，如元旦春节期间组织开展"我们的中国梦"——文化进万家活动，举办"我和我的祖国"——辽宁省庆祝新中国成立 70 周年群众文化系列活动等，不断提高人民群众包括农村居民的家国情怀。全省通过多种形式提升农村农民文化素质，开展文化扶贫，如组织开展"送戏进校园"、文学讲

堂、公众文化讲座、基层文艺辅导、红色轻骑兵等活动，根据群众实际需求定制，推进文化惠民工作规范化、制度化、长效化。2020年，面对突如其来的新冠肺炎疫情，全省农村居民能够自觉遵守防疫规定，以各种途径加入抗疫工作，谱写了很多平凡而伟大的抗疫故事，全省农村组织力、动员力得到有效提升，文化凝聚力得到大幅提高。

二 农村公共文化正负因素分析

农村公共文化发展的主体是农村居民，农村居民的整体公共文化素质与水平是评判其发展状况的根本依据。各级党委和政府在发展农村公共文化方面所做的工作与努力，需要精准把握农村居民的需求，做好内容选择和形式设计，并通过有效方式调动农村居民积极参与，进而形成主体的自我发展自我提升。本部分以农村居民为对象，从正反两方面分析农村居民公共文化的积极因素与消极因素，从而为有针对性、有规划地发展农村公共文化提供依据。

1. 积极因素分析

（1）新时代农村的新气象。首先，乡村振兴战略提振公共文化。党的十九大提出实施乡村振兴战略以来，经过三年多的推进，农村发生了全方位的变化。广大农村正按照"产业兴旺、生态宜居、乡风文明、治理有效、生活富裕"的总要求，通过政策资金扶持和自身努力，不断提升经济水平、改变自身面貌、加强组织能力、提高生活水平。农村的种种变化，都会在公共文化方面发生作用和得到体现，总体而言，农村公共文化的正能量不断增强，人们的致富热情更高，更期待美好生活并付诸行动，更积极参与集体事务，有更强烈的自我提升愿望。公共文化的提振，也会反作用于乡村振兴行动，使振兴动力更强劲、成效更显著。其次，打赢脱贫攻坚战激发农村居民志气。自2014年底精准脱贫工作展开以来，辽宁省15个贫困县摘帽，1791个贫困村销号，214.4万"建档立卡"贫困人口脱贫，这场政府、社会、市场协同推进，全社会参与的战役，由无数专项扶贫、行业扶贫、社会扶贫行动打赢。在打赢脱贫攻坚战过程中，全社会付出了巨大努力，农村贫困人口既受到照顾和关怀，也在扶志和扶智过程中受到激励脱贫，更多农村居民感受到党和政府的决心和温暖。这场战役对农村公共文化的影响同样非常深远，它让人们认识到贫穷是可以战胜的，美好富裕生活是可以通过奋斗实现的，社会主义大家庭全面建成小康社会不让任何人掉队，大家将会以更加积极的态度和行动投入全面建设社会主义现代化国家征程中。最后，推进治理体系和治理能力现代化提升农村文明水平。党的十九届四中全会提出推进国家治理体系和治理能力现代化，乡村治理体系和治理能力是重要一环。当下及未来，乡村治理会在理念更新、制度建设、实践探索、各方协同、科技应用等方面持续改进，不断完善党委领导、政府负责、民主协商、社会协同、公众参与、法治保障、科技支撑的社会治理体系，建设人人有责、人人尽责、人人享有的社会治理共同体，建设自治、法治、德治相结合的基层治理体系。在推进乡村治理体系和治理能力现代化进程中，制度、体系和执行的牵动力量，将会带动农村文明程度和公共文化水平大幅度提升。

（2）乡村振兴战略下"三农"的新面貌。首先，农村经济发展奠定文化繁荣基础。产业兴旺是乡村振兴的经济基础，自乡村振兴战略实施以来，以最为直观的全省农村常住居民人均可支配收入观察，2018 年至 2020 年同比增速分别为 6.6%、9.9%、8.3%，增速整体呈增长态势，2020 年受疫情影响仍然保持较高增速。数字以外，提振农村产业的政策接连出台，农业农村优先发展的举措正在逐步落实，农村居民的生活获得感和满意度在提升。经济发展是文化繁荣的基础，有了逐步增强的经济支撑，农村文化繁荣更有后劲。其次，农村生态和人居环境改善提高文化品位。党的十八大报告将生态文明建设纳入"五位一体"总体布局以后，"绿水青山就是金山银山""冰天雪地也是金山银山"等理念逐步深入人心，大家都认识到仅有产业和经济发展是不够的，各地都把农村生态和人居环境建设纳入发展日程，持续开展美丽乡村建设、污水垃圾处理、"蓝天碧水净土保卫战"、"厕所革命"等行动，既为发展乡村旅游打基础，也为提高农村居民生活质量做实事，不断缩小城乡间的环境差距。农村生态和人居环境的持续改善，在公共文化方

面的作用是增强了农村居民对美好生活的追求和鉴赏，提升了农村整体的文化品位。最后，农村乡风和人文环境文明即是提升文化水平。乡村振兴战略把乡村文明作为重要发展目标，乡风文明、农村人文环境与农村公共文化不过是农村精神文明在不同语境下的不同表述方式而已，其内容有极大的重合性。推动乡风文明的努力和举措，必将实现农村公共文化水平的提升。

（3）各级各地提升农村公共文化水平的努力。首先，弘扬社会主义核心价值观做强主流文化。全省各地和各级党委政府在农村公共文化方面实施的硬件建设和开展的各种活动，其根本目的就是在丰富农村居民文化生活基础上弘扬社会主义核心价值观，让"富强、民主、文明、和谐、自由、平等、公正、法治、爱国、敬业、诚信、友善"等理念内化于心、外化于行。在某种程度上，可以把社会主义核心价值观接受和践行程度作为衡量农村公共文化投入产出效果的根本指标，如果一个地区主流文化边缘化、消极文化占上风，则其公共文化的安全性堪忧。从全省来看，各地和各级党委政府高度重视农村公共文化发展和社会主义核心价值观建设，加强硬件建设，丰富活动内容，取得良好成效。其次，树立典型和先进形成良好氛围。加强农村精神文明建设，提升公共文化水平，最直接有效的做法就是树典型、学先进。全省各系统和各地在不同层面从不同角度确立先进标准、评选先进典型、进行宣传激励，形成了浓厚的比学赶帮超氛围，将会有力助推农村公共文化水平整体性提升。最后，构建新时代乡规民约体系。提升农村公共文化水平，根本途径是制定农村居民集体认同并自愿履行的乡规民约，以此实现自我约束、自我管理，实现自治、法治、德治的统一。乡规民约上要符合党和国家大政方针和法律法规，下要贴近农村居民生活实际，同时要兼顾易理解、好操作。目前，全省有些乡村尝试制定和实行了乡规民约，取得了一定成效，整体上仍处于探索和试验阶段。

2. 消极因素分析

（1）消极的经济文化。农村经济文化的主流当然是积极向上的，但是在某些地方某些人的观念里，仍有一些消极因素需要消除。首先，是"不劳而获"文化。不劳而获文化主要来源于错误的规则、示范、宣传，不良的规则使不劳而获成为可能，示范使更多人效仿，宣传使之成为文化。不劳而获文化最显性的表现和后果是赌博和诈骗：赌博在农村曾经相当流行，当前仍有一些"市场"，其危害性非常大；诈骗在农村也时有发生，令受害农村居民损失惨重，甚至使一些人倾家荡产。要从宣传、防范、打击等层面对不劳而获文化与行为进行消减，牢固树立勤劳、创造致富的观念。其次，是"等靠要"文化。等靠要文化，是骨子里缺"钢"、精神缺"钙"的表现，是个体竞争力不足、环境竞争性不够的结果。相比城市而言，农村等靠要文化更为突出，因为农村市场经济发育和氛围要弱一些，农村包括教育在内的社会化水平要低一些。脱贫攻坚战提出要扶智、扶志，目的就是战胜某些困难群众的等靠要思想和某些困难地区多少存在的等靠要文化，让困难群众增强自我谋生的能力和意志，让困难地区增强自我发展的动力和愿景。祛除等靠要思想和文化，需要长期坚持，坚持提升农村社会化教育水平，提升人的综合素质；坚持提升农村市场经济发育水平，提升各类主体融入市场的能力；要培育人人争先的风气，宣传勤劳创新致富的案例，鼓励大家通过自身努力创造美好生活。最后，是"跑关系"文化。一些农村居民对跑关系行为既深恶痛绝又羡慕不已，办事情如果有机会跑关系他们会毫不犹豫，如果没能力跑关系他们就会憎恨自己无能或怪罪社会不公，跑关系文化扭曲了正常的秩序和人性。随着党和国家监管力量在农村的落地下沉，以及在全社会重点在农村开展的打黑除恶，农村腐败行为受到极大震慑和遏制，跑关系行为和文化日渐退出舞台。但是，跑关系作为人性的陋习，其必然变化多端，随时会死灰复燃，需要完备的制度和严格的执行才能杜绝。

（2）消极的社会文化。农村社会文化的主流与社会主义核心价值观是一致的，但总有一些支流存在并影响少数农村居民。首先，有"崇洋媚外"文化。崇洋媚外文化主要有两个方向：一个是制度方向，认为西方制度更民主、廉洁，更文明；一个是技术方向，认为西方产品工艺精良，质量过硬。近年来，随着国家治理体系的完善和治理能力的提升，特别是新冠肺炎疫情发生后，中国和某些西方国家的表现对比，深深教育了包括农村居民在内的国人，我们的党和国家无比珍视人民群众的权益，而西方某些国家的民主和

人权则显得虚伪、空洞、双标。农村居民需要全面准确地了解中国和世界，既摒弃崇洋媚外，也避免夜郎自大。其次，有"三俗"文化。农村文化阵地，社会主义核心价值观占领不好，群众喜闻乐见的文化活动占领不好，各种正能量文化载体占领不好，一些庸俗、低俗、媚俗的东西就容易滋生蔓延。所以，主流价值观和正能量文化要增强亲和力，要迎合农村居民的需求和口味，避免曲高和寡。最后，有"谣言"文化。当今信息时代，不少夸大、曲解、模糊、疏误、伪造的信息在网络流传，一些信息甄别能力偏弱的农村居民，容易被谣言所误导。对农村谣言文化，需要一手软、一手硬地应对：要引导和教育那些不明真相的群众增强辨别能力，减少乃至杜绝盲目听信、传播谣言；要对恶意造谣、传谣者依法予以训诫惩处。

（3）消极的传统文化。传统文化有精华，也有糟粕，消极的传统文化就是那些应当消失而未消失的文化传统，消极传统文化在农村仍有一定市场。首先，存在封建秩序文化。在个别农村地区，男尊女卑、重男轻女的封建思想和陋习仍然存在；部分农村居民仍然持有封建等级观念，他们理解和践行人人平等、为人民服务等理念难度较大；一些农村居民被宿命论思想支配，认为"人的命天注定"，从而在一定程度上放弃了努力奋斗；个别农村地区的秩序受到宗族文化影响。随着新时代的全面发展进步和传统农村的不断解构重构，封建秩序文化已逐渐无处藏身，但是个别角落和少数人仍受困于其变异文化，需要被新时代的"大扫帚"和新文化的"小扫帚"打扫干净。其次，存在自私自利文化。千年小农文明的传承，导致农村的自私自利文化更加浓厚。自私自利文化在新时代的负面作用日益凸显：一方面，小农生产已经不适应时代发展，但在农业走向规模经营过程中，自私自利的小农文化将会成为严重的思想阻碍；另一方面，壮大集体经济是农业农村破局的重要方向，在农村发展集体经济过程中，小农经济和小农文化也将制造很多麻烦。破除过度的自私自利文化，是振兴乡村必须迈过的一道坎，需要以团队文化、集体文化、企业文化及其行动来逐渐克服自私自利的小农文化。最后，存在扭曲的民俗文化。农村扭曲的民俗文化，主要集中在婚丧嫁娶中的大操大办，以及在这些活动中挥之不去的礼尚往来。一些农村娶媳妇的礼金和各种要价会掏空不少家庭多年的积蓄，甚至让家庭背上沉重的债务，一些农村办丧事也会让不少家庭不堪重负、苦不堪言，更恶劣的还有为逝者娶亲的冥婚现象，一些农村地区的家庭为了收回送出的礼金把各种"事"办到荒诞的程度……这些扭曲的民俗文化，消耗了农村本就单薄的资源，给农业农村扩大再生产造成巨大损失，给不少家庭带来沉重负担。所以，必须在扭曲民俗文化较重的农村推动移风易俗，让新风尚取代旧习俗。

三　农村公共文化发展展望

对农村公共文化发展的展望，既是对发展态势的判断，也是对农村居民公共文化需求的思考。世界处于百年未有之大变局，中国走进新时代，社会信息化程度不断提升，新冠肺炎疫情仍在持续，这些因素对农村公共文化都会有深刻的影响。农村公共文化的先进，有助于经济的发展；农村公共文化的稳定，有助于社会的稳定。把握农村公共文化发展的走势，并加以因势利导，将会为乡村振兴提供深厚的文化能量。

1. 农村公共文化资源与乡村经济发展的紧密结合

乡村经济振兴为农村公共文化发展奠定坚实基础，反过来，农村公共文化发展也会为乡村经济振兴提供重要支持。全省各地乡村纷纷积极探索把自身公共文化资源转化为发展经济的"法宝"，当然成功的实践大都需要很好挖掘公共文化资源的价值、精心的打磨包装、良好的口碑和宣传。未来，随着乡村魅力的提升和乡村休闲旅游的持续升温，这类实践会以更大规模、更多形式展开。乡村公共文化资源的种类繁多，比如目前全省拥有97个国家地理标志农产品，69项国家级非物质文化遗产名录项目和294项省级非物质文化遗产名录项目，星罗棋布的历史、民族、生态、文化景观景点，数量可观的各级别文旅示范县、特色乡镇、示范村。这些文化资源都是发展乡村经济的宝库，需要在整体科学规划基础上，进行合理开发，将文化资源与各产业良性融合，突出特色，讲好故事，做好宣传，打造更多的乡村地域文化品牌。

2. 互联网文化与数字经济加速走进乡村

至 2020 年底，辽宁省实现行政村光纤网络、4G 网络信号双覆盖，未来5G 网络将会加速建设，农村互联网普及率不断攀升。新的信息技术渗透、应用到经济社会的方方面面，在农村主要表现为互联网文化的流行和数字经济的增长。互联网作为文化传播工具，其本身并无善恶，但是互联网内容建设及其对农村居民的影响则应受到合理引导与密切关注。当前，短视频是最受农村居民欢迎的互联网内容，与其他互联网内容一样，它是一把双刃剑，一方面既迅速传递信息，帮助农村居民了解世界、开阔视野，另一方面也有大量"三俗"或虚假内容，制约农村居民文化水平提升，误导农村居民。提升农村居民对互联网信息的鉴别能力，提升其互联网文化鉴赏水平，提高主流融媒体在农村的普及率、占有率，是一项亟须开展的工作。互联网作为数字经济载体，在全省农村发展已显露峥嵘，部分地区农村电商经济发展如火如荼，直播带货有力带动了地方农产品销售。数字经济必将成为农村未来发展的重要增长点，农村电子商务将会不断提升市场份额，相关的政策导向和扶持手段应该及时跟上，以免被时代落下。

3. 城乡文化互动不断增强

城乡文化互动主要通过两个渠道，一是城市居民向农村流动，以工作、旅游为主。工作方面，目前辽宁省有 1.2 万名干部在乡镇任职或驻村担任第一书记，还有很多到农村创业的城市人，他们为农村带来了先进的管理和经营理念；旅游方面，2019 年，全省乡村旅游吸纳近 30 万农民就业，间接带动超过 100 万农民就业，接待游客近 2 亿人次，城市人到农村消费有力拉动了乡村经济，推动了乡村开放。二是农村居民向城市流动，以进城务工和销售农产品为主。进城务工方面，2019 年全省约有 100 万本地农民工，大部分在城镇就业，他们有力弥合了城乡文化差异；销售农产品方面，一批农村居民往来于城乡从事农产品运输、加工、销售、经纪等工作，他们是城乡间经济互动的重要纽带。当然，在乡村振兴战略的带动下，城乡间资本、技术等其他生产要素的流动性也在增强，未来还会更强。因此，全省和各地要在畅通城乡间要素流动，推进城乡融合发展方面狠下功夫，破除体制障碍，破解现实难题，推动包括文化在内的城乡多元互动，实现更高水平扩大开放，更强动力拉动内需。

4. 群众性文化活动空间广阔

农村的公共文化硬件建设和活动开展，最直接的目的是活跃群众性文化活动、丰富群众文化生活、满足群众文化需求。虽然，在某种程度上，互联网文化对群众性文化活动有所抑制，但是，在农村有两个支柱将会为群众性文化活动撑起广阔空间，这两个支柱就是农民专业合作社和农村集体经济组织。农民专业合作社和农村集体经济组织将会从工作需要、组织能力、人才支撑、经费保障等方面为群众性文化活动提供支持，同时，有趣味有价值的群众性文化活动也将起到提升农民专业合作社和农村集体经济组织生产力与凝聚力的作用。未来，随着农民专业合作社覆盖面提升，以及农村集体经济发展壮大，农村群众性文化活动会更加内容丰富、形式多样、吸引力强。

5. 推动农村公共文化高质量发展

随着乡村振兴战略向纵深推进，农村公共文化高质量发展将会受到更多重视。有必要建立农村公共文化高质量发展的指导建议和评价标准，其中包括诸如区域公共文化资源的建设、开发、利用水平，公共文化载体的评估，公共文化规则的完善程度，公共文化活动的特色与吸引力，公共文化活动的群众参与度，公共文化活动对居民身心健康的影响，公共文化在提升居民知识技能素质、文化素养修养方面的作用，公共文化对乡村经济发展的促进，公共文化对乡村环境的改善，公共文化对民风民俗的改造等方面。总之，农村公共文化的高质量发展将伴随乡村振兴进程，既需要与之匹配，也要勇于突破。

参考文献

朱敏：《农村文化安全建设面临的问题与对策》，《江南论坛》2010 年第 4 期，第 26 ~ 27 页。

程健康、张鹏:《目前我国农村文化安全面临的挑战与对策探析》,《陕西农业科学》2013 年第 5 期,第 221～223 页。

李志国:《提升旅游"讲故事"能力——以辽宁为例》,《党政干部学刊》2019 年第 6 期,第 52～56 页。

B.16
辽宁社会治理体系创新研究

刘新姝*

摘 要： 近几年，辽宁不断强化社会治理的基础作用，以党建工作为引领、以依法治省为保障、以加大基层社会治理建设为抓手，不断深入推进社会管理创新，人民群众的获得感、幸福感、安全感持续提升，社会治理取得显著成就，但仍然存在着社会治理理念和经济发展不匹配、社会组织培育迟缓和基本公共服务水平不均衡等问题，需要采取有力措施，从创新社会治理理念、共建共治共享的社会治理格局、转变政府职能优化政府组织机构、实现社会组织的有效参与和提高信息技术在社会治理中的应用水平等方面创新社会治理体系。

关键词： 社会治理 管理创新 治理理念 治理格局

党的十九大报告对社会治理的"社会化""法治化""专业化""智能化"等四个具体方面水平的提升做了相应的明确要求，将"加强和创新社会治理""维护社会和谐稳定"等方面作为新时代中国特色社会主义思想的重要内容，还对"打造共建、共治、共享的社会治理格局"做出新的部署。党的十九届四中全会特别指出"要加快推进市域社会治理现代化"，具有重大理论意义和实践意义。党的十九届五中全会又明确提出，"十四五"期间

---

* 刘新姝，辽宁社会科学院社会学研究所副研究员，主要研究方向为社会人才。

"社会治理特别是基层社会治理水平明显提高"。可见，加强和创新社会治理将是现在及未来一段时期我国国家治理中一项重要任务。

一　辽宁社会治理体系现状

1. 以党建工作引领社会治理健康发展

党建工作是社会组织的命脉，是指引社会组织前进方向的旗帜。有了党组织这个战斗堡垒，社会组织就能健康持续地发展。辽宁大力推进社会组织党建工作，基本实现全省性社会组织党的组织和党的工作全覆盖。从省里到地方创新性地开展了社会组织党建工作，如省里召开推进"党群一张网、服务叫得响"党建引领基层社会治理创新工作会议，依托各级党群服务中心，将智慧党建网络、政府服务热线、智慧城市管理中心等网络服务功能整合成"一张网"，传递党的声音，听取并回应群众诉求，把党的政治优势、组织优势和密切联系群众优势转化为治理服务优势。大连市健全"分级负责、条块结合、区域兜底"的社会组织党建工作体系，市级依托行业协会建立党组织 265 个，在区市县层面，建立社会组织党组织 530 个，依托市首批 10 个党员教育基地，经常性开展党日党课、党史讲座、改革开放史教育等活动；锦州市坚持"党建引领 + 为民服务"，通过"情理 + 法理""瘦身 + 强体""人治 + 智治"等一系列工作组合体系，使基层治理更温馨，基层工作更扎实，基层服务更精准；丹东市振兴区探索建立"党委领导、部门联动、镇街兜底、社区主抓"的党建工作管理体系，强化党组织政治属性和服务功能，推动社会组织在改革发展和社会治理中发挥重要作用；本溪市个体私营企业协会在推进"两个覆盖"基础上，坚持管理体制改变、党建责任不变，经济形势改变、核心作用不变，经费渠道改变、保障力度不变，注重彰显党建优势，用党的活动推进诚信服务、带动引领群众和服务经济发展。辽宁省以党建工作引领社会组织，将党建工作与社会治理整合成一张网，充分发挥基层党组织和党员的作用，最大限度实现了社会组织为党和政府分忧，为困难群众解愁。

2. "依法行政"贯穿社会治理工作始终

加强法治学习教育，筑牢法治根基。辽宁省全面落实"谁执法谁普法"责任制。按照全年法治工作要点安排，号召各级人社部门工作人员切实履行学习法律法规和政策文件的职责，把学习教育作为普法宣传的重要内容，增强系统干部职工法治素养和依法行政能力，发挥行政执法人员、调解仲裁员、法规工作人员的专业优势，广泛开展以案释法，在案件办理、行政执法、纠纷调解、争议仲裁的过程中不断向群众宣传法治精神，将矛盾纠纷化解在萌芽之中。辽宁省还以《民法典》有效实施为重要抓手，认真贯彻落实宣传实施《民法典》的具体措施，同时对省人社厅牵头实施的地方性法规、政府规章和制定的规范性文件进行系统清理，保证各项行政管理活动与《民法典》宗旨相符。

加大疫情政策宣传，确保"稳就业""保民生"落实到位。自疫情发生以来，各级人社部门把稳就业作为首要政治任务，辽宁省出台了《辽宁省人民政府关于深入实施就业优先政策进一步做好稳就业工作的若干意见》，实施一系列降成本、减负担、稳岗位、保用工、扩就业、优服务、保民生的政策措施，加大对国家、省政策的宣传力度，确保政策全面落地见效。持续加大对《社会保险法》等人社领域法律法规的宣传力度，严防养老金支付风险，积极宣传贯彻《失业保险条例》。辽宁省指导各级人社部门妥善处理疫情期间劳动关系矛盾问题，通过深入企业和网上宣讲方式，解读《劳动法》《劳动合同法》等法律法规，解决并处理好工资、劳务派遣、劳动合同等一系列企业职工密切关注的突出问题，切实维护劳动者和企业职工的合法权益。

创新宣传方式，运用全媒体普法。辽宁省利用"报、网、端、微、屏"，建立立体宣传格局，全面宣传人社领域法律知识和相关政策。做实传统方式宣传。充分利用法治宣传橱窗、法治宣传栏、LED电子屏以及社保经办、就业人才服务大厅等窗口场所，普及《保障农民工工资支付条例》等法律法规和疫情期间出台的相关政策，通过发放宣传折页、宣传单，张贴宣传画和标语，增强办事群众法治意识。围绕节日、政务公开日等重要时间

点，加大对相关政策的宣传解读力度，召开新闻发布会两场。2020年5月和6月，省人社厅副厅长吴松和厅长段君明先后对《关于深入实施就业优先政策进一步做好稳就业工作专题新闻发布会的若干意见》和《关于印发进一步促进高校毕业生就业创业若干举措的通知》进行深入解读，为群众答疑释惑。

3.基层社会治理水平不断夯实

辽宁围绕城乡社区治理和社区服务体系创新工作方式，深入推动社区减负增效，加强社区协商，加大村（居）务公开力度，健全村（居）民主管理和监督制度，基层党组织领导、基层政府主导的多方参与、共同治理的城乡社区治理体系更加完善。

2019年，辽宁省民政厅出台了《关于开展城乡社区治理创新实验示范活动、推进基层社会治理高质量发展的方案》和《辽宁省城乡社区治理创新实验示范单位指导标准（试行）》，从县（市、区）、乡（镇、街道）和社区（村）三个层面，确定了100个实验示范单位。2020年，作为年度10件民生实事之一的"村民评理说事点"，为乡村群众搭建起说事、调事、议事的平台，共建立说事点11763个，覆盖全部行政村，全年共收集信息线索14.8万余条，通过开展宣传教育和解答法律咨询方式化解矛盾纠纷12.3万余件，使全省信访及治安案件数量均明显下降。

日益夯实的基层社会治理基础为辽宁省做好新冠肺炎疫情防控工作提供了坚实的保障，有力地推动了防控工作落实到单位社区、居住社区、小区、院落、居民楼及每一位居民，筑牢了疫情联防联控的第一线。

二 辽宁社会治理创新所面临的问题

1.社会治理体系需进一步完善

社会治理体系建设是一个需要党委、政府、社会、公众多方参与的过程，辽宁省在新旧社会治理体系转变过程中，一些地方政府部门对社会自主性发展的认识还不足，对社会力量参与社会建设的认识还不充分，因此，对社会治理到底应该管什么、由谁来管、以什么方式来管和管到什么程度等问题还需进一步科学理解，社会治理体系结构还需进一步优化。

2. 社会组织培育迟缓

对于辽宁这样一个东北老工业基地省份，社会组织基础相对薄弱，由于受制度和政策等诸多因素的限制，社会组织不发达。一方面，社会组织发展数量有限，通过中国社会组织公共服务平台查询可知，截至 2020 年底，全国登记的社会组织 900949 个，辽宁登记的社会组织 27824 个，占全国社会组织的 3.1％，排名在全国 10 名之外；另一方面，社会组织发展的质量不高，主要表现在省部级社会组织数量比重严重偏低，全国省部级社会组织占比为 29.28％，辽宁省级社会组织占比为 11.46％。大型社会组织较少导致社会治理格局中的"社会"难以作为重要力量参与治理过程。

3. 基本公共服务水平不均衡

辽宁省基本公共服务水平呈现双核结构的特征，即以沈阳和大连为中心，公共服务水平最高，向四周逐渐递减。这种公共服务水平的不对称，导致在社会治理中容易出现步调不统一的现象，很难达到预期的效果。例如，在垃圾分类处理问题上，从省里到地方都切实行动起来，但从实际效果来看，在一些小的县城，垃圾分类只是一个形式主义，由于当地垃圾处理能力有限，在最后的处理环节上达不到垃圾分类的效果。

三　辽宁社会治理体系创新和提升的对策建议

1. 创新社会治理理念

辽宁省要想更好地进行社会治理体系建设，就要形成新的治理理念，影响群众形成共同的价值观，促进人与人之间和谐发展，产生社会治理的凝聚力。

一方面，我们要树立以人为核心的理念。长期以来，伴随着全国经济的快速发展，社会治理一直面临着如何平衡"效益"和"效果"两方面的问题，"高效"的价值目标使得辽宁必须向改革要"效益"，这就催生出很多

社会矛盾，阻碍了政府社会治理创新的步伐。在面对来自各方面的压力和对方利益主体时，政府要想推进社会治理创新就要坚持"公正"性，保持不偏不倚，做到"执政为民"，一切从人民群众的利益出发，关注人民的心声。在面对重大决策和变革时，要充分调动广大群众的积极性，让人民群众都能参与进来，激发广大群众的创造性，广泛听取人民群众的意见，汲取群众智慧，最后让人民群众享受到益处，使"以人为本"的理念深入到社会治理创新的全过程中。

另一方面，要以整合协同思想为引导推动创新。从目前辽宁省对于社会治理的现实状况来看，协同合作既可以使政府将内部机构整合在一起，使治理体系框架更加统一和完整，将现有社会资源最有效运用，同时也可打破各部门之间的工作壁垒，使办事程序更加流畅，调整和优化各部门现有的体制机制，减少现有资源的浪费，把稀缺的资源用在保障和改善民生这一关键点上。因此，"协同整合"的治理理念可以作为辽宁省社会治理创新的可靠手段，这也是辽宁省社会治理创新的必由之路。

2. 共建共治共享的社会治理格局

辽宁省要共建全民共治共享的社会治理格局，必须健全社会治理的体制机制，深入研究社会治理规律，不断创新社会治理方式方法，增强社会治理的科学性和有效性，提高社会治理社会化、法治化和精细化水平。

一是着力推进社会治理社会化。鼓励和支持社会力量参与社会治理、公共服务，最大限度发挥市场配置资源的决定性作用。政府要逐渐调整与社会的关系，从过去对社会治理事务大包大揽逐步转移职能，通过购买服务和招投标等方式将可以由市场和社会承担的事务交给企业部门和社会组织承担。充分发挥社会力量和公众社会治理的协同作用。

二是社会治理法治化。法治是实现国家治理体系和治理能力现代化的重要依托，是社会治理的基础性保障。要规范执法行为，切实维护群众的合法权益，让人民群众感受到社会的公平正义。

三是社会治理精细化。社会治理不能粗枝大叶，大而化之，而应在绩效目标引导下，通过科学的方法精准地分析、服务、治理、监督、反馈，彻底转变社会治理传统的思维和方式，使社会治理更加标准化、具体化、人性化。

3. 转变政府职能优化政府组织机构

转变政府职能和优化政府组织机构，首先要明确政府转型的方向，知道往哪转、怎么转；然后根据方向厘清政府的权责清单，处理好政府和社会、权力和责任的关系。

一要明晰政府和社会的职能边界，使政府既不"越位"也不"缺位"。首先要完善地方政府机构设置，使地方政府有专门的机构来出台相关的政策，制定长期的发展战略，从宏观上监督和管理社会组织的工作，保证政府不"缺位"；同时，减少政府对微观事务的直接参与，简政放权，避免政府"越位"。

二要推进法治政府建设。首先要保证法律法规的健全和配套政策的及时，对施行时间较长的有关社会治理的法规进行定期修订完善，对出现的新情况、新问题等要及时出台相应的配套政策，保证社会治理工作有法可依、有章可循；其次对社会治理的各项工作要按照法律来完成，做到程序透明，结果公开；最后要改进执法方式，使执法重心下移，简化执法程序，做好事前排查和事后监督。

三要处理好管理与服务的关系。社会治理的宗旨是通过社会组织依法来解决一些政府不能解决也解决不好的问题，从而达到为民服务的效果，但在让人民群众自我管理和服务过程中，政府也不能忽视对社会组织的规范和引导，要平衡好管理和服务的关系，在管理中加强服务，在服务中体现管理。

4. 实现社会组织的有效参与

在社会治理中，社会组织为社会成员提供服务的同时，也起着联系国家与社会的纽带作用，以社会组织形式推动和规范公民力量的持续壮大和良性发展，建立健全社会力量在社会治理过程中的制度化沟通渠道和参与平台，积极发挥社会组织在社会治理中的作用。

一要培育发展社会组织，将社会组织分散管理变为集中统一规范管理，

努力打造集申报、审批、备案、培育等多功能于一体的社会组织孵化基地，同时免费为社会组织提供信息共享、能力培训、创业扶持等服务，以"保姆式"服务推动社会组织健康发展。

二要积极拓展开放公共服务购买，通过政府购买服务，充分发挥社会组织在民生保障、公益慈善等公共服务上的独特优势，建立鼓励弥补机制，助力社会组织健康发展。

三要创新社会组织制度改革，对所有注册登记和备案的社会组织，通过引入专业第三方，建立等级评估机制，定期对登记的社会组织进行量化考核，并将考核结果与财政帮扶资金挂钩，激发社会组织工作积极性和主动性。

四要加强社会治理人才队伍建设，建设高素质、专业化社会治理人才队伍。首先要通过选拔或培养，组建一批素质优、能力强、管理硬的人才队伍，其次要建立健全社会工作者的考核激励机制，在不断提高社会工作者的待遇的同时要加强对社会组织负责人的管理，充分发挥他们在社会治理中的积极作用。

5. 提高信息技术在社会治理中的应用水平

伴随着互联网技术、人工智能、大数据技术等技术领域的不断拓展，如何将互联网与大数据、人工智能技术应用到社会治理当中已经成为推进创新社会治理的重要手段。因此，辽宁省应该从整合优化信息技术入手，规范信息管理体系，将信息技术合理、合法地应用在社会治理过程当中，使辽宁省社会治理向智能化、信息化方向发展。

一方面，要统一建设网络信息平台。第一，平衡区域网络建设发展，建立不同层次的网络平台。第二，社会治理的信息化建设不能片面强调硬件配置，要以实际应用为导向。同时，要加强对信息处理人员的技术培训，使其具备搜集、处理、分析与运用技术处理社会问题的能力。第三，优化网站平台内容与服务。网站的信息发布要有时效性，设计要容易被百姓接受，内容要和人民群众关心的问题息息相关。

另一方面，要规范信息管理体系。第一，改变旧的"部门本位"思想，要培养信息共享意识和社会治理共同体意识，实现信息共享。第二，优化原有社会治理信息化流程，使社会治理信息化、智能化。第三，完善法律保障，既要使社会治理信息化，又要注意信息的安全性和保密性，这就需要运用法律法规来规范和引领。

参考文献

青连斌：《习近平总书记创新社会治理的新理念新思想》，《前线》2017 年第 6 期，第 8~11 页。

中国社会组织公共服务平台，http：//data. chinanpo. gov. cn/。

王爽：《东北振兴与辽宁社会治理创新》，《哈尔滨学院学报》2020 年第 12 期，第 46~48 页。

B.17
辽宁省低碳发展现状、问题与对策研究

孙义 郑古蕊 徐鹏*

摘 要： 近年来，作为能源消费大省的辽宁，在控碳降碳方面取得了一定成效，但仍然面临碳排放强度大、能源利用水平低、低碳发展资金不足与人才短缺等问题，需要从推进工业企业高质量发展、加大清洁能源的开发与利用、绿色金融体系建设等方面来助力辽宁省的低碳发展。

关键词： 低碳发展 能源利用 辽宁省

一 辽宁省低碳发展现状

（一）制度建设逐步完善

"十三五"以来，辽宁从顶层设计入手，先后制定出台了《辽宁省加快推进生态文明建设实施方案》《辽宁省生态文明建设目标评价考核办法》，首先明确了应对气候变化与控制温室气体排放在全省生态文明建设中的重要位置；其次，会同省直相关部门联合下发了《辽宁省绿色发展指标体系》《辽宁省生态文明建设考核目标体系》，将"单位GDP二氧化碳排放降低""新能源车保有量增长率""城镇绿色建筑面积占新建建筑比重"等重要指

---

* 孙义，中环联合（北京）认证中心有限公司工程师，主要研究方向为应对气候变化与环境管理；郑古蕊，辽宁社会科学院产业经济研究所副研究员，主要研究方向为产业经济、环境经济；徐鹏，辽宁省生态环境保护科技中心高级工程师。

标纳入政府考核体系。同时，省政府先后下发了《辽宁省"十三五"节能减排综合工作实施方案》《辽宁省"十三五"控制温室气体排放工作方案》，对全省单位地区生产总值能耗、全省单位地区生产总值二氧化碳排放降比与能源消费增量提出了明确的控制指标。

在基础能力建设上，辽宁省积极组织开展全省重点企业温室气体排放核查和审核工作，完成了全省钢铁、石化等八个行业 2013～2018 年重点排放企业碳排放数据的核查和复核工作。同时，先后组织召开"辽宁省碳排放权交易能力建设培训会""辽宁省重点企业温室气体排放第三方核查机构培训会""中欧碳交易能力建设合作项目辽宁省培训研讨会""企业温室气体排放数据直报系统能力建设培训研讨班"等多次专题培训活动，全面有效地推进了全省重点企业的节能减排。

优化能源结构方面，辽宁省先后下发《电化辽宁、气化辽宁和煤电企业转型转产工作方案的通知》《辽宁省推进清洁取暖三年滚动计划（2018—2020 年)》等方案，积极开展以电和气替代煤炭与燃油的使用。另外，先后制定《辽宁省生活垃圾焚烧发电中长期专项规划》《辽宁省风电项目建设方案》《辽宁省光伏发电项目建设方案》，积极促进清洁能源与可再生能源的开发与利用。

目前，辽宁省列入国家低碳试点的城市有沈阳市、大连市、朝阳市三个城市，其中大连、朝阳两市是国家气候适应型城市建设试点。辽宁省省级温室气体清单现已完成 2005 年、2010 年、2012 年、2014 年的编制，完成了《辽宁省"十三五"应对气候变化规划》《辽宁省"十三五"节能减排规划》《辽河流域生态文明先行示范区建设总体规划》等课题研究，完成了《沈阳市城市温室气体排放管理平台项目》《沈阳市"十三五"低碳发展行动方案》等 5 个中国清洁发展机制项目，进一步强化了全省应对气候变化的支撑能力。

（二）碳排放强度[①]持续下降

2016～2019 年，辽宁省主要消费一次能源品种为原煤、原油及天然气，

---

① 本文计算的碳排放量是指全省一次能源消费对应的碳排放量，不包括工业生产过程、农业、土地利用变化和林业、废弃物处理层面产生的二氧化碳及其他温室气体。

根据《省级温室气体清单编制指南（试行）》中的方法，计算全省能源消费产生的碳排放量，将碳排放量、GDP、碳排放强度数据标准化处理后，绘制三者这一时期的变化趋势曲线，如图1所示。

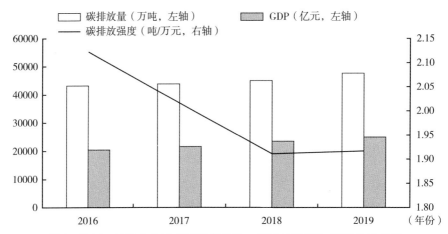

图1 2016~2019年辽宁省碳排放总量、碳排放强度和GDP变化趋势

资料来源：《辽宁统计年鉴》。

由图1可见，2016~2019年全省经济总量稳步提升，GDP由2016年的20392.5亿元，增长到2019年的24909.5亿元，增幅达到22%；碳排放总量与经济发展阶段相适应，呈现上升态势，与2016年相比，2019年碳排放总量增加了4475.9万吨；碳排放强度方面，一直呈下降态势，2016年为2.12吨/万元，2019年为1.92吨/万元，降幅为9.4%。

总体来说，辽宁省近年来碳排放的特征主要有以下两个方面：

（1）正相关性。从辽宁省近4年变化来看，碳排放量的变化趋势与地区生产总值的增长趋势吻合，两者呈现正相关性。

（2）强脱钩状态。碳排放强度一直处于持续下降趋势，地区生产总值和碳排放强度呈现较强脱钩状态，表明辽宁省应对气候变化工作的开展已经取得了一定成效，继续加大减排力度有望实现地区生产总值和碳排放的完全脱钩。

（三）产业低碳化水平不断提高

调整优化产业结构不仅是全省"十三五"期间推进供给侧改革的一项

重要内容，更是实现低碳与可持续发展的重要举措。2016年以来，辽宁积极推进"1＋N"供给侧结构性改革，狠抓"三去一降一补"，以钢铁、煤炭、水泥、电解铝、平板玻璃、铅蓄电池、制革、造纸、印染等行业为重点，通过完善工作机制，加强顶层设计，严格执行环保、能耗、质量、安全、技术等法律法规和产业政策，积极化解了煤炭与钢铁产能，淘汰了落后水泥与煤电产能。

在产业转型升级方面，辽宁积极培育和壮大智能制造、新材料、新一代信息技术、生物医药、新能源和节能环保、海洋6个具有优势和特色的新兴产业。以推进医药工业高质量发展为主攻方向，出台《2019年辽宁省医药工业发展工作指导意见》；以积极发展氢能产业为重点，编制了《辽宁省氢能产业发展规划（征求意见稿）》。此外，辽宁还先后出台《中国制造2025辽宁行动纲要》及《贯彻新发展理念推动工业经济高质量发展意见》等一系列文件，为推动工业经济高质量发展明确了方向。数据显示，2019年第一季度辽宁省规模以上工业增加值增长9%，高于全国平均水平2.5个百分点，产业转型升级成效逐步凸显。

作为三次产业的重要组成部分，辽宁积极发展现代服务业，从推进文旅融合入手，大力发展全域旅游和全域旅游示范区创建，2019年旅游业总收入达到6200亿元，增长15.9%；开展服务业质量提升专项行动，着力打造质量标准化、规范化和品牌化的服务体系，软件信息技术服务业营业收入较2018年增长19%，现代服务业支撑能力进一步增强。

（四）煤炭仍占能源消费主导地位

数据显示，2016～2019年，辽宁省煤品燃料消费总量呈现波动增长态势，其中，煤炭占一次能源消费比重分别为57.1%、52.5%、48.7%、47.8%，总体呈下降趋势，但降幅不显著；油品燃料消费比重小幅增长，2019年比2016年增加2.6个百分点；天然气消费总量逐年增长，2019年消费量较2016年增加326万吨标准煤，增幅达到48.7%，尽管天然气增幅显著，但占全省能源消费总量比重并没有明显提升，煤炭仍是最主要能源消费品种（见图2）。

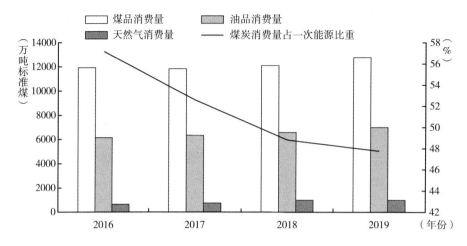

图2　2016～2019年辽宁省各能源品种消费量变化情况

资料来源：《辽宁统计年鉴》。

在清洁能源和可再生能源利用方面，辽宁省稳步推进红沿河二期、徐大堡一期核电建设；有序推进辽西北地区风电场建设，2019年底阜新市500兆瓦大型平价上网光伏发电项目和朝阳"3＋2"大型平价上网（500兆瓦）光伏发电项目已被列入全省重点项目。作为重要的清洁能源项目，中俄东线天然气管道工程辽宁段在2020年底具备投产条件，全省的清洁能源占一次能源比重得到了进一步提升。

（五）社会低碳体系初步建立

近年来，辽宁省不断加强绿色低碳发展体系的构建，在集中供热、煤气天然气供应、环境治理等方面取得积极进展。2015年以来，全省供热面积稳步提升，2016～2018年供热面积分别为108760万平方米、125698万平方米、134650万平方米，2018年供热面积较2015年增长28.8%；在煤气天然气供应方面，2015年供热量为22.7亿立方米，2018年达到39.2亿立方米，增长72.69%；在植树造林方面，辽宁积极开展林业供给侧结构性改革，加大造林力度，2016～2019年，总计造林588千公顷，年均造林147千公顷。

为了加快建筑业供给侧结构性改革，进一步加大绿色建筑的推广应用，辽宁省出台了《辽宁省绿色建筑条例》，要求从 2019 年 2 月 1 日起，全省城市、镇总体规划确定的建设用地范围内新建民用建筑按照绿色建筑标准进行规划建设。同年 9 月，由省住房城乡建设厅、省发展改革委等十部门联合下发《辽宁省推广绿色建筑实施意见》，明确了城镇新建民用建筑中绿色建筑面积比重、新建装配式建筑面积占新建总建筑面积比例、新建民用建筑节能标准执行率等具体指标要求。此外，辽宁省积极推广绿色建材应用与超低能耗建筑试点等，鼓励科技创新，通过主办科技成果转化对接会，对绿色建筑等专利技术和科技成果进行集中展示。

辽宁以国家绿色交通省创建示范省份为突破口，成立了包括省交通运输厅、省发展改革委、省环保厅等部门在内的绿色交通省建设领导小组，先后出台《辽宁省绿色交通项目考核办法》《辽宁省交通运输行业节能减排及环境保护统计制度》《辽宁省绿色交通运输城市考核评价指标体系》等一系列制度文件，为绿色交通合理有序建设提供了重要保障。截至 2018 年，全省营运车辆单位能耗强度、营运船舶和港口生产能耗强度等指标全面下降，与 2010 年相比分别下降 12.27%、19.7% 和 20.45%；节能环保型城市公交车占比超过 70%，节能环保型出租汽车数量占比超过 90%。

二 辽宁省低碳发展面临的突出问题

（一）碳排放强度仍然超标

"十三五"期间，国家下达辽宁省的二氧化碳排放强度目标是比 2015 年累计下降 18%，而 2019 年辽宁省应完成的累计进度目标为 13.89%，实际完成的累计进度目标为 8.62%，累计进度目标完成率约为 62.06%，到 2020 年底完成目标考核任务难度较大。

（二）能源消费总量仍将保持增长态势

辽宁作为全国重要的老工业基地，能源消耗基数较大，随着振兴东北战

略的不断推进以及工业化、城市化发展的不断深入，无论是能源需求量还是消费总量都将保持稳定的增长态势，温室气体达峰工作困难重重。

（三）清洁能源开发及利用水平较低

目前，辽宁的能源消费结构仍以煤炭和原油为主，风力、水力、太阳能以及核能发电等方面产能及利用能力有限，生物质、沼气等二次能源开发程度不足，利用不充分。同时价格因素也影响清洁能源使用，比如天然气价格，受国际天然气气源紧张影响，2017 年以来冬季天然气市场价格持续升高，2019 年沈阳市非居民供暖用天然气上升至 3.35 元/立方米，居民供暖用天然气上升至 3.16 元/立方米，而北京、天津、石家庄等城市居民到户用气价格仅为 1～1.2 元/立方米，政府年安排补贴资金 15 亿元左右。因此，需要政府加大相关政策的支持力度，扫除绿色能源行业发展障碍。

（四）低碳发展资金不足与人才短缺

无论城市基础设施建设还是企业设备的节能改造，都需要大量的资金作为保障，近年来随着经济增速的减缓，辽宁财政投入也在不断紧缩。同时，全省人才流出情况的加剧，在一定程度上制约了低碳节能技术的开发与应用。

三　辽宁省低碳发展对策与建议

（一）加快推进工业企业高质量发展

以数字经济为引领，充分挖掘数字转型的潜力。积极推动人工智能、5G、云计算和边缘计算及物联网等数字技术在制造业中的应用；着力改进制造业的生产环节与工序，寻找制造过程升级的数字化信息化解决方案。加快培育壮大机器人及智能装备、航空、新一代信息技术、生物制药及高性能医疗器械等战略性新兴产业；加大资金投入力度，设立高新产业发展专项资金和投资基金，为产业发展提供资金保障。

以新兴产业为核心，推动机器人及智能装备、航空、新一代信息技术、生物制药及高性能医疗器械等战略性新兴产业发展壮大。加大资金投入力度，设立高新产业发展专项资金和投资基金，为产业发展提供资金保障；推进新兴产业生态圈建设，依托新松机器人智慧园、航空零部件产业园、东软云基地医疗健康产业园、金属新材料产业园等产业基地，加大上下游企业的招商力度，打造高水平发展的新兴产业集群。

积极推进产业技术创新平台和企业技术中心建设，加快推动产学研用结合和技术成果转化，积极发展新技术、新产业、新模式、新业态，培育壮大战略性新兴产业；加大技术创新力度，着力提升关键基础零部件、基础工艺、基础材料、基础制造装备研发和系统集成水平；鼓励企业加大技术改造投入力度，引进新技术、新工艺、新装备、新材料，加快产品结构优化升级，推进传统产业向中高端迈进。

（二）加大清洁能源的开发与利用

严格执行煤炭总量控制制度，在总量达到上限后禁止一切燃煤工业项目审批；加快工业燃煤锅炉、窑炉清洁能源改造，推进电储能锅炉替代燃煤锅炉，推广分散式电采暖；加快煤炭的清洁高效利用，制订煤炭清洁高效利用实施方案，逐步提高煤炭品质，明确煤炭热值标准，严格控制劣质煤的使用；不断推进大容量高效机组余热供暖与集中供暖面积，进一步扩大并调整散煤替代范围，采取清洁型煤配合专用炉具方式替代居民散煤，以社区、村屯为网格，建立散煤管控网格化监督管理体系。

加大核能、风能、太阳能、生物质能、天然气、氢能等清洁能源开发利用，进一步提高新能源和可再生能源在一次能源消费中的比重，减少弃风、弃光、弃核，以清洁能源发电替代煤电。进一步提升电能在终端能源消费中的比重，逐步利用清洁能源和可再生能源在生产生活领域实施电能替代，降低煤炭消费比重。制定清洁能源产业发展的支持政策，引导资金向新能源和低碳技术流动。

继续开展"电化辽宁"工作,推进工业、交通、农业、生活等领域电能替代,大幅提高电气化水平,形成以电为中心的能源消费格局。加快构建低碳交通体系,大力推进新能源汽车产业发展,加快建设电动汽车充电桩、机场桥载电源等配套设施。推动农业和生活领域电能替代,推广应用电排灌、电动联合收割机等大型作业机械,提高农业电气化和智能化水平。

(三)着力构建绿色金融体系

围绕七部委在《关于构建绿色金融体系的指导意见》中提出的"支持和引导银行等金融机构建立符合绿色企业和项目特点的信贷管理制度,优化授信审批流程,在风险可控的前提下对绿色企业和项目加大支持力度,坚决取消不合理收费,降低绿色信贷成本"的指示精神。借助外力,加大与专业的绿色金融研究机构、行业协会、科研院所、领先的金融同业等展开合作;持续构建和完善包括绿色金融战略规划、业务管理、产品创新、环境和社会风险管理、能力建设等在内的银行绿色金融服务体系,不断提高绿色金融发展能力。

发挥财政资金的引导作用。建立公共财政和私人资本合作的 PPP 模式绿色产业基金,继续发挥财政资金的引导、放大效应,吸引各类有实力的机构投资者和长期、稳定的社会资本出资设立绿色产业发展投资基金,结合全省低碳发展目标,对环保、节能、清洁能源、绿色交通和绿色建筑等领域的企业、项目进行投资。鼓励各类金融机构、证券投资基金、社会保障基金等机构投资者投资气候债券。积极引导金融机构和企业到境外发行气候债券,鼓励合格境外承销商帮助企业境外发债。

以沈阳为试点,启动运行沈阳市碳排放权交易市场建设。构建以控排企业为主,兼顾银行、碳资产管理公司等各类投资机构以及其他符合交易规则且自愿参与碳排放权交易的公民、法人或者其他组织的交易市场。逐步完善交易机制,稳步推进纳入行业范围,扩大至城市基础设施、交通运输、公共建筑等领域;推进沈阳碳交易市场向周边城市辐射,打造东北碳交易中心,实现与全国碳排放权交易市场有效对接。

参考文献

2016～2019 年《辽宁统计年鉴》。

王磊、刘文超:《辽宁省碳市场能力建设现状与对策研究》,《辽宁经济》2019 年第 5 期,第 25～27 页。

张浩良、安然:《中外绿色债券发展比较》,《开放导报》2016 年第 5 期,第 57～61 页。

柴发合、罗宏、裴莹莹:《发展低碳经济的战略思考》,《生态经济》2010 年第 11 期,第 89～93、97 页。

专 题 篇
Special Articles

B.18

辽宁东部地区生态资源转化为经济
发展优势的系统性研究

本报告课题组*

摘　要：　辽宁东部地区森林覆盖率高，是辽宁绿色屏障和重要的水
　　　　　源基地，中药材资源丰富，蕴藏着丰富的山野菜和食用
　　　　　菌，林下经济动物很多，旅游开发潜力巨大。辽宁东部地
　　　　　区应借鉴先进地区绿色发展经验与启示，尽快建立完善生
　　　　　态环境保护法规体系，积极推行绿色新政；综合运用多种
　　　　　环境经济政策，促进生态环境保护；大力推进生态经济，
　　　　　实现经济转型发展；重视生态文明素质教育，提高公众参
　　　　　与积极性。特别是要大力推广创新模式，完善生态优势转

* 课题组执笔人：张天维，辽宁社会科学院产业经济研究所所长，研究员；王磊，辽宁社会科
学院社会学研究所所长，研究员；李效筠，辽宁社会科学院产业经济研究所研究员；郑古
蕊，辽宁社会科学院产业经济研究所副研究员；陈岩，辽宁社会科学院产业经济研究所副研
究员；郭矜，辽宁社会科学院经济研究所副研究员，财政学博士；景红双，中国科学院应用
生态研究所处长，副研究员。

化为经济发展优势的市场性支持政策，财政转移支付等激励性支持政策，以及多元化的资金筹措渠道，尽快将生态优势转化为经济优势。

关键词：辽宁东部地区　生态资源　经济发展优势　创新模式

一　辽宁东部地区自然现状、资源优势与主要问题

（一）自然现状

辽宁东部地区包括抚顺、本溪、丹东3个市所辖的全部县区，铁岭、辽阳、鞍山、营口4个市"哈尔滨—大连铁路"以东的28个县（市、区），面积总计55414.7平方公里，属于长白山系的哈达岭、龙岗山脉西段和千山山脉东段区域；地势以龙岗山脉为轴线，北部区域由东南向西北倾斜，南部区域由东北向西南倾斜，地貌以山地为主；气候属温带大陆性季风气候，靠近鸭绿江一侧兼有海洋性气候特点，年降水量750～1200毫米。

辽东地区是辽宁省重要的生态屏障和水源涵养区，承担着源头水源保护、水源涵养、生物多样性保护等重要生态功能，不仅为全省生态环境改善和经济发展发挥着无可替代的巨大作用，而且具有生态系统的服务功能和生产功能。

（二）资源优势

——森林覆盖率高。该区域森林面积和森林蓄积量分别占全省的56.3%和69.9%。其中，林地总面积327.48万公顷，活立木总蓄积量23817.3万立方米。在林业用地中，有林地面积303.46万公顷，林分总蓄积量23675.8万立方米；疏林地面积0.36万公顷；灌木林地面积5.25万公顷；未成林林地面积3.63万公顷；苗圃地面积0.09万公顷；无立木林地面

积8.53万公顷；宜林地面积5.89万公顷；辅助生产林地面积0.27万公顷。据专家测算，辽东山区森林每年涵养水源达120亿吨，吸收近1300万吨二氧化碳，占全省森林吸收二氧化碳的72.2%，每年释放氧气近1200万吨，占全省森林释放氧气总量的75%。

——是绿色屏障和重要的水源基地。该区域是沈阳经济区和辽河平原上的浑河、清河、柴河、太子河，富尔江、辉发河等大、中型河流的发源地，有超过20亿立方米的大伙房水库、观音阁水库等，为辽宁省多个城市工农业用水的保障，用水量占比达到70%以上。

——中药材资源丰富。全省现有野生及人工栽培植物160科796属2145种，其中资源数量的70%、资源总量的80%分布在该区域森林生态系统中。据资源调查，该区域有药材697种，其中有104种属于国家规定地道中药材，有90多种属于地道中药材。野生药材包括关黄柏、刺五加、五味子、关升麻、牛蒡子、桔梗、地榆、朝鲜淫羊藿、辽细辛、槲寄生、赤芍草乌、关木通、平贝母、关龙胆等，人工栽培的药材以人参、细辛、龙胆草、黄芪、五味子为主。

——蕴藏着丰富的山野菜和食用菌。该区域森林生态系统中的山野菜资源丰富，常见的有23科61属79种，主要有大叶芹、蕨类、桔梗、龙牙橡木、紫苏等。林下食用菌品种多，野生的食用菌主要有黄松蘑、猴头蘑、油蘑、白蘑、冻蘑、扫帚蘑、梨树蘑、柳蘑、杨树蘑、红松蘑、榛子蘑等。林下栽培食用菌种类品种有平菇、香菇、黑木耳、滑菇等，珍稀品种有双孢菇、鸡腿菇、大球盖菇、榆黄蘑等。

——林下经济动物很多。全省现有脊椎动物827种，其中80%以上分布在辽东山区。该区域有小型动物，如狐、貉、黄鼬、獾、狍、刺猬、松鼠、花鼠、黄鼠等；鸟类在林区常见者为大山雀、沼泽山雀、家燕、金腰燕、榛鸡、乌鸡、野雉、鸳鸯、黑嘴松鸡等；爬行类动物有丽斑麻蜥、白条草蜥、黄脊游蛇、蝮蛇等；两栖动物有东北小鲵、中国林蛙等，其中开展人工养殖的主要有山鸡、林蛙、虹鳟鱼、马鹿、梅花鹿、野猪等。

——旅游开发潜力巨大。该区域森林旅游资源丰富，现有山岳型、文物古迹型、海滨海岛型、库区型等多种类型的森林公园，主要以本溪关门山、抚顺猴石、三块石，丹东凤凰山、天桥沟、天华山，铁岭冰砬山等为代表。虽然很多已经具有一定的规模，但还未真正开发出来并打造成国内外知名品牌。

（三）主要问题

——森林保护不够。现有森林多数为中幼龄林，亟待抚育的森林资源占54%；退化次生林比重较大，且多数是经过长期多次采伐和过度干扰而形成的；大中径级林木资源极为匮乏，大径材和珍贵材等优质林产品生产能力弱；人工林树种结构单一、单层林比重大，林地肥力明显下降，复层异龄混交型森林资源总量不足；生物多样性呈现减退势头，森林生态保护功能不强。

——污染不断加剧。污染是该区域最主要的威胁。近年来，辽东地区不断加大环境污染防治力度，虽然生态状况已有明显改善，但污染形势仍然严峻。例如，地下水过量开采，直接后果就是地下水位下降严重，增大了地表污水对地下水体的入渗。随着地下水超采量的增加，且不断向纵深方向发展，污染物已进入浅层地下水，目前已有向深层地下水蔓延的趋势。同时地下水的大量开采，已经引发了严重的水环境问题，比如海水倒灌、近岸土地盐渍化等，且此类问题受影响区域呈扩大趋势。

——过度围垦和开发。该区域多年来过度的商业开发、填海造地、围垦造田、养鱼等造成生态环境质量明显下降，特别是野生动物栖息地萎缩，制约该区域生态系统物质循环与能量流动，导致生物多样性降低，生态功能退化。例如，由于该区域湿地土壤土层深厚，含有较多的有机质及无机养分，且地势平坦，便于灌溉，已经有大量湿地被开垦为稻田，这对湿地都是较为严重的破坏。

——其他威胁因素并存。该区域受到多种生态环境的威胁，包括非法狩猎、盐碱化、泥沙淤积、过度放牧等。这些威胁不同程度地对该区域生态环境造成不良影响。例如，非法狩猎，特别是对鸟类的盗捕、盗猎行为屡禁不

止。江河生态平衡破坏严重，水土流失加剧，河流中的泥沙含量增大，造成河床、湖底、水库淤积，湿地面积不断减少，功能逐渐衰退。过度放牧导致植被面积逐渐减少，破坏了生态系统结构。

——未健全生态补偿机制。该区域山多林密，水源充沛，特别是担负着沈阳、抚顺等城市的供水任务。在天然林保护工程实施之后，虽然采取了生态补偿措施，但补偿范围小、补偿标准低，缺乏长效生态补偿机制。同时，山区人民环境保护意识不强，某些地区建起了小矿山、小水泥厂、小造纸厂等资源破坏严重和污染较重的企业，有些山区的生态环境逐渐恶化，影响全省的工农业生产及百姓生活。

——资源有效利用不足。该区域资源开发由粗加工向精加工转化速度较慢，一些与林下经济相关的企业，知名度不高，品牌效应不强，大多数企业规模较小，缺少成熟的市场渠道，没有形成以生态品牌为核心的品牌体系。另外，该区域多个地区产业结构趋同，缺乏统一规划和政府调控，未能形成完善的经济分工和产业链接网络体系，没有形成强大的产业集群和合理的地域分工，导致区域资源浪费和整个发展水平滞后。

二 辽宁东部地区应借鉴的绿色发展经验与启示

（一）先进地区生态建设的主要经验

1. 坚持科学发展、统一规划，积极制定发展战略

我国南方的海南、浙江、江苏等省市生态文明建设取得了良好成效，当地政府均深入贯彻生态文明思想，将生态环境质量的提升确立为本地区经济社会发展的战略目标，融入各领域发展规划，建立并不断完善环境保护法律体系，综合运用多种环境政策，全面加强生态环境保护。例如，海南省早在1998年就开始谋划生态省建设，并于次年先后通过省人大代表议案和地方立法形式，率先开启了生态省建设的序幕，成为全国第一个开展生态省建设的省份；长三角统一规划之前，浙江省就积极发展绿色、低碳、循环经济，

加快形成集能源资源节约和生态环境保护于一体的产业体系，并将其作为经济社会发展的重要战略任务；2010～2012年无锡市编制和出台了《无锡市生态文明建设规划》《中共无锡市委、无锡市人民政府关于加快建设生态文明先驱城市的决定》《无锡市生态文明先驱城市建设三年行动纲要》《无锡市生态文明行动计划》等文件，明确要从生态经济体系、生态环境体系、生态制度体系、生态文化体系4个方面加快构建生态文明体系。

2. 坚持以"生态化"为导向，大力推动产业转型升级

海南省始终坚持走绿色发展之路，在生态省建设中不断优化产业布局，引导产业生态化建设和生态产业化发展。按照"不污染环境、不破坏资源、不搞低水平重复建设"的原则，严格市场准入。浙江省注重生态产业培育和提升，充分运用产业标准"硬杠杠"和"倒逼力"作用，调整优化产业结构，促进产业转型升级，以发展循环经济为基础，推进"绿色制造"。无锡市重视产业布局和结构调整，大力发展对资源禀赋要求低、附加值高的"轻""绿"产业。在转变经济发展方式的过程中，加强自主创新，完善配套政策，突出战略性新兴产业和现代服务业发展，同时，出重拳治理环境污染，淘汰落后产能，为新兴产业发展创造生态空间。

3. 坚持以"生态意识"为核心，努力培养提升公民素质

环境保护教育是上海市学生素质教育的一项重要内容，在培养环境保护意识方面，通过生态环保课程、组织生态体验与生态公益活动的开展，环境教育取得了显著成效。与此同时，上海市还开展了绿色学校、绿色社区、文明生态企业、文明生态家庭等创建活动，在全社会形成了倡导绿色、低碳、环保新风尚。浙江省广泛吸引全社会积极参与生态建设，把每年6月30日作为"浙江生态日"，同时还通过出版生态文明建设系列读本、开展绿色创建活动等提高公民的环保意识。

（二）辽宁东部地区创新绿色发展模式的启示

1. 学习长三角经验，探索建设辽宁东部绿色发展先行区

长三角生态绿色一体化发展示范区建设是我国尤其是辽宁全面振兴全方

位振兴需要重点借鉴的经验。长三角地区推动高质量发展，着重从政策制度与方式转变方面创新，率先实现结构变革、效率变革、动力变革，从而引领长江经济带发展，对全国发挥了重要的示范引领作用。辽东山区应充分借鉴其经验，如在按照"生态筑底、绿色发展，改革创新、共建共享，追求品质、融合发展，远近结合、联动发展的基本原则"建立生态绿色一体化发展示范区时，在区域发展布局上，统筹生态、生产、生活三大空间，把生态保护放在优先位置，不搞集中连片式开发，打造"多中心、组团式、网络化、集约型"的空间格局，形成"两核、两轴、三组团"的功能布局。在跨省级行政区、没有行政隶属关系、涉及多个平行行政主体的框架下，率先探索区域生态绿色一体化发展制度创新。比如，在规划管理、土地管理、投资管理、要素流动、财税分享、社会发展等方面，建立一体化发展的新机制，进行制度创新和政策突破。

2. 做好"十四五"辽东地区生态规划，到2025年取得实效

辽宁应借制定"十四五"规划之际，力争到2025年，在辽东地区建成一批生态环保、基础设施、科技创新、公共服务等重大项目，在全省设立"辽东地区生态一体化先行区"，先行启动生态环境保护和建设、生态友好型产业创新发展、人与自然和谐宜居等工程，先行区主要功能框架基本形成，生态质量明显提升，重大改革系统集成释放红利，在辽宁高质量发展中的作用进一步发挥。到2035年，形成更加成熟、更加有效的绿色一体化发展的制度体系和全面建设成为辽宁高质量发展的标杆。

3. 重视生态保护法律制度的建设与执行

辽宁省应学习国内经验，高度重视《生态环境建设规划》《生态环境保护纲要》《生态功能区规划》等一系列重要规划的制定与实施，强化生态和环境保护的执法和监督力度，建立科学、合理、有效的执法和监督机制。不断健全污染防治制度和标准体系，坚持依法行政，加强生态环境治理。克服并纠正环境执法中的地方和部门保护主义。采取鼓励与惩罚相结合的手段，将强制的外部约束力和内在的利益驱动力结合起来。

4. 大力发展绿色科技，增强知识资本推动力

按照竞争优势理论，政府有针对性地制定新兴产业的扶持政策。通过产业结构调整与升级，逐步降低"高耗能、高污染"行业在经济中的比重，大力发展绿色科技。加强政府对绿色科技的规划和投入力度，围绕绿色科技发展的重点领域，进一步加大对绿色科技的研发投入。强化企业在绿色技术创新中的主体地位，以企业为主体，推动产、学、研联合攻关，使人才、科研、产业的集聚效应实现最大化。

5. 重视生态文明素质教育，提高公众参与积极性

开展生态环境保护的基础教育和专业教育，形成常态化机制，制定生态文明素质教育的中长期规划。全面拓展参与方式，大力提高公众的参与意识和参与积极性。探索建立政府、企业、公众共同协商机制和沟通平台，营造全社会共同参与环境监督的良好氛围。完善环境新闻宣传管理机制，积极发挥新闻媒体的舆论宣传、引导和监督作用。

三 辽宁东部地区生态优势转化为经济优势的创新模式

（一）合理开发利用森林资源，坚决守住绿水青山

——引导森林旅游多业态发展。依托各级森林（湿地）公园、风景名胜区、自然保护区等森林旅游载体，打造一批上规模、上档次的森林小镇、康养小镇、森林人家、绿美古树乡村、生态文化村等，通过举办森林文化节、中草药文化节等活动，着力打造以森林康养、生态露营、森林探险、自然教育为主要内容的特色森林旅游品牌。

——有序发展林下经济。积极推进林业供给侧结构性改革，全面拓展绿色惠民产业功能，狠抓山野菜、食用菌、干坚果、林下养殖、中药材等林下经济发展，大力推广"龙头企业＋专业合作社＋基地＋农户"的发展模式。因势利导，鼓励企业做起来、走出去，由粗加工向精深加工转化，延长产业

链条。大力培育林下经济龙头企业和特色品牌，提高市场组织化程度，加大营销力度，扩展林产品国内外市场渠道，促进兴林惠民富民，实现生态修复与脱贫增收有机结合，共享生态经济"绿色福利"。

——探索建立林业碳普惠制平台，以低碳发展探索精准扶贫新模式。碳普惠制是广东在全国首创的为市民和小微企业等节能减碳行为赋予价值的减碳激励机制，韶关林业资源丰富，绝大部分地区属于重点生态功能区，是广东首个林业碳汇碳普惠制试点。借鉴韶关经验，尝试推进碳普惠制——林业碳汇——乡村振兴的模式，探索建立辽宁东部地区林业碳普惠平台，让更多地方森林的经营和保护产生的生态效益得到体现，并以此探索市场化森林生态补偿机制以及精准扶贫新路径。同时尝试建立非控排企业和个人购买林业碳汇的渠道，鼓励社会公众以认购碳汇或捐资造林的形式积极履行社会责任，实现林区贫困人群与社会大众的扶贫公益对接。

（二）着力推进绿色农业发展，增强农业可持续发展能力

——推动农业产业结构升级。以大农业、"农业＋"观念推动农业与多种要素、元素结合，积极发展产业链条节点项目，引进配套协作企业，推进产业化发展。在发展纵向产业链的同时，积极探索和推进各产业之间的横向融合，形成产业链纵向延伸、横向协作的格局，有计划地发展休闲观光、籽种、会展等创新型产业，把绿色发展理念贯穿到农业生产、产品加工、废弃物利用全过程。

——提高农业标准化生产水平。以高效节水为目标，以智能化为方向，以提高农业用水效率和增加农业效益为核心，引进、示范、集成推广高效节水最新成果，建设指针式、平移式喷灌滴灌等多元节水模式。在生产过程方面，严格按照农作物操作规程规范种植，从播种、施肥、喷灌、植保到收获全部实现机械化作业，集成推广适合本地的主要农作物生产技术体系，努力建设优势高效种植基地。

——推行农业绿色生产。依托东部地区的资源优势和产业基础，因地制宜，以生态循环种养模式、休闲观光生态农业模式、农业废弃物资源化利用

生态模式为重点，积极推广绿色农业发展。围绕"粮、果、蔬、菌、蚕、药、花、畜、禽、蛋"等特色优势产业，重点建设特色生态绿色农产品生产基地。加快发展农产品产地初加工，大力推进精深加工，加快农业副产物循环利用、加工副产物全值利用和加工废弃物再利用。

（三）着力促进"生态＋旅游"融合发展，实现环保与发展的共赢

——大力培育旅游新业态。依托辽宁东部地区气候和山地优势，进一步整合资源丰富旅游产品，充分挖掘文化底蕴，大力发展自驾游、冰雪游、红色旅游、低空旅游、中医养生、户外运动、体育赛事、休闲庄园、旅游装备制造、特色民宿、主题度假酒店等新兴旅游业态，推动旅游产品转型升级。通过建立招商信息数据库、做好项目包装与策划、组织业态专题招商推介等渠道，增强新兴业态专业化招商水平。推广 BOT、BOOT、BOO、ROT、PPP等新型旅游产业资本合作模式，提升社会资本运作能力。探索实行连锁式、会员制、订制式、产权式、托管式等新型运营模式。进行传统旅游服务要素提升改造，加强各景区的联动发展，满足游客大众化、多样化、个性化需求。

——做亮景区景点。紧紧围绕自然风光、历史文化、民俗风情、农业休闲等旅游元素，充分将东部地区固有的森林、水库、冰雪等资源优势转化成旅游产品优势，着力促进旅游业与农业、工业、文化业和商贸业的融合发展，打造一批最能体现东部地区特色的精品旅游景点，促进精品生态游的打造和推广。推进东部地区各城市建立旅游联盟，积极融入东北东部绿色经济带"大旅游"格局构建，串联重点旅游城市和特色旅游功能区，共同进行市场开发与宣传推广。制定一套旅游市场开发奖励办法，在京津冀、环渤海等重点客源城市建立辽宁东部地区旅游营销服务中心，进行客源地营销。

——做大做强乡村生态游。打造具有地域特色的旅游经济，打造乡村旅游的升级版，将休闲农业与乡村文化、民俗风情、观光旅游有机结合，充分发挥精品引导、以点带面的作用。高标准打造田园和村落，不仅要创新资源观、产品观、发展观，还要实现景观化、意境化、产业链条化，让美丽乡村

望得见山、看得见水。创新乡村旅游业态，大力发展休闲驿站、乡村俱乐部、休闲庄园、体验农业园、乡村酒店、养生山吧、特色民宿等度假型、休闲型、体验型的乡村旅游产品，对不同业态进行特色化引导。全面推进乡村旅游服务一体化，逐步建立和完善销售、运输、洗涤、保险、景区合作等公共服务平台，逐步形成以市场化为方向，以一体化服务为支撑的乡村旅游服务体系。依托特色农业、农林产品基地等，大力发展休闲农业、观光农业，对当地土特产进行深加工和精加工，充分发挥文化创意作用，以鲜活的文化内涵增加旅游产品的附加值。

——探索推进"游养结合"的旅居养老模式。利用辽宁东部地区的资源特点和产业优势，助推旅游新业态差异化、特色化发展。以温泉康养、生态养生、农业体验等项目为载体，积极推进健康养老与农业、休闲旅游等行业融合发展，大力发展异地旅居养老新模式。老年人可以根据季节变化选择不同的养老场所，创新开发乡村田园旅居、综合度假休闲酒店公寓、换住旅居养老、文化艺术旅居、医疗康体旅居享老等多种形式，同时加强专业生活服务及医疗条件保障，促进健康养老、旅游休闲产业提质升级。

四 辽宁东部地区生态优势转化为经济优势的对策建议

（一）完善生态优势转化为经济发展优势的市场性支持政策

辽宁东部地区拥有良好的生态环境优势，在把生态优势转化为经济发展优势的过程中要完善市场性支持政策。一方面，推动绿色农业产业化发展。通过搭建农业现代园区、农业精深加工和产业市场营销体系建设，拓展农业产业、休闲、观光等多重功能，提升绿色农业产业的综合竞争力与辐射影响能力。另一方面，推进"农旅结合"综合发展，通过旅游产业间接实现农业生态产业间接价值。努力打造一批具有各种配套服务的休闲生态农庄、农家乐园，着力打造特色鲜明、功能多元、内涵丰富的特色农业强镇。

（二）完善生态优势转化为经济发展优势的激励性支持政策

在把辽宁东部地区生态优势转化为经济发展优势的过程中，仅仅有市场性支持政策是不够的。政府作为公益人，要维护一定的公共利益，也需要出台相应的激励性支持政策。一直以来辽宁东部地区财政收入存在着总量小、人均财政收入水平比较低的问题。随着各种社会保障制度需求的加大，公共支出增长已经高于财政收入的增长。地方财政收入的不足使得辽宁东部地区农村基础设施和社会公共事业的投入方面面临着艰巨的挑战。在把辽宁东部地区生态优势转化为经济发展优势的过程中，要不断强化产业开发，并通过加大财政投入、贷款给予贴息、项目扶持等多种方式，因地制宜地发展低收入农户区域特色产业，深入推进低收入农户收入倍增计划。要积极构建多元投入的资金保障机制，建立以政府投入为导向、经营主体投入为主体、社会力量积极参与的投入机制。

（三）推进与生态优势转化为经济发展优势匹配的相关管理体制改革

辽宁东部地区仍按照生态环境要素划分部门管理职能，按行政区划实施管理措施，就不能很好地遵循生态环境系统整体性、地域性规律对管理的内在要求。加之，我国涉及生态环境的部门有农业、林业、环保、国土等，容易导致政出多门，规划、法律和政策各自为战，生态环境管理的部门职能交叉重叠，责权利不清、效率不高和效果不好等现象不同程度地存在，增加了政策成本，直接影响到辽宁东部地区生态优势经济潜力的发挥。因此，建议建立省级生态系统管理和协调机构，理顺辽宁东部地区的本溪、抚顺、丹东、营口、鞍山、铁岭及辽阳等不同行政区域之间的合作机制。提高辽宁东部地区县域层面生态保护与建设工作的统筹管理能力，建立跨部门的环境保护协调机制，对各部门下达的任务实施统一规划和管理。以生态功能区、政策类型区为主要单元，整合实施重大生态保护和建设工程，统一安排资金，发挥支持政策的综合协调作用。

（四）建立生态优势转化为经济发展优势的多元化的资金筹措渠道

当前生态补偿资金仍以政府为主导，由财政直接划拨，其他融资渠道较少，补偿方式较为单一，且以重大生态保护和建设工程及其配套措施为主要形式，无法完全满足生态保护的需要。补偿方式的多样化和补偿途径的多元化是确保生态补偿机制完善的有力保障，所以应坚持"政府主导、市场参与、多方支持"的多元化生态补偿结构，利用一切可以利用的资金和力量，将组织、企业、个人都纳入生态保护的主体中。

1. 完善生态补偿资金制度

目前辽东山区生态保护与生态建设的预算资金主要依据项目建设的需要来确定，导致预算资金具有不稳定性。通过完善生态补偿资金制度，促进资金投入主体向多层次、多元化演变，充分利用社会多方力量共同推进生态补偿进度。用水地区应依照用水量多少向上游水源保护区支付生态环境保护费，计入供水成本。这类生态环境保护费要专项用于山区水源地的多种项目支出，如水源保护区移民补助、新建或扩建污水处理厂的运行维护①、畜禽养殖污染治理和其他水污染治理技术改造等，各级政府负责生态环境保护费的支配与管理。资金分配要充分考虑辽东山区水源地面积与人口两个最关键的因素，财政、水利、环保等部门按照人口、级别、面积等因素综合核定，以县为单位进行分配②。另外还应在当年供水水费征收总额的基础上再增加10%作为生态补偿费，由用水地区在每年年末一次性给予补偿。

2. 调整生态治理补偿备用金制度

生态治理补偿备用金主要适用于矿产开发领域，即财政每年依据对生态

---

① 目前威胁辽东水源区水质安全的主要影响因素之一是生活污水、生活垃圾的低效处理，所以必须在源区内所有人口相对集中的县域建立有足够处理能力的污水处理厂和垃圾处理厂或转运站。

② 某县补偿资金 = 生态补偿资金总额 × 某县标准保护区面积占标准保护区总面积的比重，或某县补偿资金 = 生态补偿资金总额 × （某县标准保护区面积占标准保护区总面积的比重 × 0.5 + 某县保护区标准人口数占保护区标准人口总数的比重 × 0.5）。

环境破坏的成本向采矿类企业征收保证金，以满足恢复生态环境所需的资金。开采或建设期矿山应根据土地复垦率标准，建立生态治理补偿备用金。如果企业没有按要求履行生态环境补偿义务，那么政府将依照保证金完成对生态环境的修复。

3. 充分发挥政府与市场的合力

政府可将土地收益和一些公共设施建设收益的一部分、国家提取的生态补偿税费与生态补偿资金本身运行得到的投资及相关利息收入作为生态补偿资金来源；广泛利用资本市场筹集资金，如发行国债、引进国际信贷、金融衍生工具、发行生态环境建设彩票等，根据当地县乡经济特色探索可持续发展路径，形成生态养生态的良性循环。

（五）完善现有生态优势转化为经济发展优势的财政转移支付制度

财政转移支付的重要目标之一就是解决地方政府间财权与支出责任不对等的问题。辽东山区县乡政府财政压力较大，生态补偿机制应采取"复合式"的财政转移支付政策，在原有的纵向转移支付与横向转移支付基础上实现制度与运行方面的优化，即辽宁省将中央财政纵向下拨的生态建设补贴直接用于辽东山区生态补偿，与此同时完成区域间的横向财政资金转移作为辽东山区经济与生态补偿。

1. 加大纵向转移支付力度

①加大中央转移支付对辽东山区生态补偿对象、地区和范围的财政资金支持力度，适当提高辽宁省省级财政与相关市级财政配套标准。建立一般转移支付为主、专项转移支付为辅的转移支付制度。对于中央与地方共同项目的专项补助，按照省级财政与县乡财政具体情况进行分配，形成责任共摊，强化中央、省、市、县、乡财政在生态补偿方面的聚合力。②改变现有以行业、部门为界的收费方式（如水资源费由水利部门征收、排污费由环保部门征收），这种税费征收方式导致相关行业部门无法获得生态环境补偿，压制了生态保护的积极性。重新确定辽东山区转移支付系数，取消现有基数分配法，充分将山区的经济发展水平、地貌地形、生态敏感性等因素考虑进

去，用项目法或因素法进行分配，确保转移支付系数在全国同等生态保护区的平均线以上，合理确定其测算模式、收入能力和标准支出范围。③不断完善生态补偿财政转移支付资金的方向和使用方式。目前各种财政转移支付如污染治理、生态林养护、自然保护区等均隐含在各种财政体制的专项之中，没有对受惠条件施加限制，导致只要满足了项目申报的条件，就能得到财政补偿资金，当地是否完成生态任务与是否得到财政资金完全不相关。所以生态补偿财政转移支付作为保持生态系统持续性的财政政策必须实现专款专用，直接拨付到所在县乡财政账户。④辽宁省政府应从本省实际出发，制定符合辽东山区发展情况的《财政转移支付管理法》，明晰转移支付的标准、分配方法、分配程序、监督形式与处罚规则，强化转移支付资金的监督与管理，保证财政转移支付资金高效运行，发挥好对辽东山区生态保护的支持作用。

2. 建立横向财政转移支付制度

在市场经济基础上，横向转移支付是地区之间资金与资源的自愿交换，应充分体现生态环境要素的经济价值和"谁开发谁保护、谁补偿谁受益"原则。辽东山区经济基础较为薄弱，在全省县区中处于落后水平，所以生态受益地区理应向辽东山区缴纳生态补偿金，用来弥补生态保护的机会成本。①在与辽东山区经济和生态环境密切相关的同级政府间设立区际生态转移支付基金。生态受益区按照当地 GDP、政府财政、人口规模、生态效应外部性等指标计算转移支付额度，将其纳入生态转移支付基金中。在此基础上适当扩大补偿面，除了侧重水土保持，也要对森林、新能源建设、矿山治理等进行补偿。②支付方式宜采取间接转移。在相关生态环境规划的框架下，上级生态补偿委员会应对专项基金进行统筹管理，辽东山区通过项目申请的方式获取补助，通过共同监管代表批准后方可使用。③采取灵活多样的补偿方式。初期财政补偿应居于主导地位，逐渐过渡到以市场化补偿为主。最易于开展的应属产业补偿，考虑到水源上游地区投入了大量的财力和物力进行生态建设与修护，经济发达的下游地区可以通过产业转移的方式壮大上游地区产业发展，如在沈阳市设立支援性开发区"飞地"作为东部落后县区的开发用地，从而实现区域间和谐发展。中部城市群还可以与东部山区建立对口合作项目，实现劳动密集型或环境友好型产业的转移。

（六）增加对生态优势转化为经济发展优势的企业和个人的政府补贴

合理运用政府补贴可以更好地激励企业与个人投入收益率较低的生态保护项目中。如何充分发挥补贴的激励作用与制定完善的补贴制度显得尤为重要。

1. 发挥财政补贴对企业的激励作用

如果企业在保护生态功能方面做出贡献，国家应给予企业补偿。除了补偿企业由国家政策造成的损失（如搬迁费用），更需要加强对企业生态环保行为的补贴力度，如节约产能、清洁能源、绿色采购等行为补贴。

2. 改变现有财政补贴制度

行为补贴的资金应来源于税收，以确保持续稳定。在能源部门中，对矿物燃料使用的生产型企业课以重税，所得税收收入用来补贴非矿物燃料型企业。利用税收减免或无息贷款的方式鼓励企业从事环保经营活动。减免生态保护行为的税费，如特产税、教育费附加等。

（七）调整生态优势转化为经济发展优势的生态环境税费制度

改革生态补偿相关税收政策，对现有涉及生态补偿的税种适当调整，更好地发挥生态保护与调节功能。

1. 扩大资源税征收范围

将森林、淡水等加以保护性开发利用的自然资源列入纳税范围。辽宁应努力加入水试点资源税改革的进程中，从而促进资源全面节约与利用。适时开征森林资源税、草场资源税，待条件成熟后逐步提高税率，对稀缺性、非再生性与非替代性资源课以重税，矫正过低的资源价格。设计科学合理的计税依据与税率，制约采富弃贫的浪费行为，使用定额税率和比例税率相结合

的复合计税办法，在开采环节①实行定额税率从量计征，在销售环节按照价格实行比例税率从价计征。

2. 完善生态补偿收费政策

注重整合现有各项收费项目，严格其征收范围与标准。考虑到环境税与排污费设计的重合，可将排污费的征收标准纳入环境税中，综合施行"费改税"，提高现有排污费征收标准，不能低于污染防治费用，征收方式应由"单一因子、单一浓度、超标变量"向"复合因子、单一与总量浓度、总量变量"转变，使排污企业从自身经济利益出发降低污染总量。在实际操作中，应选择易于推行的项目率先开展，如影响辽东山区水源质量的氮、磷和工业污水等税目先行开征，其他不具备条件的税目再择机开征。此外还要加快渔业资源、矿业权使用、林业补偿等收费项目"费改税"，统一征收，强化约束力。

3. 注重税收优惠政策对生态的补偿作用

通过减、免、抵税及税收返还等多种税收优惠政策鼓励绿色产业落户辽东山区，同时加大税收优惠政策对生态旅游、循环经济与生态农业等项目的扶持力度。

（八）完善生态优势转化为经济发展优势的科学测算等工作机制

1. 科学测算生态补偿标准体系

建立科学合理的生态补偿体系，如何进行科学测算是重中之重，关系到补偿者承受能力与政策效果。对生态资源进行评估时不仅要充分考虑地区经济发展水平，还要考虑当地居民错失经济发展机会的成本损失，只有在测算时对发展权和环境权之间相互权衡，才可能持久稳定地改善生态环境。建议在辽宁省财政厅设立专门的生态补偿绩效评估机构，更科学地测算生态补偿财政转移支付标准、深入研究生态价值评估技术与方法、有效掌握生态保护补偿的政策效果。

---

① 以资源回采率和环境修复率指标作为资源开采企业弹性差别税率的依据，既要充分体现调节级差收益的作用，又要在资源开采企业发展的不同时期、不同开采率、资源产品不同价格的时期适当调节资源税率，为资源开采企业提供适度的制度空间。

2. 加强生态补偿立法工作

现有环境立法过于原则，可操作性不强，且缺乏相应的配套法规，导致一些法律制度的使用范围不明确，实施起来困难重重，致使环境保护和重建过程中缺乏法律的有效约束。因此省级政府应顺应环境保护需要，尽快出台法律实施细则，使生态补偿项目实施有法可依。各受补偿县也应为生态补偿过程制定补偿依据、补偿条例、补偿纪律和程序等。

3. 形成专门的生态财政系统

面对我国现行财税体制存在的问题，有必要建立相对独立的生态财政系统，将宏观干预与微观调整相结合，为生态治理提供资金保障。关于生态环保事权划分要有明确的责任主体，按照管辖范围履行生态环保资金责任，对于地方性生态服务范围的事务应由地方政府负责，若生态外部性涉及跨区域范围，则应由中央财政统一协调。生态财政系统中应包含独立稳定的生态财政支出科目，预算支出更加透明，以确保地方政府充分行使生态环保支出责任，履行生态环保职能。在"十三五"结束之年，辽宁省应将辽东山区的生态保护问题纳入"十四五"规划中，利用价格杠杆引导市场，在确保辽东山区经济发展的前提下实现生态保护资金充足到位。

4. 完善现有财政预算制度

在本级政府一般预算中，应该加入有关生态补偿资金的内容，如政府进行生态补偿建设经费、生态环境测算费用、生态补偿机构监管人员和维护人员相关费用等。本级预算中还要形成生态补偿支出项目，包括上级政府的转移支付资金与同级政府的横向转移支付资金，如调整生态系统区居民生产生活方式补偿支出、改善生态系统服务功能支出、为补偿因保护生态环境而丧失的发展机会成本支出、当地政府因保护生态而丧失的财政收入、提高生态补偿能力的相关支出等。

B.19
辽宁自贸区沈阳片区发展现状
及对策研究

陈 岩*

摘　要：　自贸区是党中央在新时代推进改革开放的一项战略举措。自
　　　　　2017年辽宁自贸区沈阳片区成立以来，各项试验任务完成率
　　　　　位居全国前列，取得了一大批创新经验和成果。然而，在发
　　　　　展过程中仍面临着贸易便利化程度不高、网络和信息化建设
　　　　　需完善、政府服务意识有待提升、财税金融支持政策和服务
　　　　　有待增加、国际化人才政策有待加强等问题。本文从深化体
　　　　　制机制改革、落实财税支持政策、深化国资国企改革、促进
　　　　　人才集聚等方面提出了相应的对策建议。

关键词：　自贸区　沈阳　对外开放

　　加快自由贸易试验区（以下简称"自贸区"）建设是新时期党中央根据
全球经济变化趋势，为进一步扩大对外开放而提出的一项战略举措。自
2013年以来，党中央陆续在全国各地批准设立自贸区。截至2020年9月，
全国已经设立了21个自贸区，形成了改革创新发展的新格局。2017年3
月，中国（辽宁）自由贸易试验区被正式批复成立，实施范围共119.89平
方公里，包含沈阳、大连和营口三个片区。2017年4月10日，辽宁自贸区

　　* 陈岩，辽宁社会科学院产业经济研究所副研究员，主要研究方向为比较经济。

沈阳片区正式揭牌，开始启动建设。3 年多来，沈阳片区围绕老工业基地结构调整和东北亚区域开放合作，不断推动沈阳产业转型和结构升级，探索发展具有自贸特色的开放型产业体系，取得了突破性发展。

一　辽宁自贸区沈阳片区的发展现状

辽宁自贸区沈阳片区规划面积为 29.97 平方公里，东至沈丹高速，南至机场路，西至长大铁路，北至白塔河二路。其中浑南区 22.63 平方公里（包含桃仙机场 2.08 平方公里），苏家屯区 7.34 平方公里。目前，辽宁自贸区沈阳片区以制度创新为核心，全面完成试验任务 115 项，形成了一大批创新经验和成果，在全省以及全国范围内进行复制和推广。为新时代沈阳经济转型升级、辽宁振兴发展做出了有益的探索。

（一）吸引大批企业入驻，打造了辽宁振兴新引擎

截至 2020 年 4 月，辽宁自贸区沈阳片区累计注册企业 1.8 万户，其中外资企业 379 户。入驻科技企业 3000 余家，金融、类金融机构 500 家，航天科工、招商局集团、国电投等 16 家世界 500 强企业分支机构。其中新松公司成为中国制造业与互联网融合发展试点示范，沈飞 A220 工厂已开始运行投产。截至 2020 年 6 月，沈阳片区全口径税收同比增长 30.3%，进出口贸易额同比增长 36.24%，主要经济指标逆势增长的同时，32 个重点项目签约落地，新建续建亿元以上项目 60 个，有效推动了区域经济高质量发展。

（二）深度简政放权，创造出一大批制度创新经验

自 2017 年以来，辽宁自贸区沈阳片区坚持以制度创新为核心，不断改革试验，形成的创新经验和成果在辽宁省以及全国范围内进行复制和推广。目前沈阳片区已全面完成自贸区总体方案试验任务 115 项，其中复制推广全国自贸区改革经验中涉及沈阳市任务 104 项。飞机行业内加工贸易保税货物便捷调拨、出入境人员综合服务一站式平台等 2 项任务经验获得国家部委认

可，为国内首创。优化涉税事项办理程序、国有企业"内创业"模式创新经验在全国范围内进行复制推广。此外，有40项创新经验在全省进行推广。

（三）深化特色改革创新，探索国资国企改革路径

沈阳依托自贸区先行先试的创新优势，不断探索尝试国资国企改革。目前，沈阳市国资国企制度创新经验占辽宁省60%以上，形成国资国企制度创新案例7项，比如国有企业应急转贷、混改管理层持股推动国资国企改革等。其中，基于全要素价值分享模式的国有企业"内创业"模式，入选全国第三批"最佳实践案例"。通过实践改革探索，取得积极成效。目前，沈阳机床集团通过支持员工创业创新、孵化企业，相关领域生产效率提升70%，员工收入实现翻番。东药集团2018年成功实现混合所有制改革，当年净利润同比增长64%，纳税同比增长49%，员工人均收入比混改前增长62%①。目前，沈阳重点国有企业已开始实施混合所有制改革，以实践不断改革完善国有企业法人治理结构，推进经营层市场化选聘，探索适合沈阳国资国企改革的新路径。

（四）积极发挥自身优势，扩大对外开放程度

沈阳依托地缘优势和装备制造业发展基础，以产业促发展，深耕日韩俄，不断推动东北亚创新中心和人文交流中心建设。深入研究中日韩自贸协定、区域全面经济伙伴关系（RCEP）等国际规则，围绕双边贸易、环境保护、知识产权等领域，先行先试，不断探索试验。积极推动中日产业园、中韩"两城双园"项目建设，推动自贸试验区与沈抚新区等19个重点产业园区资源共享、优势互补、协调发展，推广复制自贸区改革经验。在国家"一带一路"倡议和"中东欧17+1"合作机制的推动下，与日本开展第三方市场合作，加强国际产能合作，带动沈阳装备制造业产品、技术等优势产业"走出去"，不断扩大沈阳的对外开放程度。

---

① 张卓敏：《辽宁自贸试验区沈阳片区发挥开放新优势》，《国际商报》2020年5月25日。

二 辽宁自贸区沈阳片区存在的问题

（一）区域贸易便利化程度需进一步加强

目前，沈阳片区通关效率不高，知识产权保护、财政政策、金融政策等体制机制建设与国际标准和国际惯例尚存在一定差距。同时，作为"一带一路"中蒙俄经济走廊向北的支点城市，目前沈阳国际交通物流运输体系不完善，国际机场、高速公路、高速铁路等基础设施建设需加大投入力度，自贸区集疏运一体的交通物流体系建设需进一步完善，以实现多种运输方式的无缝衔接。

（二）网络和信息化建设需进一步完善

网络信息化建设，推进全流程电子化办公室是当今时代发展的特点。世界主要知名自贸区均采取网络化、信息化办公，以促进贸易便利化发展。目前，沈阳片区尚未建立完善的信息采集和共享系统，缺乏单独的企业数据信息库。这大大制约了政府部门间数据互认和业务协同。此外，沈阳片区还没有完全实现电子化运作，在"互联网＋政务服务"方面，沈阳片区线上线下的资源缺乏有效整合。企业需要向一些职能部门提交各类表格和证明，平台化办事系统不能满足企业需求，政务服务网站功能有限，所提供的在线服务功能较少。

（三）政府服务意识和效率有待进一步提升

方便快捷优质的国际化营商环境离不开政府部门高效的服务能力、意识和效率。受传统体制机制和思想观念影响，沈阳片区政府服务方式和服务水平不高，缺乏创新意识和主动服务意识。对比国内上海自贸区，沈阳片区在服务措施方面有待进一步完善，尚未开展延时服务、预约服务、辅导服务、中介服务、快递服务等便民服务。

（四）财税金融支持政策和服务有待进一步提高

受辽宁经济不景气和体制机制固化约束影响，自贸区沈阳片区金融行业发展相对落后。目前，沈阳地区民营企业数量不多，企业资金周转短缺，融资渠道狭窄，直接融资占比较小，企业主要依靠银行贷款，缺乏风险基金和贷款担保基金的支持，财税优惠支持政策较少。金融法人机构不多，金融服务行业不发达，对区域经济发展的贡献率不高。企业"走出去"和"引进来"缺乏强有力的资金支持和金融服务。

（五）国际化人才政策有待进一步加强

相对于国内上海、广州等发达地区自贸区，沈阳片区在吸引国际化人才方面的相关政策比较落后。目前，沈阳片区吸引人才的奖励政策竞争力不强，且缺乏系统性。针对高层次人才流动出台的居留许可、人员签证、工作签证、申请在华永久居留权等一系列便利化措施，还没有完全落到实处。此外，还应提供如安排子女教育、配偶工作、住房补贴等优惠政策，以解决高层次人才的后顾之忧。

三　辽宁自贸区沈阳片区发展面临的形势

（一）新一轮产业革命要求自贸区产业发展新旧动能转换

当前，全球科技革命和产业革命方兴未艾。沈阳自贸片区符合新一轮产业革命趋势的高端制造业企业入驻较少，且产业结构亟待优化。目前区内制造业工业总产值比重高于70%，现代服务业占比仅为10%，高端服务业发展明显滞后。自贸区内贸易、物流等企业以传统业务为主，总部经济企业、商务服务、会展、智慧物流等高端服务业企业较少，"三新经济"起步较晚。这就要求沈阳片区产业发展顺应国际产业发展新趋势，不断探索新技术、新业态和新模式，积极促进先进装备制造、数字经济、生物技术、高端服务业等发展，推动传统生产型制造业向服务型制造业转变，加速产业新旧动能转换，形成内生增长动力。

（二）全球经贸新格局要求自贸区产业进一步扩大开放

当前全球经贸格局加速重构。一是服务贸易、离岸业务成为新的增长点；二是数字化极大地改变着全球投资的模式、监管方式与投资规则；三是国际通行的贸易投资规则体系推行更高的自由化标准，各国贸易竞争转化为以价值链为基础的规则竞争。沈阳片区对外开放程度较低，对外贸易规模小，占全市进出口总额的比例不高，外资利用量不足。区内产业发展对新兴产业形态、新兴商业模式的对接不足，对国际贸易投资规则的理解、对接和应用仍不够，对国际产业分工的参与度和利用度不高，这就要求沈阳片区产业进一步扩大开放，特别是服务业开放，利用自贸区平台扩大离岸贸易规模，并提升利用外资水平；主动对接国际经贸新规则，实现更高标准的贸易投资自由化，为提出符合中国利益的经贸规则积累新经验。

（三）国内改革开放新进程要求自贸区产业形成创新优势

我国改革开放步入攻坚期和深水区，体制机制创新挑战重重。沈阳市的营商环境与国际先进经济体相比还存在较大差距，特别是在跨境贸易、纳税和保护中小投资者等方面差距较大；"多规合一"改革滞后，存在规划、审批相互掣肘现象，行政审批流程繁琐、效能不高。这就要求沈阳片区产业以制度创新为核心，完善有利于高端要素集聚的制度环境，在投资、商贸、物流、金融等方面进一步破解产业发展的体制机制障碍，形成创新引领优势。

（四）东北振兴发展新局面要求自贸区产业发挥带动作用

东北振兴是国家新一轮改革开放的迫切要求。目前，沈阳国有企业活力不足，民营经济占比较低，一业独大、一企独大现象比较普遍。全市企业自主创新投入强度不够，高端人才缺乏。装备成套和基础配套能力不足，与世界级装备巨头和国际产业集群本地配套率标准有很大差距。这就要求沈阳片

区通过实施有针对性的产业引导政策，增强国有企业动力，提升民营经济比重，激发市场经济活力；通过营造创新创业环境，吸纳并留住高端人才，提高全要素生产率；通过在数控机床、机器人、飞机等核心优势产业中增强产业本地配套和带动能力，抓住"一带一路"、东北振兴等战略机遇，增强区内企业跨国经营和全球资源配置能力，完善全产业链布局，从而发挥区域辐射带动作用，成为辽宁乃至东北亚经济新的增长极。

四　促进辽宁自贸区沈阳片区发展的对策建议

（一）深化体制机制改革

认真学习上海等自贸区负面清单管理模式和自由贸易港区建设等成功经验，深化沈阳片区体制机制改革，简政放权，创新管理模式，建立更加精简透明的政府管理体制。研究制定并向社会公布政府权力清单，严格履行政府向社会做出的承诺，把政务履约纳入政府绩效评价体系之中。完善以负面清单管理为核心的市场准入管理模式，争取最大限度缩减自贸区外商投资负面清单，重点推进生产性服务业领域对外开放，确保各类市场主体依法平等进入市场准入负面清单以外的行业、领域。提升政府服务企业的综合能力，定期开展第三方政府服务质量评估。将自贸区沈阳片区建设成为与国际贸易规则逐步接轨的试验田，营造沈阳公正、便捷的国际化营商环境。

（二）深化落实财税支持政策

不断健全沈阳金融市场体系、逐步扩大金融领域开放。探索尝试符合自贸区发展的人民币国际化管理体系，促进沈阳片区企业和个人投融资便利化。创新财政补贴模式。推动财政补贴由建设前拨付向建设后验收拨付转变，减少对企业建设和生产的直接资金补贴，加大所得税减免力度。逐步减少对企业的无偿直接补助，由政府拨付一定财政资金，联合金融机构和社会资本成立专项产业投资基金，采用市场化管理运营模式，完善对资助企业的甄选程序，放大财政资金支持效力，提高政府财政资金运作效率，提升资金支持的可持续发展。合理降低企业税收负担。全面落实营业税改增值税相关政策，加快落实研发费用加计扣除政策，实施高新技术企业所得税减免，对国家重点扶持的高新技术企业，按 15% 的税率征收企业所得税。将新设备、新材料、关键零部件纳入首批次应用保险保费补偿机制实施范围，在中央财政补贴基础上安排专项资金进行配套支持。

（三）争创国企转型新突破

依据辽宁自身经济发展优势和特点，政府加强指导，深化国资国企改革。减轻国有企业非经营性负担，通过政府安排专项资金及完善社会公共服务等方式，分担企业成本，加快剥离区内国有企业承担的社会职能。在确保国有资本控股的前提下，稳步推进处于重要行业和关键领域的商业类国有企业混合所有制改革。健全以公司章程为核心的企业制度体系，完善符合市场经济规律的国有企业法人治理结构。

（四）打造人才集聚新高地

吸引高端人才集聚。实行"人才绿卡"制度，争取国家支持开展技术移民制度试点。争取国家支持，持有效期 5 年工作类居留证件的高层次外籍人才工作满 3 年后，经单位推荐可以申请在华永久居留并缩短审批时限。围绕人才创新创造的分配制度和激励机制出台各项政策，完善人才市场机制。以企业落实待遇为主体、政府激励待遇为导向，采取省、市、区分级提供相应政策待遇和服务措施的方式，留住技能骨干和高端人才。鼓励企业采取协议薪酬、持股分红等方式，实行年薪制、股权制和期权制，提高高级技术人才和高端专业人才的薪资水平。

（五）加快复制推广改革成果

几年来，沈阳片区在加快政府职能转变，优化营商环境，履行对外招商引资时所做的承诺，确保政策的连续性、法制性，努力构建"亲""清"型

政商关系，合理规范减免涉企行政性事业收费，推进"放管服"改革，精简优化项目审批流程，提高贸易便利化水平等方面都积累了丰富的经验。这些经验应该在系统总结和完善的基础上，在全省范围推广，使之在老工业基地全面振兴中发挥更大作用。

参考文献

《辽宁自贸试验区沈阳片区：凝聚创新开放"新能量"》，海外网，2020 年 4 月24 日。

《2019 年沈阳市政府工作报告》，《沈阳日报》2020 年 2 月 28 日。

李航：《沈阳自贸区的国际化、贸易便利化发展路径探究》，《对外经贸实务》2020年第 3 期。

阮文婧：《沈阳自贸区打造国际化营商环境策略研究》，《现代管理科学》2018 年第9 期。

卢聪：《"一带一路"战略下东北亚经济合作》，延边大学硕士学位论文，2017。

李本和：《建设"丝绸之路经济带"与我国区域经济协调发展》，《贵州省党校学报》2017 年第 3 期。

杨臣华：《中蒙俄经济走廊：走实走深合作共赢》，《北方经济》2017 年第 10 期。

张彩玲、李佳欣：《辽宁自贸区建设的比较分析与政府责任》，《东北财经大学学报》2018 年第 6 期。

B.20
沈阳经济区物流一体化发展
体制机制研究

于　彬*

摘　要： 物流业是国民经济发展的基础性、战略性、先导性产业，对
经济发展起着举足轻重的作用。区域物流一体化是提升区域
综合竞争力的重要举措，沈阳经济区物流一体化有利于构建
沈阳经济区大流通、大工业、大市场的发展新格局。近年
来，通过各市努力，沈阳经济区物流业呈现不断向好的发展
态势，但是仍然存在各市单打独斗、各自发展的不足，物流
一体化进展较为缓慢。因此，沈阳经济区要实现物流一体化
发展，就要在体制机制上下功夫，破除条块分割的物流业行
政管理体制，加强五市在物流业发展方面的沟通和协作，发
挥政府规划引领作用，营造无差异政策环境，形成你中有
我、我中有你的区域物流一体化发展新格局。

关键词： 物流一体化　体制机制　沈阳经济区

物流业是国民经济发展的基础性、战略性、先导性产业。基础性主要体
现为其对国民经济的贡献度，战略性主要体现为其对国民经济的渗透度，先
导性则主要体现为其对国民经济发展的引领度。物流业的发展不但会带动农

---

* 于彬，辽宁社会科学院农村发展研究所助理研究员，经济学博士，主要研究方向为产业经
济、农村经济。

业、工业、商贸服务业等相关产业领域生产要素的自由流动，还可以深层次地推动经济增长方式的转变以及新的产业形态的形成，对经济发展起着举足轻重的作用。

区域物流一体化是城市集群背景下的必然产物，是促进区域城市化、信息化、市场化和国际化，提升综合竞争力的重要举措。区域物流一体化的主要目标是通过物流基础设施一体化、物流制度一体化、物流信息一体化降低社会物流成本，进而有利于宏观经济发展、区域产业资源整合以及区域经济发展整体竞争能力提升。对于沈阳经济区来说，推进区域物流一体化，是优化区域资源配置，形成区域内互联互动、协调发展，增强区域整体实力和竞争力的重要举措，有利于构建沈阳经济区大流通、大工业、大市场的发展新格局。

一　沈阳经济区物流发展及一体化建设的现状

1. 物流业市场规模不断扩大

近年来，随着电子商务等新兴业态广泛兴起，沈阳经济区物流企业数量和规模显著提升，龙头企业不断增加，已覆盖农产品、钢铁、煤炭、医药、建材、家电、食品、服装等诸多行业，辐射和带动能力不断增强。据统计，2018 年，沈阳经济区五城市共有交通运输、仓储和邮政业法人单位 7520 家，资产总计 5603.2 亿元，2018 年实现营业收入 654.6 亿元。2019 年，沈阳经济区规模以上交通运输、仓储和邮政业企业 347 家，其中交通运输企业 270 家，装卸搬运和仓储企业 63 家，邮政业企业 14 家。同时，货运需求规模持续得到释放。2019 年，经济区五城市货物运输总量 7.8 亿吨，沈阳、鞍山、辽阳、本溪四城市货运量达亿元以上，居东北三省前列。各种运输方式中，公路运输为经济区五城市主要运输方式，公路货运量 7.34 亿吨，占货运总量的 94%。铁路货运量 4658.3 万吨。民航运输占比较小，货运量为 7.4 万吨。沈阳经济区五城市各种运输方式货运量情况如表 1 所示。

表1 2019年沈阳经济区五城市货运量完成情况

单位：万吨

指标名称	合计	沈阳市	鞍山市	抚顺市	本溪市	辽阳市
货运总量	78057.7	23319.7	22609	5761	11368	15000
公路货运量	73392	22890	21198	5761	8543	15000
铁路货运量	4658.3	422.3	1411	—	2825	—
航空货运量	7.4	7.4	—	—	—	—

资料来源：根据相关部门提供数据整理而得。

2. 物流业基础设施不断完善

沈阳经济区物流运输仓储设施、交通基础设施建设加速推进。沈阳经济区五市共有营运货车16.11万辆，营运货车总吨位238.82万吨；冷库储藏容量205万吨，冷藏车3211辆。沈阳经济区运输仓储设施建设情况见表2。

表2 沈阳经济区五市运输仓储设施建设情况

指标名称	合计	沈阳市	鞍山市	抚顺市	本溪市	辽阳市
营运货车(辆)	161132	56900	52366	19035	9482	23349
营运货车总吨位(万吨)	238.82	69.2	86.2	35.6	12.52	35.3
冷库储藏容量(万吨)	205	136.37	31	—	1.75	35.9
冷藏车辆(辆)	3211	2580	450	—	63	118

资料来源：根据相关部门提供数据整理而得。

沈阳经济区五城市公路总里程累计36362.6公里（沈阳13128公里，鞍山7751公里，抚顺6911.4公里，本溪4628.2公里，辽阳3944公里），其中高速公路总里程1662.6公里（沈阳653公里，鞍山287公里，抚顺330.1公里，本溪233.4公里，辽阳159.1公里），沈阳市公路网密度100.46公里/百平方公里，居东北地区第一位。沈阳经济区城际交通基础设施不断完善，区域综合交通网络初步形成。辽宁中部环线、沈康、沈吉等高速公路以及哈大、沈丹、新通、京沈（沈阳承德段）等高铁线路将五市连通成网，并形成了以沈阳为核心的一小时交通圈，形成了以高速铁路、高速公路为骨架，国、省干线公路为补充，四通八达、互联互通的交通网络。

3. 物流业重点项目不断推进

沈阳经济区充分利用东北经济区地理位置中心的区位优势，新型工业化综合配套改革试验区、自由贸易试验区的政策优势，全面深化改革，调整优化产业结构和产业布局，加快物流产业发展模式创新，促进物流业对外开放。在中欧班列建设方面，沈阳中欧班列已开通沈阳至满洲里、二连浩特、绥芬河口岸通道，形成线路互补，有效缓解口岸拥堵问题；设立了马拉舍维奇、华沙、汉堡、杜伊斯堡、恩斯5个境外终到站，实现了对欧洲14个国家40余个城市的辐射；2020年7月3日，开通沈阳—莫斯科别雷拉斯特点对点班列，实现了境内外物流枢纽节点的战略合作；2017年9月至2020年6月，沈阳中欧班列累计开行552列，其中，去程416列，回程136列，总货运量24461箱，进出口总货值20.1亿美元。2019年，沈阳中欧班列开行数量居东北地区第一名、全国第十一名，班列重箱率居东北地区第一名，关键运营指标"班列兑现率"居全国第一名。特别是2020年上半年，沈阳中欧班列克服疫情带来的不利影响，开行数量和货值实现逆势增长，累计发运155列，同比增长667%，开行数量上升至全国第八名，货值5.8亿美元，同比增长84.9%。在沈阳港项目建设方面，在浑南区与苏家屯区交界、沈营大街与四环路交叉处，占地面积约13.05平方公里的范围内，规划建设沈阳港项目，打造集公路、铁路、海运、航空于一体的多式联运体系，通过强化沈阳市经济区与周边地区的协同互动，强化"一港多区"的口岸功能设置，整合物流资源，形成对外开放合力，推进沈阳经济区物流一体化发展。

4. 中心城市物流节点作用不断显现

沈阳是国家综合交通枢纽节点城市、国家物流节点城市、国家一级物流园区布局城市、国家快递服务重点城市，物流发展基础优越，行业规模稳步增长。物流交通设施相对完善，物流基础设施分布较为广泛，第三方物流企业不断发展壮大。沈阳利用其区位优势和集聚效应，重点引进与培育具有区域辐射力、带动力、控制力、竞争力的重点物流企业，东北地区物流一级分拨库均设置在沈阳境内。农产品、钢铁、冷链、医药等领域加速构建专业化、现代化物流体系。"电子商务＋物流""区域总部＋物流"等新型商业模式不断涌现。京东商城、苏宁易购等知名电子商务企业东北区域总部相继落户沈阳；沈飞、新松等已成为国内物流装备制造业领先企业。

5. 物流业的支持政策措施不断发力

沈阳经济区五市先后出台物流业发展实施方案、实施意见、行动计划等政策文件，引导和支持物流业发展。沈阳市 2019 年为物流企业减免城镇土地使用税 1393 万元，人防易地建设费约 817 万元，城市基础设施配套费 395.6 万元。鞍山市为龙基物流园争取国家场站补助资金 2500 万元，正在为西柳物流园争取辽宁省交通运输厅补助资金约 3000 万元。抚顺在 2017 年出台了《关于加快物流业发展的实施意见》，2018 年又制定了《关于大力发展现代物流业的实施意见》。抚顺市切实保障物流园区建设发展用地，并采取多种措施提高物流业信息化、专业化水平。本溪市多次邀请物流业方面专家、园区规划专家、知名物流企业对本市物流业发展提出意见和建议。辽阳市先后出台了《辽阳市大力发展现代物流业二年行动计划》《辽阳市物流业降本增效促进实体经济发展的实施意见》等文件。

6. 物流业的协调管理机制不断强化

经过十几年时间的运作和建设，沈阳经济区在各市间建立了一体化合作发展的会商工作制度和日常联系沟通渠道，定期进行阶段性总结及商讨下一阶段任务。疫情期间，在沈阳市积极推动和组织下，沈阳经济区各市商定建立每周召开一个专项主题的周度网络会商会议制度，现已召开飞地经济、文旅、工信等 7 个专项主题的网络会商会议。虽然会商工作会制度及网络会商会议不是专门针对物流业一体化所建立的，但在物流业发展关键问题的沟通解决上起到了一定的积极作用。沈阳市牵头，其他四市协同，着手进行沈阳港项目建设总体规划的编制工作，目前鞍山港项目已完成规划方案编制。物流信息共享机制建设也取得了初步进展。鞍沈物流联盟已实现官方网站的链接互通，实施发布共享物流快讯，进一步提高了两市行业信息传导效率和物流企业影响力。

二 沈阳经济区物流一体化的体制机制障碍

辽宁省"五大区域"发展战略实施以来，沈阳经济区五市合作步伐不

断加快，但是物流产业仍然存在各市单打独斗、各自发展的不足，物流一体化进展较为缓慢，体制机制弊端不断显现。

1. 一体化的现实基础不牢

发展不平衡是沈阳经济区物流业发展的最大现实问题，直接制约物流一体化发展。沈阳作为国家物流节点城市，物流业规模稳步增长。而其他四市，物流业发展相对缓慢，无论是在货运总量、物流企业数量和质量还是物流基础设施建设方面均与沈阳存在较大差距（见表3）。主要表现在物流企业竞争力不强，现有物流企业普遍缺乏现代经营理念，设施设备普遍陈旧，管理手段落后，不适应现代物流发展需要；运输节点的货运站场建设相对薄弱，缺少集货运配载、货运信息服务等多功能于一体的等级货运站场（配送或物流中心）；甩挂运输、集装箱运输等新型运输方式发展缓慢。发展的基础不同，各市的诉求点就不同，物流合作的着眼点就不同。

表3　沈阳经济区各市物流业发展主要指标

指标名称	合计	沈阳市	鞍山市	抚顺市	本溪市	辽阳市
货运总量(万吨)	61039.7	19387.7	18844	5761	11368	5679
快递业务量(亿件)	4.62	3.5	0.65	0.18	0.13	0.16
交通运输、仓储和邮政业企业法人单位(个)	8096	5344	1274	580	322	576
交通运输、仓储和邮政业从业人员(人)	132573	88785	19912	8891	7884	7101
规上企业数量(个)	381	200	111	17	19	34
营运货车(辆)	161132	56900	52366	19035	9482	23349
冷库储藏容量(万吨)	348.37	136.37	31	—	63	118

资料来源：根据相关部门提供数据整理而得。

2. 一体化的合作动力不足

发展的基础不同，物流合作的意愿就不同。近年来沈阳经济区各城市经济发展遇到较大压力，对物流发展无力顾及，加之对物流业在国民经济发展中的作用认识不足，导致各市在物流方面合作意识不强，动力不足。五市在物流产业方面的互动交流主要停留在主要领导和发改等部门之间，没有下沉到职能部门、各区县和社会层面，一体合作的共识和主动性不强，协调和沟通渠道不畅，相互了解不深不透，再加上条块分割、地区分治，体制制约严重，纵向部门分割，横向地区封锁，区域内商品和要素畅通的格局还没有完全形成，物流信息、设施、市场等各类要素没有形成良性互动。

3. 一体化的专业化管理水平较低

现有企业大多数停留在提供传统物流服务水平上，缺少能提供全程供应链物流服务的第三方企业，整体专业化、信息化管理水平较低，不能满足各类企业对物流服务的高端要求。能够对物流智能化进行高效、科学管理，并通晓现代物流智能化各环节运作和管理的复合型、高素质人才缺乏。

4. 一体化的协调主体缺位

从物流产业自身发展来说，作为一种跨行业、跨部门的综合性服务行业，各个城市的物流产业都由发改、财政、交通、民航、铁路等多个部门同时进行条块管理，且各个部门之间的权利和责任存在一定程度的交叉和重复，各自为政现象较为普遍，使得涉及多个管理部门的各种物流资源难以整合。从沈阳经济区物流一体化发展来说，由于没有一个统筹区域物流发展的管理部门，各市在制定物流规划与制度时，只能各自规划本区域的经济和物流，在需要构建一体化的交通体系或是建立统一物流信息平台对物流信息整合和优化、实现跨区域物流资源的有效配置时，区域间的利益协调难度较大，也缺乏必要的核心部门支持，因此物流一体化各项工作进展较为缓慢。

5. 一体化的产业发展规划和支持政策缺位

各市在制定物流规划与出台物流支持政策时，只是从本市的情况出发，没有从分工协作上考虑物流产业布局和长远规划，各市"各吹各的号，各唱各的调"，造成物流产业发展定位不清，设施盲目重复建设，无法形成产业互补、错位发展的良性态势。在区域经济一体化的初期，政府的政策扶持是非常重要的一环。虽然各市在推动物流业发展方面做出了积极尝试，但截至目前，并没有专门的涵盖五市的区域物流一体化发展的具体政策文件出台，陷入了招商引资的"倾销式"竞争之中。在国家减税降费的背景下，各市市级层面没有专门的针对物流业的减税降费政策，也没有专门针对五市

物流一体化互动的专项减税降费等优惠政策。

6. 一体化的中心城市辐射带动能力不强

在沈阳经济区，虽然沈阳商贸业发达，但辐射经济区的能力不足。沈阳经济区其他四市许多产业、企业的经营活动基本与沈阳无关，在资本、技术、人才、信息等方面的需求难以从沈阳得到满足，中心城市服务于区域经济的金融中心、信息中心、营销中心、研发中心、人才中心的功能更是尚未形成。这不仅影响沈阳物流业的转型、升级，更使周边地区难有像上海那样赖以"乘凉的大树"，从而导致整个区域资源配置的水平和效率低下。这既不利于产业本身的发展与效率提升，造成市场资源的严重浪费，也带来物流资源的严重浪费。

三　沈阳经济区创新物流一体化体制机制的总体思路

沈阳经济区区域物流一体化发展，要在体制机制上下功夫，破除条块分割的物流业行政管理体制，总体上要正确处理好三个关系。

1. 正确处理沈阳与各市关系

发挥沈阳物流核心功能。沈阳不仅是沈阳市行政区划概念的沈阳，也是沈阳经济区的沈阳，它所制定的建设规划、所实施的项目、所出台的政策，有着普遍意义。沈阳应向其他四市公开物流产业发展战略与规划，使各市更好地与沈阳的规划、项目进行对接。同时应制定鼓励其他四市进入沈阳的特殊政策，特别是鼓励民间投资主体进入物流业的市场准入优惠政策。充分利用沈阳物流产业优势地位，按市场机制和规则将这种优势向区域内周边地区转移和扩散，以此推进物流资源在经济区域内的整合，形成你中有我、我中有你的物流产业格局。使沈阳真正成为区域物流信息中心、物流总部调度中心、产品研发设计中心、品牌市场集散中心、营销管理服务中心等区域物流的管理控制中心；其他城市则应重点发展高新技术产业、先进装备制造业以及零部件采购基地、货运中转、仓储分拨、营运服务、物流配送基地等，以

272

此形成一体化的区域物流功能分工格局。

2. 正确处理企业与政府关系

企业和政府各司其职。政府在实现区域物流一体化中的作为不是主体力量，而是一种外在推力。在沈阳经济区市场互动与协调中，应该由企业唱主角。在推动物流一体化过程中，由企业整合，应把企业推到前台，让企业发挥主体作用。当然推进市场整合中也需要政府发挥积极的引导作用：一是制定结构调整和区域布局调整的规划；二是破除妨碍市场互动发展的旧的规章制度；三是制定促进物流一体化的政策；四是通过执法、监管完善区域市场环境，制定市场游戏规则，使物流一体化具有健全的体制和机制的保障；五是为物流一体化提供公共产品，即积极构筑区域间的交通、信息、物流等网络，为市场协作与区域发展提供良好的硬件设施。政府在发挥以上作用时，需要考虑一个"度"的问题，即发挥多大作用、怎样发挥作用的问题。既要破除妨碍共同市场建设的不合理的规范，又要防止市场互动与一体化中行政性拔苗助长。搭台不唱戏、推动不干预，把推力定位在协调、引导和服务上。

3. 正确处理各市利益分配关系

沈阳经济区面积虽然不大，行政区划和利益格局却十分复杂。区域物流一体化发展缓慢就源于这种复杂行政区划和利益格局带来的利益争夺和成本转嫁。各市一方面要防止区域内利益"外溢"，另一方面又想让别人承担区域内发展成本。这必然导致利益独立决策前提下区域之间资源的盲目竞争，必然带来市场竞争的行政扭曲和资源配置的高社会成本。同时，各物流业参与主体之间也存在利益之争，政府、物流企业、物流园区、行业协会等众多主体之间的利益冲突难以协调，特别是地方政府作为物流产业参与主体，目前它的职能被界定过宽，行政主导、行政干预较多，参与市场运作的功能十分强大，在一定程度上也是市场利益主体和竞争主体，在与其他主体互动中处于绝对优势地位。因此，利益合理分配是物流一体化的关键，在与其他主体共同推进沈阳经济区物流一体建设的过程中，各市政府要立足沈阳经济区物流产业发展大局，以区域大利益为先，各市小利益为后，同时各市各级政

府要充分发挥各类主体的作用，做好管理与服务工作，着眼于整个物流产业的健康发展，在投资和收益模式的确定中不要过分纠结政府的利益得失。

四 沈阳经济区创新物流一体化体制机制的对策建议

沈阳经济区区域物流一体化发展，要加强五市在物流业发展方面的沟通和协作，发挥政府规划引领作用，营造无差异政策环境，形成你中有我、我中有你的区域物流一体化发展新格局。

（一）构建完善的物流管理体系，形成有效跨区域协作

1. 成立物流业专门管理部门物流局

将沈阳经济区各市发改、经贸、交通等多个部门的物流相关业务分离，成立物流局，作为各市物流管理机构，主要负责物流规划、产业政策、物流园区建设、物流信息化建设、重大物流招商引资项目等组织实施工作。物流局下设物流统计处，加强物流行业基础统计资料的搜集、整理、审核和报送，探索建立物流信息统计核算制度，完善物流信息采集、交换、共享、开发机制。

2. 组建沈阳经济区物流发展领导小组

组长由分管物流工作的副省长担任，副组长为各市分管物流的副市长，组员为各市物流局领导，主要职责是宏观指导、运行调控，包括协同区域物流发展的产业政策，整合不同城市间物流产业相关资源，处理物流跨区一体化中出现的各种问题，实现各市间政府的合作与交流，逐步清除物流业发展的行政壁垒。

3. 设立多层面的合作与协调组织

设立政府、政协、行业、企业界、学术界等五个层面的合作与协调组织。政府层面的协调机构，主要研究政策、市场规制、重大基础设施项目决策的一致性。在政府层面建立3个层次的物流协调机制，第一层次是沈阳经

济区现代物流联席工作会议机制，由沈阳经济区物流发展领导小组承担，定期召开联席会议。第二层次是各市物流局，负责市级层面的物流产业相关管理工作。第三层次是各市产业园区物流业发展领导机构，主要负责本区域重点物流项目建设。企业层次的协调，主要是开展工艺技术协作、协商制定生产标准、交流信息、避免恶性竞争等，但决不能成为一种协商定价、管制市场的垄断组织。

4. 建立非官方的对话机制

发挥政协和非官方机构如学会、协会、研究会的作用，通过组织政协委员、专家学者开展调研，向党政决策机构提供智力支持和参谋意见，同时也为"官、产、学"之间搭建一个对话的平台。同时成立沈阳经济区物流研究院，加强物流业前沿课题研究。建立沈阳经济区物流业一体化发展专家咨询小组，为物流一体化建设提供决策咨询服务。

（二）发挥政府规划引领作用，营造无差异政策环境

1. 尽快编制沈阳经济区物流一体化发展总体规划

实现区域物流一体化要把沈阳经济区五城市作为一个整体来考虑，尽快编制物流一体化规划。由省发改委进一步组织沈阳经济区五市物流局、省直有关部门、招商局集团、沈阳铁路局以及航空公司共同制定实施覆盖全省的物流投资建设与发展规划，确定沈阳经济区物流发展指导思想、原则、目标、模式及具体措施，统一规划物流市场，科学合理布局，明确建设重点，加强对物流产业投资引导，避免各市间的恶性竞争和盲目投资、重复建设。沈阳经济区五市要在《沈阳经济区物流一体化发展总体规划》框架内错位发展其物流产业，做好市级物流规划与总体物流规划的对接，在交通基础设施、信息一体化等方面加强协调和沟通，联手构建统一的制度框架和实施细则。

2. 打造物流一体化发展的政策平台

认真梳理各城市现有的地方性政策和法规，制定统一的物流发展产业政策、相互开放政策、财政政策、招商引资政策、土地批租政策等，加快实现

各市之间物流政策和管理制度的对接，避免"一市一政策"的现象。减少各城市在税收等优惠政策方面的差异，加快制定区域物流一体化的扶持政策，包括并不限于《沈阳经济区物流企业认定办法》《沈阳经济区物流项目审批办法》等，重点在推动企业跨地区、跨部门、跨所有制兼并、联合、重组；放宽市场准入，取消各地对物流企业经营范围的行政限制；加快推行物流信息化，建设具备公共服务性和区域一体化的物流信息平台；在设备购置、贷款贴息等方面给予政策支持；五市共同出资成立沈阳经济区物流基础设施投资基金；将物流园区、配送中心、物流企业技术改造等列入贴息项目给予重点支持；利用飞地形式促进资源在经济区内流动，助力物流产业发展。要进一步优化沈阳经济区各市的营商环境，加强各市之间的政策互联互通互用，构建沈阳经济区行政服务和政策支持的"绿色通道"，防止和避免单打一、政策壁垒甚至相互拆台的现象。

（三）创新沈阳港建设的体制机制，建设"东北蛇口"

1. 创新沈阳港建设的体制机制

在沈阳港的建设中，借鉴"蛇口模式"，大胆启用中交建集团作为建设方龙头，五市政府入股，大力发展物流、国际经贸、临港工业、科创等五大产业。同时吸纳中储智运等实力强劲的物流信息平台，整合原有的物流信息平台，成立数字沈阳港。探索"沈阳港"与海港业务合作，推进港口业务前移，逐步实现货代、仓单管理、监管服务一体化发展。加快物流业跨界融合、平台整合及经营模式创新，大力支持"物流配送＋金融＋物联网＋电子商务"等运营模式创新。

2. 打造沈阳港国际物流中心

以沈阳港为平台，以构建国际物流通道为载体，对接国家"一带一路"建设，打造以沈阳为核心的集陆港、海港、空港功能于一体的国际物流中心，促进物流、人流、资金流、信息流汇聚和货值落地。打造以中欧班列为出口的陆路口岸、以"大连、营口港"为出口的海港口岸、以桃仙国际机场为出口的空港口岸的陆海空立体开放架构。借助招商局集团优势，打造沈阳港多式联运中心，完善多式联运运输组织一体化解决方案，提升铁路在多式联运中的作用。

参考文献

刘智君等：《关于我国区域物流一体化发展的几点思考》，《中国物流与采购》2020年第 2 期，第 33～34 页。

倪然等：《京津冀一体化下的物流网络现状研究》，《科技风》2019 年第 25 期，第 244 页。

于珊等：《我国城乡流通一体化与城市化的关系研究》，《商业经济研究》2020 年第 5 期，第 26～29 页。

附　　录
Appendix

B．21
2020年辽宁基本数据

王敏杰

项目	单位	1～12月	同比增长
国内生产总值	亿元、%	25225.0	0.6
第一产业	亿元、%	2284.6	3.2
第二产业	亿元、%	9400.9	1.8
第三产业	亿元、%	13429.4	-0.7
规模以上工业增加值	%	—	1.8
邮政业务总量	亿元、%	278.3	37.3
固定资产投资	%	—	2.6
社会消费品零售总额	亿元、%	8960.9	-7.3
进出口总额	亿元、%	6544.0	-9.9
出口总额	亿元、%	2652.2	-15.3
进口总额	亿元、%	3891.8	-5.8
一般公共预算收入	亿元、%	2655.5	0.1
存款余额	亿元	67988.2	—
贷款余额	亿元	52209.4	—
居民消费价格指数	%、%	102.4	2.4

项目	单位	1~12月	同比增长
工业生产者购进价格指数	%、%	98.2	-1.8
工业生产者出厂价格指数	%、%	97.0	-3.0
城镇常住居民人均可支配收入	元、%	40376	1.5
农村常住居民人均现金收入	元、%	17450	8.3

资料来源：辽宁日报"北国"新闻客户端《权威发布！辽宁，全年转正》，2021年1月23日。

B.22
2020年辽宁大事记

王敏杰

2020年1月3日

辽宁省各地全面实施统一的城乡居民医保制度。

2020年1月13日

《健康辽宁行动实施方案》出台，围绕疾病预防和健康促进两大核心，开展19个重大专项行动，努力让群众不生病、少生病。

2020年1月26日

辽宁首批支援湖北医护人员于1月26日紧急集结奔赴武汉。

2020年2月6日

省委副书记、省长、省疫情防控指挥部总指挥唐一军主持召开视频调度会，专题研究全省疫情防控期间企业开工复工工作。

2020年2月7日

辽宁迈迪生物科技有限公司新型冠状病毒核酸检测试剂盒研究项目通过省内专家评审，成为东北三省首家拥有该项技术的企业。

2020年2月18日

辽宁省全面启动食品安全责任险工作。

2020年3月1日

《辽宁省高速铁路安全管理规定》开始施行。

2020年3月6日

辽宁宝来企业集团有限公司与利安德巴赛尔工业公司举行合资合作协议网络视频签约仪式。

2020年3月13日

辽宁省首部保护企业和企业家合法权益的地方性法规——《辽宁省企

业权益保护条例》正式实施。

2020年3月16日

湖北省委书记、湖北省新冠肺炎疫情防控指挥部指挥长应勇慰问辽宁援襄医疗队，代表湖北省委、省政府和湖北人民向辽宁省委、省政府及辽宁援襄医疗队致以衷心的感谢和崇高的敬意。

2020年3月16日

全省市域社会治理现代化工作全面启动。

2020年3月17日

辽港集团开通首条至俄罗斯摩尔曼斯克中欧班列。

2020年3月23日

国内最大单体铁矿工程——本溪龙新矿业有限公司思山岭铁矿采选工程首条平巷顺利贯通。

2020年3月23日

我国首个气体能源衍生品——液化石油气期货及期权在大连商品交易所上市。

2020年4月8日

省住建厅出台《关于开展全省城市背街小巷改造提升工作的指导意见》，打造"设施齐全、市容整洁、环境优美、交通顺畅、方便群众"的街巷环境。

2020年4月17日

大连高新园区入选商务部认定全国首批国家数字服务出口基地。

2020年5月11日

省十三届人大常委会第十八次会议表决通过《辽宁省法治宣传教育条例》，建立领导干部任职前法律知识考察制度。

2020年5月18日

省应急厅公布监测预警系统运行管理办法，确保危化品企业安全生产。

2020年5月26日

省安委会印发《全省安全生产专项整治三年行动实施方案》，聚焦 11

个风险隐患多的行业领域，逐级建立清单、完善机制。

2020年5月29日

辽宁省出台"互联网＋"农产品出村进城工程实施方案，到2025年底，在全省范围内完成工程建设各项任务，实现主要农业县（市）、区全覆盖。

2020年6月4日

省委教育工委下发通知，决定在全省开展中小学校党建品牌创建工程，把党组织工作融入学校教育教学各项工作中，充分发挥基层党组织的战斗堡垒作用，推动学校健康发展。

2020年6月11日

推进养老服务发展的实施意见出台，优化养老服务发展环境，为在社区提供服务的养老机构减免税费。

2020年6月28日

辽宁省发布《关于进一步弘扬科学家精神加强作风和学风建设的实施意见》，激励和引导全省广大科技工作者追求真理、勇攀高峰，树立科技界广泛认可、共同遵循的价值理念，营造尊重科学、尊重人才的良好社会氛围。

2020年7月1日

辽宁省提高城乡低保和特困人员救助供养等标准。

2020年7月1日

辽宁省企业职工基本养老保险基金实行省级集中统一管理、省级统收统支。

2020年7月8日

省人社厅与省委组织部、教育厅等部门以及省内外高校密切协作，通过加强政策供给、多方联动、精准服务、强化宣传等措施，最大限度对冲疫情影响，19万应届高校毕业生实现就业。

2020年7月9日

辽宁省与招商局集团在广东省深圳市就进一步落实双方合作框架协议、

加快推进辽宁港口整合和临港产业发展举行项目对接会商会并签署合作备忘录。

2020年7月15日

省民政厅出台《辽宁省民办非企业单位年度检查实施办法》，2021年1月1日起正式施行。

2020年7月18日

省委文件印发实施《党委（党组）运用典型违纪违法案件开展以案促改工作办法（试行）》，标志着辽宁省以案促改工作制度机制进一步完善。

2020年7月26日

辽宁省出台低收入家庭对象认定办法，进一步规范最低生活保障、低收入家庭对象认定工作，确保精准救助。

2020年8月3日

省法官检察官惩戒委员会召开第一次惩戒工作会议，对18名法官、检察官提出惩戒意见。这是辽宁省实施法官、检察官惩戒制度的首次实践，对落实法官、检察官办案责任制，实现终身追责具有重要意义。

2020年8月5日

省应急管理厅下发方案，正式启动全省安全生产责任保险工作。

2020年8月20日

辽宁省首个智能化应急物资储备中心——浑南区应急物资储备中心投入使用，该中心引入数字化管理系统，可实现对应急物资的全链条、全流程、全周期智能管理，确保物资精准投送。

2020年8月23日

省委办公厅和省政府办公厅联合下发《关于全面加强危险化学品安全生产工作的实施意见》，明确从强化安全风险管控、全链条安全管理、企业主体责任、基础支撑保障、安全监管能力5个方面，坚决遏制重特大事故发生。

2020年9月1日

实施《辽宁省实施资源税法授权事项的方案》。

2020年9月4日

《辽宁省关于进一步加强塑料污染治理的实施意见》出台，到2020年底，全省禁止生产和销售一次性发泡塑料餐具、一次性塑料棉签，禁止生产含塑料微珠的日化产品。

2020年9月6日

省政府印发《关于进一步做好利用外资工作的实施意见》，围绕四大方面提出15项意见措施，稳定外资规模，优化外资结构，促进投资便利化，全力参与国内大循环、国内国际双循环。

2020年9月7日

"辽宁知识产权维权援助公共服务平台"在省知识产权局网站上线，标志着辽宁省进一步加强知识产权维权援助工作。

2020年9月10日

辽宁省已基本建立生态环境损害赔偿制度体系，为有效破解"企业污染、群众受害、政府买单"问题，改善生态环境质量提供坚实制度保障。

2020年9月15日

辽苏合力推动产业链供应链互嵌式发展，对口经贸合作洽谈会签约37个项目，签约额达903亿元。

2020年9月22日

省民政厅、省发展改革委、省公安厅、省司法厅、省人力资源社会保障厅、省卫生健康委六部门联合印发《关于改进和规范基层群众性自治组织出具证明工作的实施意见》，根治"社区万能章"等现象。

2020年9月23日

辽宁支援武汉雷神山医院医疗队被中宣部授予"时代楷模"称号。

2020年9月25日

辽宁省出台《关于进一步深化本科教学改革全面提高人才培养质量的实施意见》，提出进一步加快推进一流本科建设，全面深化本科教学改革。

2020年9月27日

中共中央政治局委员、国务院副总理孙春兰在沈阳桃仙国际机场出席在韩中国人民志愿军烈士遗骸回国迎接仪式并讲话。

2020年9月29日

省重点输供水二期主体工程全部完成，年底前1130万辽西北人民将迎来优质水源。

2020年10月16日

沈阳至白河高速铁路项目辽宁段控制工程开工仪式在抚顺市新宾满族自治县举行。

2020年10月18日

由工业和信息化部、中国科学技术协会和辽宁省人民政府主办的2020全球工业互联网大会在沈阳开幕，辽宁省人民政府与华为技术有限公司签署《深化战略合作协议》，中国工业互联网研究院辽宁分院与国家工业互联网大数据中心辽宁分中心揭牌。

2020年10月20日

辽宁省13地获评全国双拥模范城（县），铁岭市双拥工作领导小组办公室获评全国爱国拥军模范单位，陈美霖、杨峰获评全国爱国拥军模范。

2020年10月22日

《保障农村村民住宅建设合理用地实施细则》出台，明确将以专用指标保障、加强规划管控、完善用地和规划审批、统一落实耕地占补平衡等措施，切实保障农村村民住宅建设合理用地。

2020年10月23日

总投资6.5亿元的车创·沈阳汽车创智城项目举行启动仪式。

2020年11月2日

辽宁省制定出台《关于加快"两新一重"建设推动基础设施高质量发展三年行动首批项目方案》，计划从2020年到2022年，实施"两新一重"第一批重点项目2002个，总投资额8208亿元。

2020年11月8日

《辽宁省养老服务体系建设省补助激励支持实施办法》出台，对贯彻落实国家和省加快养老服务体系发展决策部署真抓实干、主动作为、成效显著

的市给予补助激励。

2020年11月10日

沈阳市、大连市、鞍山市、盘锦市成功蝉联全国文明城市荣誉。

2020年11月11日

第十二届中国国际专利技术与产品交易会暨第二十一届中国专利奖颁奖大会在大连世界博览广场隆重开幕,专交会将由两年一届调整为一年一届,并永久落户大连。

2020年11月13日

以"共享发展新机遇·开创东北亚合作新篇章"为主题的首届辽宁国际投资贸易洽谈会在沈阳新世界博览馆隆重开幕。

2020年11月21日

锦州获评"2020中国领军智慧城市"。

2020年12月1日

本溪成为辽宁省首个"移动云"省级节点上线城市。

2020年12月18日

国家辽西北承接产业转移示范区获批,面向京津冀建设承接产业转移高地。

社会科学文献出版社

皮 书

智库报告的主要形式
同一主题智库报告的聚合

❖ 皮书定义 ❖

皮书是对中国与世界发展状况和热点问题进行年度监测，以专业的角度、专家的视野和实证研究方法，针对某一领域或区域现状与发展态势展开分析和预测，具备前沿性、原创性、实证性、连续性、时效性等特点的公开出版物，由一系列权威研究报告组成。

❖ 皮书作者 ❖

皮书系列报告作者以国内外一流研究机构、知名高校等重点智库的研究人员为主，多为相关领域一流专家学者，他们的观点代表了当下学界对中国与世界的现实和未来最高水平的解读与分析。截至2021年，皮书研创机构有近千家，报告作者累计超过7万人。

❖ 皮书荣誉 ❖

皮书系列已成为社会科学文献出版社的著名图书品牌和中国社会科学院的知名学术品牌。2016年皮书系列正式列入"十三五"国家重点出版规划项目；2013~2021年，重点皮书列入中国社会科学院承担的国家哲学社会科学创新工程项目。

中国皮书网

（网址：www.pishu.cn）

发布皮书研创资讯，传播皮书精彩内容
引领皮书出版潮流，打造皮书服务平台

栏目设置

◆ 关于皮书

何谓皮书、皮书分类、皮书大事记、
皮书荣誉、皮书出版第一人、皮书编辑部

◆ 最新资讯

通知公告、新闻动态、媒体聚焦、
网站专题、视频直播、下载专区

◆ 皮书研创

皮书规范、皮书选题、皮书出版、
皮书研究、研创团队

◆ 皮书评奖评价

指标体系、皮书评价、皮书评奖

◆ 皮书研究院理事会

理事会章程、理事单位、个人理事、高级
研究员、理事会秘书处、入会指南

◆ 互动专区

皮书说、社科数托邦、皮书微博、留言板

所获荣誉

◆ 2008 年、2011 年、2014 年，中国皮书
网均在全国新闻出版业网站荣誉评选中
获得"最具商业价值网站"称号；

◆ 2012 年，获得"出版业网站百强"称号。

网库合一

2014年，中国皮书网与皮书数据库端口
合一，实现资源共享。

中国皮书网

权威报告・一手数据・特色资源

皮书数据库
ANNUAL REPORT(YEARBOOK)
DATABASE

分析解读当下中国发展变迁的高端智库平台

所获荣誉

- 2019年，入围国家新闻出版署数字出版精品遴选推荐计划项目
- 2016年，入选"'十三五'国家重点电子出版物出版规划骨干工程"
- 2015年，荣获"搜索中国正能量 点赞2015""创新中国科技创新奖"
- 2013年，荣获"中国出版政府奖・网络出版物奖"提名奖
- 连续多年荣获中国数字出版博览会"数字出版・优秀品牌"奖

成为会员

通过网址www.pishu.com.cn访问皮书数据库网站或下载皮书数据库APP，进行手机号码验证或邮箱验证即可成为皮书数据库会员。

会员福利

- 已注册用户购书后可免费获赠100元皮书数据库充值卡。刮开充值卡涂层获取充值密码，登录并进入"会员中心"—"在线充值"—"充值卡充值"，充值成功即可购买和查看数据库内容。
- 会员福利最终解释权归社会科学文献出版社所有。

数据库服务热线：400-008-6695
数据库服务QQ：2475522410
数据库服务邮箱：database@ssap.cn
图书销售热线：010-59367070/7028
图书服务QQ：1265056568
图书服务邮箱：duzhe@ssap.cn

社会科学文献出版社 皮书系列
SOCIAL SCIENCES ACADEMIC PRESS (CHINA)
卡号：959287717556
密码：

基本子库 SUB DATABASE

中国社会发展数据库（下设 12 个子库）

整合国内外中国社会发展研究成果，汇聚独家统计数据、深度分析报告，涉及社会、人口、政治、教育、法律等 12 个领域，为了解中国社会发展动态、跟踪社会核心热点、分析社会发展趋势提供一站式资源搜索和数据服务。

中国经济发展数据库（下设 12 个子库）

围绕国内外中国经济发展主题研究报告、学术资讯、基础数据等资料构建，内容涵盖宏观经济、农业经济、工业经济、产业经济等 12 个重点经济领域，为实时掌控经济运行态势、把握经济发展规律、洞察经济形势、进行经济决策提供参考和依据。

中国行业发展数据库（下设 17 个子库）

以中国国民经济行业分类为依据，覆盖金融业、旅游、医疗卫生、交通运输、能源矿产等 100 多个行业，跟踪分析国民经济相关行业市场运行状况和政策导向，汇集行业发展前沿资讯，为投资、从业及各种经济决策提供理论基础和实践指导。

中国区域发展数据库（下设 6 个子库）

对中国特定区域内的经济、社会、文化等领域现状与发展情况进行深度分析和预测，研究层级至县及县以下行政区，涉及省份、区域经济体、城市、农村等不同维度，为地方经济社会宏观态势研究、发展经验研究、案例分析提供数据服务。

中国文化传媒数据库（下设 18 个子库）

汇聚文化传媒领域专家观点、热点资讯，梳理国内外中国文化发展相关学术研究成果、一手统计数据，涵盖文化产业、新闻传播、电影娱乐、文学艺术、群众文化等 18 个重点研究领域。为文化传媒研究提供相关数据、研究报告和综合分析服务。

世界经济与国际关系数据库（下设 6 个子库）

立足"皮书系列"世界经济、国际关系相关学术资源，整合世界经济、国际政治、世界文化与科技、全球性问题、国际组织与国际法、区域研究 6 大领域研究成果，为世界经济与国际关系研究提供全方位数据分析，为决策和形势研判提供参考。

法律声明